Nicht was wir gelebt haben, ist das Leben,
sondern das, was wir erinnern und wie wir
es erinnern, um davon zu erzählen.

Gabriel García Márquez

Elena P. Knoll

Indian Summer

Mit dem Wohnmobil
im Zauber der Farben

Bibliografische Information der Deutschen Nationalbibliothek:
Die Deutsche Nationalbibliothek verzeichnet diese Publikation
in der Deutschen Nationalbibliografie; detaillierte bibliografische
Daten sind im Internet über
dnb.d-nb.de abrufbar.

TWENTYSIX - Der Self-Publishing-Verlag
Eine Kooperation zwischen der Verlagsgruppe Random House
und BoD – Books on Demand

Herstellung und Verlag:
BoD – Books on Demand, Norderstedt

ISBN: 9783740753429

Inhaltsverzeichnis

Cookstown.

Das klingt nach James Cook. Es klingt nach Seefahrt, Abenteuer und unerforschten Ländern. Ja, Cooks Abenteuer begann bereits vor knapp 260 Jahren, als er nach Nordamerika aufbrach und mit der englischen Flotte dem Sankt-Lorenz-Strom folgte.

Unser Abenteuer hingegen fängt hier und heute an.

Wir haben nur zwei feste Anhaltspunkte:

26. September an Toronto - 25. Oktober ab Toronto. Dazwischen ein unbeschriebenes Blatt, eine Landkarte, die noch kein Geheimnis preisgibt, ein uns völlig unbekanntes Gebiet von 9.984.670 Quadratkilometern.

Und wir haben einen Traum: den Indian Summer in seiner ganzen Pracht erleben.

Cookstown.

Ein Mitarbeiter der Autovermietung hat uns heute früh in unserem Hotel am Flughafen abgeholt und hierher gebracht.

Brav in Reih und Glied geparkt stehen etliche Fahrzeuge im Hof, als wir neugierig auf unseren künftigen Gefährten zugehen.

»Adventurer« steht in großen schwarzen Lettern auf dem Dach über der Frontscheibe. Das halte ich für ein gutes Omen. Zum ersten Mal in meinem Leben betrete ich ein Wohnmobil.

Wenn man von der Größe der Räume einmal absieht, gibt es erstaunlicherweise eine Küche, ein Wohnzimmer, ein Schlafzimmer, einen Flur, ein Bad und die Fahrerkabine. Das ist, bei einer Gesamtlänge von 22 Fuß, eine beachtliche Leistung.

Mein Mann blickt mich prüfend an.

Er ist nicht ganz zu Unrecht besorgt denn ich bin in den letzten sechzig Jahren noch nicht einmal zelten gewesen.

Oder auf einem Campingplatz. Oder gar auf dem amerikanischen Kontinent. Das alles ist für mich quasi Neuland im Neuland.

»Das kriegen wir hin«, beruhige ich ihn also mit einem Rundumblick auf unser neues Zuhause.

Wir machen uns mit den Wassertanks, dem Gastank, dem Notstromaggregat und den vielen verborgenen Stauräumen vertraut, bringen unsere Koffer unter und breiten schließlich eine Ost-Kanada-Karte auf dem Tisch aus, um die Umgebung zu sondieren.

Grob gesehen wollen wir in den nächsten vier Wochen einen großen Kreis ziehen, an dessen Ende wieder Toronto liegt. Mein Finger wandert über das Papier und bleibt auf dem geheimnisumwobenen Namen Niagara stehen.

»Dafür müssten wir aber ein ganzes Stück zurückfahren«, gibt Georg zu bedenken, denn die Autovermietung liegt siebzig Kilometer nördlich von Toronto. Es ist früher Nachmittag. Schön wäre es schon, gleich am ersten Tag die weltberühmten Wasserfälle zu sehen. Und wir haben jede Menge Zeit mitgebracht.

»Hit the road, George«, lache ich und schnalle mich an.

Das Abenteuer kann beginnen.

Nach einer Fahrt über die von Holzhäusern gesäumte, ruhige Landstraße gelangen wir recht schnell in das Verkehrschaos von Torontos Vorstädten.

Wir haben vergessen, das bestellte Navi auszupacken, und müssen uns nun notgedrungen auf unsere Umgebungskarte und auf die Verkehrsschilder verlassen.

Was gar nicht so einfach ist, denn hier gibt es beispielsweise die Queens Road und die Queen Elisabeth Road. Und verschiedene Kings Roads. Und die Queens Road West und East.

Es dauert nicht lange, und wir haben uns hoffnungslos im Straßenlabyrinth von Mississauga verirrt. Von Wegweisern nach Niagara keine Spur mehr. Um nicht völlig die Orientierung zu verlieren, versuchen wir in Richtung Küste, zum Ontario See zu fahren. Und hier lichtet sich dann auch das Chaos. Wir kommen durch Burlington, fahren an unzähligen Weingütern vorbei durch St. Catherines und folgen schließlich erleichtert dem Schild »Niagara Falls«.

Eine dicht befahrene Straße führt in den Ort hinein. Es geht bergab, und aus einem unergründlichen Bauchgefühl heraus, vermute ich ganz stark, dass die Wasserfälle links von uns am Ontariosee liegen müssen. Weibliche Intuition eben.

Georg biegt natürlich rechts ab. Der Verkehr lässt ihm auch mit dem großen Wagen nicht allzu viel Spielraum, hier muss man sich schnell für die richtige Spur entscheiden.

Wir landen auf einer breiten Straße und – urplötzlich – schreie ich auf: »Da ist er, da ist er!«

»Wer?«, fragt mein Mann irritiert, denn er muss sich auf den dichten Verkehr konzentrieren.

»Der Niagara Fall – da ist er!« Ich bohre den Zeigefinger fast in die Windschutzscheibe.

Der Niagara Fall. Majestätisch strömt der Fluss uns breit und schäumend entgegen. Wir fahren auf Wasserniveau. Ein unglaubliches Gefühl, hier so einfach mit dem Auto neben diesen grünblau leuchtenden Wassermassen zu fahren, die mit reiner Urgewalt auf uns zu brausen.

Es trifft uns völlig unerwartet, dass man so nah an die Wasserfälle heranfahren darf, und dass sich hier, dicht neben diesem unglaublichen Naturschauspiel, der ganz normale Stadtverkehr abspielt, als handle es sich um einen unbedeutenden Mühlbach.

Nun heißt es einen Parkplatz finden und wir haben tatsächlich Glück: Auf einem Holzhäuschen, direkt an der nächsten Kreuzung, steht ein Schild »Parking, 18 Dollar, 3 hours«.

Georg biegt reaktionsschnell in die Einfahrt ein und lenkt das große Gefährt zum Kassenhäuschen. Die Parkwächterin schnellt, wie von einer Tarantel gestochen, von ihrem Stuhl hoch und fuchtelt hektisch mit beiden Händen. Das sieht ganz stark nach einem »Hier nicht!« aus.

Ich klettere aus dem Wagen. Die Frau kommt händeringend auf mich zu und jammert, dass unser Wohnmobil viel zu groß sei, um auch nur hier durchzufahren. Geschweige denn zu parken. Es gebe allerdings einen geeigneteren Parkplatz stadtauswärts.

Tja, aber wie aus dieser schmalen Ausfahrt wieder herauskommen? Drehen können wir tatsächlich nicht und dicht hinter uns kreuzen sich praktischerweise drei Straßen. Bergauf, bergab, geradeaus und aus gefühlten zehn weiteren Richtungen drängen sich die Autos an uns vorbei. Na dann!

Todesmutig stelle ich mich mitten in die Kreuzung. Nur nicht einschüchtern lassen. Das weiß man schließlich von der Begegnung mit wilden Tieren: Keine Angst zeigen, dann geht alles gut.

Ich trotze also der wilden Meute und signalisiere meinem Mann, der in den Rückspiegel schaut mit Handzeichen, wie er am besten zurücksetzen kann. Dabei bin ich natürlich gezwungen Schritt für Schritt mit dem Fahrzeug rückwärtszugehen. Es gibt jetzt nur zwei Möglichkeiten: Man muss mich gnadenlos überfahren oder durchlassen.

Zu meiner großen Erleichterung entscheiden sich alle für die zweite Lösung. Kaum ist das Wohnmobil wieder sicher auf der Straße, springe ich auf. Geschafft.

Wieder folgen wir der Uferstraße den Wassermassen entgegen. Es ist atemberaubend. Hier könnte ich stundenlang auf und ab fahren und es würde nie langweilig.

Bald erreichen wir eine Grünanlage und erkennen durch die Büsche auch schon etliche geparkte Autos.

An der Schranke müssen wir erst einmal 18 Dollar zahlen. Passend. Sonst geht gar nichts. Dafür dürfen wir auch »for the rest of the day« bleiben, meint die Parkwächterin und beobachtet mit hochgezogenen Augenbrauen, wie wir erst einmal jede kanadische Münze einzeln umdrehen, um den Wert zu erkennen.

Als wir den Wagen endlich abstellen können, hüpfen lauter graue Streifenhörnchen munter neben uns im Gras. Normalerweise wäre ich ganz entzückt, aber jetzt laufen wir nur über den Platz, überqueren die Hauptstraße und bleiben überwältigt stehen.

Wasserland.

Eine weite, ausladende Wasserstraße kommt uns entgegen und fließt neben uns noch recht gemächlich dahin. Nur gelegentlich bäumen sich kleine Wellen auf, kräuselt sich die blaugraue Oberfläche. Wir folgen den kleinen Strudeln und dann erkennt man bereits den dichten Sprühnebel, wo das Wasser immer schneller wird und wie durch ein scharfes Messer abgeschnitten, abrupt endet.

Noch wenige Schritte und dann, ganz unvermittelt, stürzt die unermessliche Wasserfülle in die Tiefe. Ein wahrhaftiges, unglaubliches *Oh-my-God!* - Erlebnis.

Weiße Gischt spritzt hoch in den hellblauen Himmel und ein bogenförmiges Lichtband nach dem anderen spannt sich über das tosende Wasser.

Als wir die grandiose Fallkante erreichen, offenbart sich das Schauspiel in all seiner Dramatik. Von einer riesigen hufeisenförmigen Felsformation schießt das Wasser in freiem Fall in die Tiefe.

Man denkt so viel Wasser kann nicht ewig fließen, es muss irgendwann weniger werden oder ganz aufhören. Aber es stürzt immer von Neuem die Felsen hinunter. Es fällt und fällt, wild und ungestüm und doch in einer wunderbaren Anmut. Millionen flüssige Kristalltropfen zwischen Himmel und Erde, in denen sich alle Farben des Regenbogens spiegeln.

Das Rauschen, Zischen, Brausen und Tosen ist ohrenbetäubend. Und doch können wir uns von dem Schauspiel gar nicht losreißen. Wir stehen noch immer ungläubig da, beobachten wie die Wassermassen tief unten in einem smaragdgrünen Becken aufprallen, um gleich darauf schäumend aufzukochen und können uns gar nicht vorstellen, dass man sich jemals wieder umdrehen und weitergehen kann.

Als wir von dem Sprühregen nass genug und ziemlich durchgefroren sind, müssen wir uns dennoch bewegen.

Jetzt bemerken wir linker Hand auch die amerikanischen Wasserfälle.

Die kanadischen »Horseshoe Falls« hatten uns so sehr in ihren Bann gezogen, dass wir die »American Falls«, die nur wenig entfernt stadteinwärts die Felsen herunterschießen, noch gar nicht wahrgenommen hatten. Sie sind nicht ganz so spektakulär, denn sie fallen auf eine Sturzhalde, die in den 50ern durch einen Felsrutsch entstanden ist, und werden durch die Gesteinsmassen abgebremst. Auch ist die Fallkante deutlich schmäler. Aber angesichts des gesamten Naturspektakels, das wir hier vor Augen haben, ist diese Minderung der pure Luxus. Man ist eben sehr schnell verwöhnt.

Um uns herum stehen viele asiatische Touristen und fotografieren begeistert die leuchtenden Regenbögen.

Wir gehen in das nahegelegene Table Rock Welcome Centre. Unten empfängt uns ein vollgestopfter Souvenirshop, aber im »Elements on the Falls« Restaurant hat man durch die leicht angelaufenen Panoramafenster wieder einen beeindruckenden Blick auf den Horsshoe Fall. In dem klimatisierten Raum ist es leider so kalt, dass wir, nass wie wir sind, nur kurz bleiben, um eine Kleinigkeit zu essen.

Es dämmert schon, als wir schließlich wieder im Wagen sitzen und die Gasheizung anmachen.

Nun stellt sich das erste Mal die Herausforderung einen Platz für die Nacht zu finden.

Wir haben eine App heruntergeladen, die Campingplätze ausfindig macht. Die testen wir jetzt und machen auch sofort einen KOA Campground am Ortseingang ausfindig. Auf dem Handy habe ich inzwischen den Stadtplan geladen und los geht's.

Wir hatten schon befürchtet, dass die Campingplätze in Niagara überfüllt sein könnten, aber es sind auch ohne Reservierung viele Plätze frei. Wir müssen uns also in Zukunft nicht allzu große Sorgen machen, wenn wir nicht vorbuchen. Denn unser Plan ist es ja genau genommen, keinen Plan zu haben. Jeden Tag aufs Neue zu entscheiden, wo wir die Nacht verbringen werden.

In dem kleinen Shop am Eingang kaufe ich Tee und Zucker. Abendessen fällt aus. Wir haben völlig vergessen einzukaufen und der Kühlschrank ist noch gähnend leer.

Hier auf dem Campingplatz spürt man nichts mehr vom Zauber des Wasserfalls, aber es ist trotzdem aufregend in Niagara zu übernachten.

»Naiägra …«

Morgens regnet es und der Tag fängt auch noch ohne Kaffee an. Schmuddelwetter und kein heißer Kaffee, das ist wirklich kein guter Start.

Dennoch raffen wir uns auf und fahren wieder auf unseren Stammparkplatz im Ort.

Heute sind kaum Menschen auf der Uferpromenade.

Als wir zum Strom gelangen, wirkt das Wasser fast schwarz. Bäume und Sträucher lassen schwermütig die Äste hängen. Die Wolken hängen tief und der Sprühnebel wabert in großen Schwaden über dem Abgrund. Als wir die Fallkante erreichen, ist es als würde man in eine riesige Waschküche blicken.

Dort wo der Niagara River siebenundfünfzig Meter in die Tiefe stürzt, nähert sich ein kleines Schiff dem tosenden Strudel. Es wirkt so zaghaft und hilflos angesichts dieser Urgewalt. An Deck erkennt man dutzende Pygmäen in roten Regenmänteln. Dann dreht das Schiff wieder ab.

Nässe hüllt uns ein. So schön es hier ist, wir brauchen bald ein warmes Frühstück.

Das wird kein leichtes Unterfangen, denn die meisten Lokale machen erst mittags auf.

Schließlich finden wir an der Uferstraße ein Tim Hortens Kaffee. Das ist hier wohl eine bekannte Kette.

Zu unserer Überraschung sind wir die einzigen Gäste.

Mit dem heißen Kaffeebecher in der Hand setzen wir uns an ein Panoramafenster und haben das Gefühl, im Moment die einzigen Menschen auf der Welt zu sein, die auf diese beiden Wassergiganten blicken dürfen. Denn die Amerikaner, ich meine alle diejenigen, die auf der amerikanischen Seite des Flusses stehen, können die Wasserfälle nicht gut sehen. Sie stehen ja praktisch hinter ihnen, bestenfalls seitlich.

Gestärkt und aufgewärmt folgen wir wieder dem Weg am Fluss, vorbei an der »Rainbowbridge«, die die kanadische Region Ontario mit dem US- Bundesstaat New York verbindet und heute duster und abweisend wirkt.

Die chinesischen Touristen kann das nicht erschüttern. Sie halten in einer Hand einen Schirm, in der anderen einen Selfie-Stick und lachen bestens gelaunt in ihre Kameras.

Der Fluss wird jetzt immer reißender und geht in regelrechte Stromschnellen über.

An einem Infostand stecken Flyer, die für den sogenannten »Whirlpool« werben, der einige Kilometer stadtauswärts liegt. Es handelt sich dabei um ein natürliches Becken, in dem sich die Stromschnellen fangen und das man auf einer altmodischen Gondel überqueren kann. Ja, das würde uns Spaß machen.

Angesichts des starken Regens gehen wir aber lieber zurück und holen den Wagen.

Auf dem Weg zum Parkplatz kommen wir an dem berühmten Skylon Tower vorbei. Wir sehen den gelben Außenfahrstühlen nach, die mit ziemlicher Geschwindigkeit nach oben fahren. Es wäre sicher schön, einen Gesamtblick auf die Niagarafälle zu werfen. Und so schnell werden wir wohl nicht wieder herkommen …

Also steigen wir kurz entschlossen den Weg zum Turm hinauf.

Die Eingangshalle verbreitet den etwas heruntergekommenen Charme der 60er Jahre. Alles wirkt etwas angestaubt und trist. Sogar die Spielautomaten und die elektrischen Autos für die Kinder wirken trostlos und verlassen.

Ich habe in den 80ern einige Jahre in Tunesien gelebt und kann mich erinnern, dass chinesische Münzautos und -tiere sich damals überall rasant verbreiteten. Für ein Entwicklungsland waren diese quietschbunten wackelnden, schaukelnden und brummenden Maschinen eine Sensation.

Alle Kinder wollten einmal auf einem grünen Elefanten oder einem pinkfarbenen Dinosaurier reiten. Mir erschienen die Dinger schon damals, trotz der leuchtenden Farben, furchtbar hässlich. Die Tiergesichter, zu Fratzen verformt, irgendwie eher beängstigend als erheiternd.

Hier geht es mir ähnlich. Ich finde den Raum bedrückend. Nicht einmal das Flair des Vergangenen kann die Geräte ansprechender machen und ihnen einen Hauch von Nostalgie verleihen. Sie waren und bleiben kalt und emotionslos.

Wir halten uns hier unten nicht lange auf, sondern suchen rasch den Aufgang zum Lift. Zuerst stehen wir in der kleinen Kabine im Dunkeln, aber dann, ganz plötzlich, offenbart sich durch die Glastüren das wilde Panorama in seiner ganzen überwältigenden Pracht.

Erst von hier oben erkennt man, wie groß der Niagara River ist und wo die Wasserfälle entstehen.

Der Fluss kommt in einem breiten Band vom Eriesee und fließt dann in den Ontariosee. Überall sieht man, verstreut in den Fluten, kleine Inseln.

An der Felskante wird der »American Fall« durch ein Inselchen, genannt Luna Island, von dem kleineren »Bridal Veil Fall« getrennt und die große Goat Island trennt die ausladenden, tosenden »Horseshoe Falls« ab.

Es dampft und zischt und die Gischt steigt weit hinauf in den Himmel. Wieder bereiten sich kleine Schiffe unten darauf vor, sich dem krachend aufprallenden Wasser zu nähern.

Von hier aus kann man erkennen, dass sich auf der New Yorker Seite tief unten lauter kleine blaue Männchen auf ein Schiff begeben. Auf der kanadischen Seite sind es rote Männchen. Es ist, als würden Kinder Lego spielen.

Auf der Aussichtsplattform ist es kalt und windig. Wir umkreisen den Turm also ziemlich rasch und fahren mit dem nächsten Lift wieder nach unten.

Die Luftseilbahn am »Whirlpool« feiert dieses Jahr ihren 100-jährigen Geburtstag.

Eine altmodische, knallrot lackierte Gondel hängt an einer bogenförmigen Konstruktion aus gelben Metallstreben und Speichen, die ihrerseits auf dicken Rollen über die starken Tragseile gleitet. Das luftige Gerät sieht aus wie eine bizarre Flugmaschine aus der Zeit der Pioniere.

Wir freuen uns, dass der Aero Car noch einmal fährt, obwohl sich am Eingang nur wenige Gäste eingefunden haben.

In der Nachsaison läuft es nämlich nicht immer nach Fahrplan, sondern nach Anzahl der Besucher. Die scheinen aber zu reichen, denn es kann gleich losgehen.

Hoch über dem Becken, in dem das Wildwasser hunderte kleiner Strudel bildet, sich aufbäumt, dreht und wälzt, rollen wir fünfhundertdreißig Meter die Seile entlang. Ich zähle sieben Stück über unseren Köpfen, was angesichts der Urgewalt unter uns sehr beruhigend ist.

Es gibt nur diesen einen Korb, der über dem etwa achtzig Meter hohen Abgrund hin- und herfährt. Bevor wir an der gegenüberliegenden Seite ankommen, werden wir aufgefordert in der Gondel zu rotieren, damit jeder Passagier die Möglichkeit hat, beide Seiten des Beckens zu bewundern. Aussteigen dürfen wir nicht.

Die bildhübsche kanadische Schaffnerin steht in einer Uniform aus Shorts und einem dünnen blauen Jäckchen am Bug und erzählt uns einige interessante Details.

Zum Beispiel hätte ich gedacht, dass wir uns am Ende des Whirlpools bereits auf amerikanischem Boden befinden. Aber nein, wir sind noch – beziehungsweise wieder – auf kanadischem Grund. Soweit man in dieser windigen Höhe von Grund sprechen kann …

Die USA überqueren wir nämlich während der Fahrt. Sie ragen wie ein rechtwinkliger Spitz pfeilartig in das Wirbelbecken hinein. Wir betreten also auf dem Hinweg die Vereinigten Staaten, verlassen sie wieder, betreten sie auf der Rückfahrt wieder und verlassen sie dann ein zweites Mal.

Man könnte jetzt sagen: »Was soll der Quatsch?« Nein, man könnte nicht nur, genau genommen müsste man es tun. Es ist immer wieder erstaunlich, was Menschen für Grenzen ziehen. Ist das Wasser auf der einen Seite der Trennlinie vielleicht nasser? Ist es dunkler, wilder, reißender, gefährlicher? Lässt sich die Strömung auf der anderen Seite besser bremsen, regulieren, bezähmen? Ich blicke in die Tiefe und kann mit ruhigem Gewissen sagen, dass ich keine Grenze erkennen kann. Denn die Natur zeigt keine Trennlinien, keine Schatten oder Untiefen im Wasser. Die kleinlichen Belange der Menschen interessieren sie nicht.

Unsere Fremdenführerin zeigt uns gerade mit ausgestrecktem Arm die Wasserwerke in der Ferne. In der Seilbahn zieht es wie Hechtsuppe.

Lachend zeige ich auf meinen Mantel, meinen Schal und die Mütze und meine, dass wir uns wohl, trotz des engen Raums, in verschiedenen Klimazonen befinden.

Die junge Frau seufzt achselzuckend und meint wir seien durchaus in der gleichen Klimazone. Auch für sie sei es »pretty cold«, aber sie müsse noch ein paar Tage die Sommeruniform tragen.

Armes Mädchen. Aber als echte Kanadierin strahlt sie beim Abschied schon wieder. Sie ist hart im Nehmen.

Wir wärmen uns im Wohnwagen wieder einmal auf und legen dann die Landkarte auf den Tisch.

Es ist schon vier Uhr, Zeit sich für eine neue Richtung zu entscheiden.

Also wandern wir mit den Fingern auf der Landkarte und ziehen verschiedene Ziele in Erwägung.

Georg möchte so schnell wie möglich zum Algonquin Nationalpark fahren. Dort vermutet er nämlich den Indian Summer wie er leibt und lebt.

Ich hingegen bleibe mit dem Zeigefinger auf einer Insel stehen:

Manitoulin Island.

Das klingt wie pure Magie: Weißkopfseeadler, Wölfe, Totemtiere, Traumfänger, alte indianische Rituale, der Geruch von Lagerfeuer, die ewigen Jagdgründe ... Wir müssten nur unseren Kreis erweitern und würden den Algonquin Park etwas später aus einer anderen Richtung erreichen.

»Also gut«, sagt mein Mann und setzt sich ans Steuer. »Dann auf nach Owen Sound.«

»Hit the road, George«, antworte ich strahlend und setze mich neben ihn.

Der Regen peitscht auf die Windschutzscheibe. Es ist ziemlich ungemütlich und wir geraten auch noch in einen heftigen Stau. Der Berufsverkehr ist hier auch nicht anders als auf dem Mittleren Ring in München.

Wir folgen dem Queen Elizabeth Way und als frisch ernannter Navigator möchte ich uns auf dem kürzesten Weg über Hamilton auf den Highway 6 lenken. Auf der Landkarte sieht das ganz einfach und unkompliziert aus. Ist es aber nicht.

Der dichte Verkehr drängt uns ab und wir müssen wieder über Burlington fahren. Ein wahres Unwetter bricht über uns herein, der Regen klatscht nur so auf die Motorhaube und die Scheibenwischer laufen auf Hochtouren. Dennoch schauen wir begeistert auf die wunderschönen Trucks, die uns hautnah überholen. Ein schwarzes Ungeheuer mit tausend silbernen Nieten rauscht in einem Wirbel aus Sprühregen an uns vorbei. Der blitzblanke Auspuff ziert wie ein Schornstein das Fahrerhaus. Ein kurzes Aufblitzen, dann verschwindet die futuristische Erscheinung auch schon hinter dem dichten Regenvorhang.

Irgendwie schaffen wir es in diesem Verkehrsdesaster endlich auf den Highway 6. Die erste Ausfahrt heißt sehr trefflich Waterdown Road. »Nomen est omen«, kann ich da nur sagen. Hier regnet es wohl öfter aus Kannen.

Inzwischen dämmert es bereits und wir merken, dass wir müde werden.

Nun rufe ich unsere wertvolle App auf und finde auch gleich einen Campingplatz ganz in der Nähe. Äußerst nah sogar: nur 500 Meter.

Wir biegen also kurz entschlossen in den nächsten Ort, Freelton, ein und halten Ausschau nach dem *Fernbrook Resort*.

Da ist aber nichts. Kein Schild, kein Hinweis und kein Campingplatz.

Nach einigen Wendemanövern begreifen wir, dass sich der Campingplatz genau gegenüber auf der anderen Seite der Bundesstraße befinden muss.

Waghalsig lenkt Georg unser Schiff zurück auf den chaotischen Highway und dann gleich wieder hinein in die Pampa. Diesmal sehen wir schon einige – ziemlich verlassene – Campingwagen auf kleinen Lichtungen stehen.

Und dann kommt auch ein Schild:

»Fernbrook Resort – Private - Visitors welcome«

Was jetzt? *Private* oder *Visitors welcome?*

Das wird sich wohl gleich herausstellen.

Durch riesige Pfützen fahren wir auf ein Gebäude zu, das eine typische Ende-der-Saison Stimmung ausstrahlt. Abblätternde weiße Farbe am verglasten Holzvorbau, die Panoramafenster dunkel im grauen Licht des Abends, gebrochene Steinstufen. Gegenüber steht eine völlig verwahrloste Ferienhütte, daneben aufgebockte Wohnwagen, die aussehen wie ausrangierte Eisenbahn-Waggons. Eine Atmosphäre wie auf einem verlassenen Güterbahnhof

Wir steigen aus.

Kein Lebenszeichen weit und breit. Ein wildromantisches Paradies. Und auch ein wenig gespenstisch.

Wie aus dem Nichts steht plötzlich ein schwarz gekleideter Mann, die Hände lässig in den Hosentaschen vergraben, vor uns. Mit gespitzten Lippen blickt er uns prüfend an.

Ich zucke zusammen. Die kanadische Landbevölkerung scheint nicht sehr gesprächig zu sein.

Ob wir wohl für eine Nacht hierbleiben dürften, fragen wir zaghaft.

Der Mann zuckt mit den Achseln. »Kein Strom, kein Wasser«, stellt er gleich klar. Das macht uns nichts aus. Wir wollen bloß bei dem starken Regen nicht mehr weiterfahren.

Nun deutet er, eigentlich recht freundlich, auf einen leeren Stellplatz unter einer hohen Birke. Mitten im Matsch.

»Wir haben Swimming-Pool und Sauna«, meint er beiläufig. »Dusche ist auch da. Benutzt alles, was ihr braucht!«

»Und die Bezahlung?«

»Machen wir morgen früh, kein Problem«, erwidert er, nickt uns knapp zu und verschwindet auch schon wieder zwischen den Wohnwagen.

Auch gut. Wir parken erst einmal ein, wobei ich mich gleich wieder als Einweiser nützlich machen kann. Trotz der großen Außenspiegel ist es gut, wenn jemand hinter dem Wagen steht und aufpasst, dass man nichts rammt.

Dann schauen wir uns unsere heutige Unterkunft näher an.

Auf der lang gezogenen Veranda stehen einige der hohen Glastüren offen. Zögernd gehen wir hindurch, an leeren Stühlen vorbei, und betreten die Eingangshalle. Ein riesiger Innenpool füllt den Großteil der Halle aus, umrahmt von einem pitschnassen Teppichboden. Auch hier sind ringsum vereinsamte Liegestühle auf das Wasser gerichtet, als würden geisterhafte Zuschauer einem imaginären Treiben zusehen.

Und trotzdem wirkt alles irgendwie gemütlich.

Die Rezeption ist natürlich leer. Eine Reklametafel auf der spärlich beleuchteten Theke wirbt für das hiesige Oktoberfest, passenderweise *Ferntoberfest* genannt. Am 15. Oktober gibt es *games, contests, food and beer*. Es scheint hier also grundsätzlich Menschen zu geben.

Breite Fenstertüren führen auf eine Terrasse auf der Rückseite des Gebäudes.

Jetzt staunen wir nicht schlecht. Ganz im Gegensatz zu der heruntergekommenen Atmosphäre am Eingang stehen wir urplötzlich inmitten einer gepflegten britischen Landidylle. Außenpool mit einem Dutzend blauer Liegestühle – selbstverständlich alle leer - nicht einmal ein abgelegtes Handtuch, das davon zeugen könnte, dass irgendwann jemand kommt. Ein paar Stufen führen zu einer schönen Terrasse mit zierlichen Gartenstühlen und Tischchen, von der man auf einen kleinen natürlichen See blickt. Ringsum tadelloser englischer Rasen. Hochgewachsene Birken und Weiden stehen vereinzelt auf der Wiese.

Und kein Lebewesen weit und breit.

Ganz ehrlich, das alles ist mir langsam unheimlich. Ich versuche den Gedanken an Filme zu verdrängen, in denen in so einer morbiden Idylle plötzlich ziemlich schräge Gestalten auftauchen. Solche mit Pockennarben im Gesicht, Zigarettenstummel im Mundwinkel und einem fiesen, schiefen Lächeln auf den schmalen Lippen…

Prompt raunt mir mein Mann mit einer alles umfassenden Handbewegung ins Ohr: »Hier könnte man ohne Weiteres einen Hitchcock drehen!«

Na, Prost Mahlzeit! »Vielen Dank auch, das war sehr hilfreich!«, fauche ich ihn an. Ab jetzt bleibe ich hier keine Minute irgendwo allein.

Wir packen also im Wagen einen kleinen Rucksack mit Schlafanzug, Handtüchern und Waschzeug und machen uns gemeinsam auf den Weg um die Duschen zu erkunden.

Die befinden sich hinter dem Swimmingpool. Sie sind geräumig und - sie sind beheizt.

Endlich mal keine luxuriösen Klimaanlagen. Wir sind ja schon dankbar, wenn keine Klimaanlagen laufen, aber dass es hier kuschelig warm ist, ist definitiv ein Pluspunkt.

Als wir wieder nach draußen gehen, blinkt das eine oder andere Licht schwach durch die Dunkelheit. Eine Hütte, ein Wohnwagen? … ganz alleine sind wir scheinbar doch nicht.

Wir vermuten, dass die Besucher oder die Clubmitglieder um diese Jahreszeit erst am Wochenende kommen. Heute ist Donnerstag.

Regen prasselt auf die Frontscheibe und ein heftiger Sturm fegt über den Wohnwagen. Manchmal kratzen herabhängende Äste über das Dach, dann schaue ich vorsichtig aus dem Fenster. Nichts, alles liegt im Dunkeln.

Als der Morgen endlich anbricht, bin ich mehr als erleichtert.

Wir kochen uns zuerst einmal einen starken Kaffee. Glücklicherweise haben wir gestern am Ortsende von Niagara noch eingekauft. Jetzt sieht das Innere des Kühlschranks schon etwas freundlicher aus. Und an Kaffee wird es uns in nächster Zeit auch nicht mangeln.

Dann gehen wir vor zum Haupthaus. Auf den Wegen herrscht Stille. An der Rezeption brennt Licht. Über dem Innenpool läuft ein Fernsehprogramm auf einem riesigen Bildschirm. Nur weit und breit kein Mensch. Natürlich.

Nach einer zweiten Tasse Kaffee probieren wir es noch einmal. Die Kieswege sind alle leer. An der Theke ist auch noch niemand, abgesehen von der reizenden jungen Frau im Dirndl, die uns vom *Ferntoberfest* zuprostet. Die unwirkliche Atmosphäre, die über diesem Ort schwebt, lässt sich auch durch das Tageslicht nicht ganz verdrängen.

Es ist schon fast acht Uhr und wir würden sehr gerne weiterfahren. Aber wo sollen wir zahlen?

Als wir uns draußen erneut umsehen wollen, sitzt plötzlich ein Mann vor uns auf einer Gartenbank. Meine Güte, das ist schräg. Ja, er arbeitet hier. Nein, der Besitzer ist heute nicht da. Ob wir bereits einen Preis vereinbart haben? Wir verneinen.

Der Mann zückt sein Handy und nach einem kurzen Telefonat mit dem Inhaber erfahren wir: Mit 60 Dollar sind wir dabei. Plus Steuer natürlich. Leider kann man heute keine Rechnung ausstellen, weil das Büro geschlossen ist. Die Steuer verlangt man aber trotzdem.

Wir fragen vorsichtig, ob das nicht ein wenig überteuert ist für diesen Platz. Gestern haben wir auf dem KOA Parkplatz in Niagara 37 Dollar für eine Nacht bezahlt. Mit Strom- und Wasseranschluss.

»Das hier ist ja auch ein Resort«, lautet die lapidare Antwort. »Und Luxus ist nun einmal teuer«, grinst der Typ noch arrogant, während er das Geld in seine Jackentasche schiebt.

Es regnet nicht mehr so stark und wir fahren wieder auf die Nr. 6. Ich nenne sie »Kings Road 6«, weil eine kleine Krone die Straßenschilder ziert.

Die Landschaft ist ländlich. Kühe stehen verstreut auf den Weiden. Einige sind rabenschwarz, was sehr hübsch aussieht.

Wir fahren durch Mapleton und Wellington.

Die Häuser, an denen wir vorbeifahren, sehen schlicht aus und manche wirken nicht besonders stabil. Ähnlich wie in Norwegen sind die meisten mit langen Holzbrettern verkleidet. Einige sind bunt lackiert, die meisten aber weiß oder grau.

Die Kirchen sind erstaunlich klein und unscheinbar, weit entfernt von der Pracht der Gotteshäuser in Italien.

Kurz vor Owen Sound sind wir schon ziemlich hungrig, denn wir haben nur ganz wenig gefrühstückt.

Am Straßenrand begegnen wir zum ersten Mal einem Restaurant. Ein großes Gebäude aus dunklem Holz - sieht aus wie ein Truck-Stopp. »Kettles – back home cookin«, verspricht das runde Schild über dem Eingang. Das gefällt uns. Und die vielen Autos auf dem Parkplatz lassen hoffen, dass die versprochene Hausmannskost auch gut ist.

Innen empfängt uns eine warme, fröhliche Atmosphäre. Die Räume sind schon herbstlich für Thanksgiving dekoriert. Kürbisse, Körbe voller Äpfel und Strohballen mit farbigen Bändern schmücken den Eingang zur Gaststube.

Das Lokal ist gut besucht. Bunt gemischt, Jung und Alt, nur Einheimische, wie es aussieht. Wir müssen ein paar Minuten warten, da alle Plätze belegt sind, dann wird uns ein Tisch zugewiesen.

Das gutbürgerliche Essen schmeckt wirklich lecker. Und wir genießen die – für uns jedenfalls – original kanadische Atmosphäre. An der Kasse nehmen wir noch zwei Stück *homemade apple pie* fürs Abendessen mit. Das sind diese Kuchen in runden Formen, bei denen ringsum vor dem Backen der Teig mit einem spitzen Messer abgeschnitten wird. So etwas habe ich bis jetzt nur in amerikanischen Filmen gesehen. Wie einen seltenen Schatz nehme ich die *Pies* mit ins Wohnmobil.

Gut gelaunt geht es weiter nach Owen Sound.

Es fühlt sich immer seltsam an, ein Ziel auf der Landkarte festzulegen, ohne auch nur das Geringste darüber zu wissen. Als öffne man ein unbeschriftetes Fotoalbum, eine Art geografische Wundertüte.

Die Stadt Owen Sound lädt uns nicht unbedingt zum Verweilen ein. Das Zentrum wirkt ein bisschen steril und wir machen uns gar nicht erst die Mühe hier eine Unterkunft zu finden. Es ist ja noch früh am Nachmittag, und wir könnten noch ein ganzes Stück fahren.

Am Ortsrand liegt ein schöner öffentlicher Park direkt an der Georgian Bay. Hier halten wir kurz an, um ein neues Ziel festzulegen.

Hunderte Wildgänse tummeln sich im seichten Uferwasser.

Endlich kämpft sich auch die Sonne durch und streut golden glitzernde Tupfer über die Bucht.

Ich breite die Kanada-Ost-Karte auf einem verwitterten Holztisch aus.

Wir vermuten stark, dass es an der Küstenstraße, die in einem weiten Bogen Owen Sound über Big Bay mit Wiarton verbindet, Campingplätze gibt. Dort können wir immer noch entscheiden, wo wir die Nacht verbringen.

Nach wenigen Kilometern stoßen wir auf einen Wegweiser mit der Aufschrift »Indian Falls«. Wir sind das erste Mal in einer »Conservation Area«.

»Indianerwasserfälle« hört sich toll an und ein Spaziergang wird uns guttun.

Vom Parkplatz führt ein schmaler, steiler Pfad über dicke Wurzeln durch den herbstlichen Wald. Linker Hand fließt rötlich schimmernd der *Indian River*: eher ein seichter Mühlbach, aber mit einem wundervollen Namen. Wir folgen dem immer stärker werdenden Rauschen, bis sich die Bäume öffnen und den Blick auf einen dünnen Wasserfall freigeben, der von einer breiten Felskante in das steinige Becken des Wildbaches stürzt.

Ein unglaublich malerisches und friedliches Bild.

»Wie beim Schatz im Silbersee«, flüstere ich andächtig. Hier könnte Nscho-Tschi mit ihren Freundinnen lachend im Wasser plantschen, während Winnetous Pferd Iltschi an den niedrigen Sträuchern am Flussufer knabbert.

Weiter geht es wieder auf der Küstenstraße, aber zu unserem Kummer ist der Blick auf die Bay durchwegs von dichten Bäumen verstellt. Alle paar Meter steht ein gesichtsloser Briefkasten am Straßenrand.

Die Häuser am Ufer kann man nur erraten, ganz selten blitzt einmal ein Dach oder eine Hauswand durch das dichte Grün. Nirgends auch nur die kleinste Möglichkeit den See zu sehen, geschweige denn zum Wasser zu gelangen.

Schließlich erscheint ein Hinweisschild: »Lake View«. Na endlich.

Wir biegen rechts ein. Aber leider stellt sich gleich heraus, dass das dicht besiedelte Areal nur so heißt. Eine Villa nach der anderen, manche sehr schön, die Gärten groß, mit gepflegtem Rasen und hohen Bäumen. Alle Grundstücke sind ohne Zaun, was das Gesamtbild sehr liebenswert macht. Aber auch hier gilt: Nur wer direkt am See wohnt, hat auch einen schönen Blick auf die Bay. Die anderen gewiss nicht. Soweit zum *Lakeview*.

Mit unserem klobigen Wohnwagen fühlen wir uns etwas deplatziert und unwohl in diesem eleganten »very private« Villenviertel.

Schließlich halten wir ganz am Ende der Durchfahrtstraße vor dem einzigen noch leer stehenden Grundstück – übrigens mit traumhaftem Seaview! Wer kann der kann ..., und kochen uns einen englischen Tee.

Wir beschließen, trotz allem weiter auf der Küstenstraße Richtung Big Bay zu fahren. Irgendwann müssen die Siedlungen ja aufhören und das Ufer der Georgian Bay wird dann auch für jedermann zugängig sein.

Irrtum. Es bleibt so. Und kein Campingplatz weit und breit. Es ist schon fünf Uhr, als wir in den ersten öffentlichen Rastplatz auf dieser Straße einbiegen. Er besteht nur aus einer schmalen steinigen Fahrgasse mit relativ schmalen Grünstreifen, aber hier führt endlich ein kleiner Durchgang zum See.

Ein rauer, kalter Wind pfeift, als wir aussteigen. Auf dem einsamen Kiesstrand steht zwar eine Holzbank, aber der Wind weht so stark, dass wir lieber zum Wohnmobil zurückkehren.

»Hier bleiben wir«, jubelt mein Mann begeistert. »Immerhin kommt man das erste Mal richtig zum Wasser und es sieht ja nicht so aus, als würden wir bald etwas Besseres finden.«

Ich schaue mich um. Wenige Schritte weiter steht eine kleine Holzhütte zwischen den Sträuchern. Hier steht zwar ausnahmsweise nicht »very private«, dafür aber in dicken roten Buchstaben: nur für Picknickgäste. Overnight Camping ist absolut verboten. »Forbidden!«

Diese dicht besiedelte Küste erinnert mich an den bayerischen Riegsee, mit dem wir im vergangenen Sommer kurz Bekanntschaft gemacht haben. Dort ist das Seeufer auch in fester Hand. Unzählige an Ketten, Pfosten und Baumstämmen recht aggressiv angebrachte Schilder mit der Aufschrift »privat« bezeugten das mit Nachdruck und wenn man auch nur einen Blick auf den kleinen See riskierte, erntete man schon giftige Blicke. Aber das ist in Bayern zum Glück die Ausnahme.

Ich bin mir nicht sicher, ob die Menschen hier so anders ticken und fühle mich bei dem Gedanken, an diesem kanadischen Riegsee wild zu campen, nicht besonders wohl.

Also fische ich zum ersten Mal die Reiseunterlagen, die uns in Cookstown mitgegeben wurden, aus dem Gepäcknetz und finde darunter ein sehr hilfreiches Campingbuch Ontarios. Wie sich herausstellt, ist die Gegend in der wir uns befinden tatsächlich nicht gerade mit Campingplätzen gesegnet, aber weiter im Norden befindet sich ein Indianerreservat.

Dort liegt auch der nächste Campground und man kann offensichtlich auch mit einem Wohnmobil übernachten. Als wir das Buch durchblättern, stellen wir erstmals fest, dass sehr viele Campingplätze schon Ende September schließen und nur noch wenige Anfang Oktober offen sind. Davon schließen die meisten spätestens Mitte Oktober.

Na, toll.

Wo wir schon dabei sind, installieren wir auch gleich das Navigationsgerät. Ich gebe unser neues Ziel ein: Cape Croker. In null Komma nix findet das Gerät den Weg heraus: Das ist schon eine tolle Erfindung.

Jetzt wo wir die Daten haben, möchte ich sicherheitshalber vorher anrufen. Es sind zwar nur 40 Kilometer, aber der Campingplatz scheint mitten in der Pampa zu liegen, und danach kommt wieder lange gar nichts.

Die Verbindung ist denkbar schlecht. Ich verstehe nur bruchstückhaft so etwas wie: »can ...t ... der ... nd ...e ...

ery sent ..en ... ce is cut.« Ich übersetze frei: Er versteht nur die Hälfte von dem was ich sage. Aber immerhin – nach etlichen Wiederholungen des Wortes »Motorhome« ist ein resigniertes »you can come!«, zu hören. Dann knackt es in der Leitung.

Meinem Mann hat der karge, einsame Platz sehr gut gefallen, aber er versteht meine Sorge.

»Hit the road, George!«, seufze ich erleichtert.

An diesem ungastlichen Gestade möchte ich einfach nicht bleiben.

Der nächste größere Ort ist Wiarton: »The Gateway to the Bruce Peninsula«. Ein abenteuerlicher Name.

Die Stadt wirkt altmodisch und gemütlich. Hier gibt es auch viele stattliche Häuser aus Ziegeln oder Steinen. Wir durchqueren den Ort nur kurz und biegen auf der Halbinsel ab zur Küstenstraße.

Dann geht es kreuz und quer über kleine Landstraßen, aber die freundliche Navi-Dame führt uns sicher und souverän durch diese Wildnis.

Als wir das Schild »Cape Croker Indian Park« erreichen, dämmert es bereits.

Der Mann im Office erwartet uns schon. Viel ist nicht mehr los. Ein einziger Wohnwagen steht am Ende einer großen Wiese. Ringsum dichter Wald. Es nieselt. Trotzdem möchten wir zwei Tage bleiben, um ein bisschen zu wandern.

Wir bekommen ganz am Ende der Wiese einen Platz mit zwei »Hook-ups« zugewiesen. Das bedeutet Strom und Wasser. Wir dachten, der Campground läge direkt an der Georgian Bay und sind zutiefst enttäuscht über den gesichtslosen Stellplatz.

Bevor wir einparken, überprüfen wir die Anschlüsse. Dabei sehen wir, dass uns für eine Verbindung mit dem Wasserhahn die Feuerstelle im Weg steht. Auch die schwere Holzbank, die zu jedem Platz gehört, steht sehr ungünstig. So wird das nichts. Ich laufe zurück zum Office, um zu fragen, ob wir lieber einen anderen Platz nehmen sollen. Ringsum ist ja fast alles leer. Aber der Mann telefoniert nur kurz und meint, der zuständige Kollege komme gleich bei uns vorbei.

Auch gut.

Als ich die nasse Wiese überquere, taucht auch schon ein roter Pickup auf und ein älterer Indianer steigt aus. Er sieht sich das Malheur an und fragt neugierig: »Warum wolltet ihr denn keinen Stellplatz am Seeufer? Gefällt es euch hier oben besser?«

Wir sind sprachlos. Durch die dichten Bäume und Sträucher sieht man nicht das kleinste Fleckchen Wasser schimmern.

»Man hat uns gar nicht gefragt!«, geben wir erstaunt zurück. »Habt ihr denn noch freie Plätze am See?«

»Schon«, meint er und schaut uns prüfend an. »Allerdings nur mit einem Hook-up.«

»Wasser ist für uns nicht so wichtig, wir brauchen für die nächsten zwei Tage eigentlich nur Strom.«

»Bestens«, antwortet der Indianer zufrieden. »Hydro haben die meisten Plätze am See.«

»Wir hätten aber eher Strom - *electricity* - gebraucht«, berichtige ich sicherheitshalber.

»Ja, das sagte ich doch eben«, bestätigt der Mann nickend.

»Aber *hydro* bedeutet doch Wasser, oder nicht?«

Der Ranger schüttelt verwundert den Kopf: »Nein, *hydro* bedeutet Strom!«

»*Hydro* is great!«, lachen wir über unsere unzureichenden Englischkenntnisse, und der Indianer fordert uns mit einer einladenden Handbewegung auf, in seinen Pickup zu steigen.

31

Er wird mit uns das Gelände abfahren und wir können uns dabei eine beliebige Stelle in der Bucht aussuchen.

Vorne ist genug Raum, aber der Rücksitz erweist sich als regelrechte Folterbank.

Ich falte mich so klein wie möglich zusammen, um zwischen den durcheinandergeworfenen Werkzeugen und Kartons Platz zu finden. Ein Fußraum existiert nicht. Für einen Hund sicher ein gemütliches Eckchen, aber für jemanden der auch seine Beine unterbringen muss eine wahre Herausforderung. »A challenge.«

Ein breiter Waldweg führt direkt zum Seeufer. Hier liegt ein traumhafter Stellplatz neben dem anderen. Trotz des Regens wildromantisch und schön.

Wir suchen uns einen Platz aus, der von beiden Seiten aufs Wasser blickt. Dann schlägt unser indianischer Führer uns noch eine kleine Rundfahrt durchs Camp vor. Mein Rücken schreit leise auf. Aber der Mann ist so freundlich, dass wir das auf keinen Fall ausschlagen können.

Der Park wird seit fast fünfzig Jahren von den *Chippewa of Nawash* verwaltet, die früher für die Herstellung von Birkenkanus bekannt waren. Ringsum stehen sie auch überall, die wunderschönen Birken, und bezaubern uns mit der gelben Pracht ihrer Laubkronen. Unter tief herabhängenden, nassen Ästen fahren wir durch die »rough camping« Plätze, ohne Anschlüsse, in denen man wild zelten kann. Hier hat man ganz sicher das Gefühl weit ab von der Zivilisation zu sein.

Am Ufer des Sees ist auch ein Kanuverleih, der aber zu dieser Jahreszeit bereits geschlossen hat. Einige Kanus liegen noch auf dem Rasen, aber sie werden in den nächsten Tagen in die Schuppen eingelagert.

Das Areal ist sehr weitläufig. Wanderwege ziehen sich durch den Wald und am Ufer der Bay entlang. Die Chippewa waren schon immer Jäger und Fischer. Unser Waldhüter deutet auf die Bucht und erzählt uns stolz etwas von Snoopy.

»Meinen sie den Hund? Charlie Brown?«, frage ich erstaunt. Der passt so gar nicht hierher.

»Ja«, schaut er mich lachend im Rückspiegel an. »Das Reservat - Neyaashiinigmiing - es sieht aus wie Snoopy!«

Ich lächle gequält zurück. Verstanden habe ich den Vergleich nicht.

Die Fahrt ist wunderschön, überall erspäht man verträumte und verwunschene Ecken unter den dichten Bäumen, aber jeder holprige Meter ist auf meinem Hundesitz eine Tortur. Zum ersten Mal verstehe ich, warum in den alten amerikanischen Filmen die ganze Familie lieber auf der harten Ladefläche als auf der Rückbank sitzt.

Als wir endlich vor unserem Wohnmobil abgesetzt werden, klappe ich mich so gut es geht wieder auseinander.

Im Handumdrehen ziehen wir um, und freuen uns jetzt wie die Schneekönige über den Blick auf den graublauen See. Der Regen hat nachgelassen und ein starker Wind reißt die Wolken sogar ein wenig auf.

Noch leicht hinkend gehe ich kurz zum Ufer. Kein Zweifel, ich werde immer kanadischer.

Es ist so: Die meisten kanadischen Männer, die wir bis jetzt gesehen haben, hinken mehr oder weniger stark. Wir vermuten, dass sich hierzulande jeder im Laufe seines Lebens mehrmals beim Holzhacken das Beil auf die Füße geschlagen hat. Oder aufs Knie. Oder auf beides. Waschechte Kanadier können wir also mittlerweile am Hinken, am karierten Hemd und am Käppi erkennen. Ja, jeder Mann trägt auch noch eine Schirmmütze. Tatsache.

Als Ausgleich für den preislich günstigeren Platz (nur ein Hook) bringt uns der Ranger ganz unerwartet noch einen großen Sack Feuerholz vorbei. Wir bedanken uns ganz herzlich für das Geschenk. Ob wir denn einfach ein Feuer anzünden dürfen? »Yeah, no problem!« Der Chippewa winkt uns noch freundlich zu, dann verschwindet der rote Pickup im Wald.

Georg bereitet das Abendessen zu, während ich mich freiwillig als Feuermacher melde.

Jetzt heißt es, die kalte Feuerstelle wieder zum Leben zu erwecken.

Sie besteht aus locker aufgeschichteten, großen, besonders flachen Steinen, wie man sie überall am Seeufer auflesen kann. Meine Bemühung, einfach Holz in der Mulde aufzuschichten und dann den elektrischen Gasanzünder langsam aber sicher aufzubrauchen scheitert kläglich. Ringsum sind auch noch alle Stöckchen und Äste am Boden klitschnass.

Ich probiere es mit einem Papierknäuel. Der kalte Wind schüttelt die zaghafte Flamme nur kurz durch, dann ist wieder Funkenstille.

Was nun? Ich gehe in die Hocke und erkenne, dass die Steine überall große Lücken aufweisen, durch die der Wind das Feuer nicht nährt, sondern kurzerhand auslöscht.

Also baue ich die Steine um. Ich ziehe den gesamten Kreis enger und errichte zur Windseite hin eine hohe Wand, die das Feuer vor dem starken Luftzug schützen soll. Das Ergebnis sieht aus wie eine schiefe Burg.

Mit dem letzten Zeitungspapier starte ich erneut einen Versuch.

Die Flammen züngeln erst zaghaft hoch, dann werden sie sicherer, und schließlich knistert ein richtiges Lagerfeuer. Ich platze vor Stolz.

Georg kommt mit zwei kleinen Gläsern Bier aus dem Wagen und gratuliert mir zu meinem neuen Ehrenamt. »Prost!«

Schräg gegenüber stehen drei Pickups mit Camping-aufbauten an dem sonst leeren Uferweg. Erwachsene und Kinder tummeln sich unter einer großen, straff gezogenen

Plane. Ein hellbrauner Hund läuft schwanzwedelnd auf und ab. Die Menschen hier sind wirklich hartgesotten. Als wir schon längst wieder im warmen Wohnwagen sitzen und brav unsere Dosenminestrone löffeln, stehen sie eng zusammen unter dem dünnen Plastikdach und grillen und lachen bis spät in die kalte Nacht.

Als wir frühmorgens mit einem herrlichen Blick auf die Bay Kaffee kochen, sind die Nachbarn auch schon wieder auf den Beinen. Fröstelnd halten sie die Kaffeebecher in den Händen, aber der Regen kann ihnen die gute Laune auch heute nicht verderben.

Warm eingepackt schultern wir unsere kleinen Rucksäcke und wollen gerade zu einer Gebietserkundung aufbrechen, als ein blauer Pickup mit Karacho den Waldweg herunterschießt. Lautes Geschrei und Gegröle begleitet die waghalsig geschnittene Kurve. Der Wagen hält mit kreischenden Bremsen vor dem Bootslandesteg. Ziemlich spießbürgerlich folgern wir, ohne zu zögern: Betrunkene ...
Mitnichten.

Von der Ladefläche hüpft eine komplette Großfamilie. Vom Großvater zum Enkel sind alle Altersgruppen vertreten. Und sie haben einen Riesenspaß.

Lautstarker Beifall erklingt als sich einer der Männer T-Shirt und Hose auszieht, den großen Zeh kurz ins Wasser hält und dann mit einem gekonnten Hechtsprung im kalten Wasser verschwindet.

In unsere dicken Jacken gehüllt, schauen wir entgeistert zu.

Aber die anderen finden das ganz prima und einer nach dem anderen reißt sich vergnügt die Kleider vom Leib und springt in die schwarzgrauen Fluten.

Sekunden später krabbeln alle unter lautem Gelächter und Geschrei wieder aus dem Wasser, hängen sich ein leichtes Handtuch über die Schultern und springen auf den Pickup. Quietschvergnügt, mit wehenden Handtüchern und nassen langen Haaren, entschwinden sie wie eine Fata Morgana auf dem Waldweg.

»Kanadier«, murmle ich kopfschüttelnd. »Respekt!«

Gleich nach dem Kanuverleih führt ein Weg in den Wald. Schlanke Birken säumen den urigen Pfad. Und wir betreten nicht irgendeinen Wanderweg. O nein. Wir betreten den ältesten und längsten Wanderweg Kanadas: Der legendäre »Bruce Trail« verbindet nämlich Niagara-on-the-lake mit Tobermory, am Ende der Bruce Peninsula. Und natürlich verzweigt sich der Hauptweg auch in unzählige Nebenwege. Hier führt uns ein Laufsteg mit dem magischen Namen »Snake Trail Boardwalk« erst einmal neunhundert Meter durch ein Sumpfgebiet. Stolz wird auf einem Schild verkündet, dass dieser Bohlenweg von den Chippewas of Nawash First Nation gebaut, und 1999 eröffnet wurde.

Immer wieder öffnen sich nummerierte Zeltplätze unter riesigen Bäumen und am Seeufer. Hier muss es im Sommer ganz märchenhaft sein.

Als wir nach über zwei Stunden ziemlich durchgefroren zurückgehen, testen wir die Gemeinschaftsduschen. Es ist ja fast niemand da.

Die Räume sind zwar sehr schlicht und kalt aber das Wasser ist kochend heiß und eine wahre Wohltat. Bald sitzen wir mit frischer Energie an unserem Esstisch und breiten wieder einmal die Landkarte vor uns aus.

Den endlos langen Bruce Trail werden wir zwar nicht zu Fuß gehen, aber Tobermory wird einstimmig unser nächstes Ziel sein.

Und jetzt verstehe ich auch, bei genauem Hinsehen, was unser Führer uns gestern erklären wollte: Das *Cape Croker Indian Reserve* sieht auf der Karte wirklich aus wie Snoopy. Charlie Browns Hund sitzt ganz brav da und schaut auf die Hope Bay.

Dieses Rätsel wäre gelöst.

Immer geradeaus führt uns der Highway 6 nun direkt nach Tobermory.

Kleinere Bauernhöfe stehen rechts und links auf den regennassen Feldern. Die Gehöfte sind hier ganz anders gebaut als bei uns. Durch offene Tore und Scheunen erkennt man, wie dünn die Holzwände sind. Die Mansardgiebeldächer wirken gemütlich, aber da sie meist aus Blech sind, auch anspruchslos und etwas windig. Türen oder Seitenwände die zerbrochen sind, werden offenbar dem Verfall überlassen. Das sieht zwar auf den ersten Blick malerisch, aber auch ziemlich vernachlässigt aus.

Es ist schon seltsam: In Venedig würde ich die verwilderten und abgelebten Fassaden vorbehaltlos romantisch finden, doch hier in der Prärie bin ich gleich viel kritischer und strenger.

Kurz vor Tobermory liegt der Bruce Peninsula National Park.

Als wir ein Schild mit der Aufschrift *Visitor Centre*/Centre D'accueil und einem dicken Pfeil sehen, biegen wir gleich in den schmalen Waldweg ein. Der führt an einem bereits geschlossenen Schrankenhäuschen vorbei zu einem schönen, lang gestreckten Holzgebäude mit großen Glastüren.

In der Touristeninformation werden wir von einer sehr freundlichen jungen Frau empfangen. Sie breitet routiniert eine Landkarte auf dem Tresen aus, schaut uns tief in die Augen und behauptet dann resolut: »Zwei Dinge werden die Leute euch fragen, wenn ihr heimkommt:

- Habt ihr auch *Flowerpot Island* gesehen?
und
- Habt ihr auch den *Grotto* gesehen?«

Das ist eine klare Ansage. Während ich noch überlege, wer uns wohl zu Hause diese zwei Schlüsselfragen stellen könnte, deutet die Frau auf einen kleinen Punkt auf der Küstenlinie.

»Der Grotto befindet sich hier. Und man kann durch den Park über einen ausgeschilderten Waldweg dorthin gelangen. Flowerpot Island hingegen kann man nur mit einem Schiff erreichen.«

»Was ist der Grotto eigentlich genau?«, frage ich jetzt doch noch. »So etwas wie die *Grotta Azzurra* auf Capri?«

»Yeaah, so etwas in der Richtung«, meint die Angestellte ausweichend. »Ach und übrigens: Falls Sie morgen die Fähre nach South Baymouth nehmen wollen, rate ich ihnen dringend die Tickets noch heute zu kaufen. Die Fähre ist nämlich immer sehr schnell ausgebucht.« Sie markiert die beiden Sehenswürdigkeiten abschließend mit einem bunten Stift, faltet die Karte zusammen und überreicht sie uns feierlich, bevor sie sich den nächsten Besuchern zuwendet.

Das hört sich alles gut an, aber bevor wir unsere Wanderschuhe anziehen brauchen wir erst mal einen Platz für diese Nacht.

Unter den Broschüren im Foyer finden wir ein Faltblatt des »Cyprus Lake Campground«. Der wäre ganz in der Nähe. Und mit ein bisschen Glück hat er noch auf. Aber bevor wir etwas unternehmen, schlage ich vor den uns erteilten Rat ernst zu nehmen, und die Tickets für die Überfahrt zu lösen. Ja, wir sind jetzt am Ende der Bruce Peninsula angekommen und morgen werden wir ganz sicher den Lake Huron überqueren, um auf die Insel mit dem geheimnisvollen Namen Manitoulin Island zu gelangen.

Im Ticket-Office am Hafen bestätigt man uns, dass es mehr als sinnvoll war, einen Platz auf der Fähre zu reservieren, denn es passen nur wenige Wohnmobile auf die Ladefläche. »Kommen Sie morgen eine Stunde vor Abfahrt und stellen sie sich in die erste Reihe«, instruiert uns der Mann mit der blauen Schirmmütze.

Das Schiff fährt im Herbst nur zweimal am Tag, um 8:30 Uhr und um 13:30 Uhr. Aus gutem Grund wählen wir die Mittagsfahrt.

So und jetzt geht's endlich zum Lake Cyprus.

Der Eingang zum Campingplatz ist leicht zu finden und wir bekommen ganz unkompliziert einen schlichten Platz für die Nacht zugewiesen. Ohne Hook-ups, *rough* sozusagen.

Die junge Kassiererin erwähnt noch komplizenhaft die Übernachtung habe den Vorteil, dass wir für den »Trail« nichts zahlen müssen. Wir können praktisch direkt am See, innerhalb des Wandergebietes, losstarten und müssen nicht mehr den Umweg über den offiziellen Eingang zum Nationalpark gehen. Tatsächlich sparen wir dadurch fast so viel, wie der Stellplatz für eine Nacht kostet.

Als unser braver Planwagen endlich auf dem weichen Boden unter Tamarack-Lärchen und Birken steht, gehen wir auf einem Bohlenweg neugierig die paar Schritte zum See.
Lake Cyprus.

Der See wirkt nicht sehr groß und trotz des Dauerregens ist das Wasser von einem tiefen Blau. Ähnlich wie in Cape Croker bilden sehr flache rötliche und graue Steine zwischen breiten, ausgewaschenen Felsplatten ein wunderbares Ufermosaik. Hier und da lockert grober Kies das Bild etwas auf.

Einige Stufen führen uns zurück zum Weg.

Wir folgen dem Holzbohlenweg, der immer wieder in einen sandigen Abschnitt übergeht. Durch lichte Pappeln, Birken und Lärchen gehen wir am Wasser entlang. Nur selten hat das Laub an den Rändern schon einen leichten gelben oder rötlichen Schimmer. Sanft und gemächlich, fast unbemerkt, hält der Indian Summer hier seinen Einzug.

Eine massive Holzbrücke führt uns über einen Bach und der Weg steigt leicht an. An den Hängen zwängen sich knorrige Baumstämme durch schief aufeinandergeschichtete, wie von Menschenhand geformte Steinmännchen.

Der Uferpfad geht jetzt in einen breiten, von flachen Randsteinen gesäumten Weg über. Chinesische Spaziergänger kommen uns mit aufgespannten bunten Schirmen entgegen. Dann verengt sich der Weg und wird plötzlich viel wilder. Dicke Felsbrocken und glitschige Steinplatten bilden klobige, holprige Stufen. Vorsichtig arbeiten wir uns zum Halfway Rock Point hinauf. Und dann: Wow!

Auf einem steilen Felsvorsprung stehen wir hoch über der aufgepeitschten Georgian Bay. Schwarzgraue Wolken hängen in Fetzen über dem meeresgleichen Lake Huron. Tief unter uns schäumt die Gischt türkisfarben auf und prallt donnernd gegen die dunklen Klippen. Eine phantastische Stimmung, bedrohlich und bezaubernd zugleich.

Links von uns ragt eine riesige durchlöcherte Felszunge ins Wasser. Finstere Höhlen starren wie tote Augen durch den strömenden Regen zu uns herüber. So stelle ich mir die Pirateninsel Tortuga vor. Nur wärmer.

Fröstelnd folgen wir dem rutschigen Pfad zum Grotto. Bunte Anoraks leuchten hier und da auf. Wir sind nicht allein. Und jeder wird zu Hause sehr ernst gefragt werden: »Hast du auch den Grotto gesehen?« In wenigen Minuten werden wir diese fundamentale Frage guten Gewissens mit »Ja« beantworten können.

»Ja.«

Der Grotto ist eher unspektakulär. Eine niedliche, kompakte Grotte von schmalen Lagen grauen Schichtgesteins überdacht. Ein Gröttchen. Kleine Felsbrocken liegen im Eingang verstreut wie steinerne Zähne und werden sanft vom Wasser umspült.

»Der Weg ist das Ziel«, sagte schon Meister Konfuzius. Wirklich schön war der Weg hierher.

Der Rückweg wird etwas beschwerlicher. Georg regt einen Rundweg an. Er habe sich das vorhin auf der Karte angesehen und man könne ganz leicht einen Bogen schlagen, um zurück zum Lager zu gelangen. Behauptet er. Wir klettern also weiter über dicke Steinbrocken bis hinunter zum Ufer der Bay.

Hier empfängt uns ein breites Schotterfeld, an dessen Ende zwei riesige grüne Hinweisschilder stehen. Links geht es zum »Marr Lake Trail«, rechts zu dem - uns bereits vertrauten - »Bruce Trail«. Wer diesen Weg in Niagara eingeschlagen hat, gelangt in knapp achtzehn Kilometern endlich ans Ziel seiner Wanderung: nach Tobermory.

Wir müssen natürlich nach links gehen, obwohl wir den Marr Lake nicht wirklich auf dem Plan haben.

Der teils sumpfige Pfad führt am See vorbei und steigt dann in einem dunklen Wald wieder an. Ich bin etwas beunruhigt. Keine Markierungen an den Bäumen, wie sie noch auf dem Hinweg zu sehen waren. Keine Lebenszeichen, kein Mensch weit und breit und auch kein Tier. Nur Regen - davon allerdings jede Menge.

Es fängt an zu dämmern und mir wird immer mulmiger. Hier könnte es hunderte von Seen geben und es ist gar nicht sicher, ob wir überhaupt auf einem richtigen Weg oder in einem ausgewaschenen Wildwasserbett gehen. Und wer versichert uns, dass das vorhin tatsächlich der Marr Lake und nicht irgendein anderer See war ... So jammere ich also leise vor mich hin und mir ist auch ein bisschen zum Heulen zumute, aber Georg lässt sich nicht aus dem Konzept bringen und geht unbeirrt weiter. Und da es rasch dunkler wird, trotte ich brav hintennach. Und was soll ich sagen: Auf einmal tut sich unverkennbar der Lake Cyprus mit seinem tiefblauen Wasser vor uns auf.

Abenteuer hin oder her - ich bin sehr erleichtert.

Eine fast feierliche Stimmung schwebt über dem Camp, als wir zurückkommen. Jeder Platz ist dicht von Bäumen umrahmt und vermittelt ein Gefühl von urwüchsiger Geborgenheit. In der anbrechenden Dunkelheit blitzen ringsum Lagerfeuer auf, und hin und wieder weht der Duft von gegrilltem Fleisch zu uns herüber.

Schräg hinter uns hat man ein ganzes Zeltlager aufgebaut. Als ich mich auf die Suche nach den Waschräumen mache, sehe ich, dass unsere Nachbarn sich um ein hell loderndes Feuer versammelt haben. Wäscheleinen wurden zwischen den Bäumen gespannt. Mehrere kleine Zelte füllen den Platz unter den dichten Kiefern. Alte und Junge bereiten gemeinsam das Abendessen vor, fröhliches Lachen hallt durch den Wald. Alles wirkt sehr schlicht und urgemütlich. Und so unkompliziert. Man darf hier mitten im Naturschutzgebiet ohne Weiteres ein Lagerfeuer machen. Ich kann mir gar nicht vorstellen, dass das in Deutschland so einfach wäre.

Ein Mann hebt einen Metallbecher hoch und winkt mir zu. Ich winke zurück. Nette Nachbarn.

Als ich frühmorgens den Waschraum aufsuche, stehen schon zwei der Teenager am Waschbecken. Hier gibt es weder Strom noch Internet, aber die Mädchen scheinen nichts zu vermissen. Qietschvergnügt wünschen sie mir einen »nice day« und verlassen kichernd den eiskalten Raum.

Kanada gefällt mir immer besser.

Über Tobermory schwebt bereits der melancholische Charme der zu Ende gehenden Saison. Die Häuser aus weiß und blau bemalten Holzbrettern erzählen noch vom Sommer, doch der Ort wirkt schon ziemlich ausgestorben.

Wir fahren geradeaus bis zum Ende der Hauptstraße, wo uns ein überdimensionaler Flowerpot aus Pappkarton willkommen heißt.

In der Hoffnung, außerhalb des Ortskerns einen schönen Blick auf die Bucht und den Marine Park zu haben, biegen wir vor den Flowerpot Island Boat Tours links in die Big Tub Road ein.

Ein Fehler.

Die Straße wird von dichten Bäumen und Sträuchern flankiert. Ein Briefkasten folgt dem anderen dichtauf. Schilder mit »keep out«, »no trespassing«, »private access«, »beware of the dog«, und anderen abschreckenden Sprüchen, runden das nicht gerade einladende Bild ab.

So weit wir auch fahren – nirgends kann man den kleinsten Blick auf den See oder auch nur auf den Big Tub Harbour erhaschen. Alles ist *very private.*

Ernüchtert geben wir auf und wenden am Ende der Landzunge.

Die einzige Parkmöglichkeit für das sperrige Wohnmobil scheint an der »Ferry« zu sein, und da im Hafen noch alles ruhig ist, marschieren wir jetzt zu Fuß ins Ortszentrum.

Menschen sieht man kaum. Vielleicht ist es hier ja im Sommer so überfüllt, dass die Einwohner der Touristen irgendwann überdrüssig sind.

Wir gehen an einem sehr hübschen alten Holzhaus vorbei, an dessen Zufahrt gleich mehrere Schilder über- und nebeneinander angebracht wurden: »Keep out«, »No trespassing«, »Private Property« und um das Ganze noch zu bekräftigen: »Secured by ADT«. Ja, vielleicht haben die Leute auch ganz einfach schlechte Erfahrungen gemacht.

In einem kleinen Yachthafen stehen zwei Touristenboote, startklar aber leer, für die Fahrt nach Flowerpot Island bereit. Ein junges Pärchen steht am Ticket-Office und erkundigt sich nach der nächsten Überfahrt. »Wir haben heute zu wenig Mitreisende für die großen Glass Bottom Cruise Boats«, hören wir die Frau am Schalter freundlich aber bestimmt sagen.

Vom Dach eines urigen Restaurants blickt ein Piratentotenschädel auf uns herab. »Chicken&Ribs – all you can eat«, verspricht das Schild an der abgeblätterten weißblauen Holztür. Der Pirat scheint allerdings in See gestochen zu sein, denn sein Papagei schaukelt ganz allein an dem abgetakelten Gestänge über den verwaisten Gartenbänken.

Diese Mischung aus verlottert und malerisch verträumt gefällt uns außerordentlich gut. Alles ringsum ist in ein sanftes graublaues Licht getaucht. Wir bummeln die Uferpromenade entlang. Kleine Treppchen führen zu der einen oder anderen Boutique.

Georg deutet auf ein Tobermory-Sweatshirt, das ganz dezent mit einer kleinen Landkarte bedruckt ist. Als wir in dem hübschen Laden danach fragen, gibt es das Shirt leider nur noch in Größe M. »In einer Woche schließen wir«, erklärt die Inhaberin entschuldigend. »Das sind nur noch die Saisonreste.«

Ja, so sieht es hier überall aus.

Wir verlassen den Hafen in Begleitung einiger Möwen, die eine Weile neben uns her trippeln, und gehen weiter ortseinwärts.

Aus einem geparkten Pick-up schauen uns zwei weiße Golden Retriever mit großen Augen entgegen. Wedelnd stehen sie auf der Rückbank und der eine schiebt den Kopf neugierig über die Schulter des anderen. Der wiederum legt beide Pfoten auf das heruntergekurbelte Fenster und streckt uns die Schnauze auffordernd entgegen. Die beiden sind richtige Knuddelbären. Als wir näher kommen, bellen sie

uns freudig an und ich frage den Besitzer, der am Lenkrad sitzt, ob man sie streicheln darf. »Aber sicher doch!«
Seit unser weißer Retriever Camillo nicht mehr lebt, freuen wir uns über jeden Hund, der ihm ähnlich sieht.

Der größere der Wonneproppen packt mich auch gleich sanft aber resolut am Ärmel und zerrt meinen Arm ins Innere des Wagens. Ich muss ihn ganz fest knuddeln, damit er mich wieder loslässt.

Wir streicheln den beiden zum Abschied zärtlich über das Zuckerschnäuzchen, dann gehen wir mit einem kleinen Seufzer weiter.

Nach einem kurzen Besuch in der »Golden Gallery Tobermory«, in der vor allem Landschaftsbilder ausgestellt sind, würden wir gerne noch einen Kaffee trinken. Aber das einzige noch geöffnete Lokal ist so ungemütlich, dass wir lieber zum Hafen zurückgehen.

Was sich als Glück herausstellt.

»Kommen sie eine Stunde vor Abfahrt«, war leicht untertrieben. Es ist noch nicht einmal zwölf und schon jetzt stehen jede Menge Fahrzeuge in drei Reihen nebeneinander vor der ersten Schranke. Wir laufen zum Parkplatz und starten sofort los. Wir haben ja nur einen Reservierungsbeleg. Zahlen müssen wir heute am Kassenhäuschen direkt an der Schranke.

Und das klappt wunderbar. Der Wagen wird noch genau abgemessen - 22 feet – dann dürfen wir uns vor der Anlegestelle einordnen und können ganz entspannt auf die Fähre warten.

An der Chi-Cheemaun fasziniert mich sogleich der bunte, mit vielerlei Motiven verzierte Schornstein. Nachdem wir das Wohnmobil zentimetergenau an Bord eingeparkt haben, steigen wir aufs oberste Deck.

In leuchtendem Blau, Orange, Lila und Grün klettern rings um den Schlot verteilt indianisch anmutende Tiere auf geometrischen Ornamenten.

Während des Ablegemanövers lehnen wir uns mit dem Rücken an den herrlich warmen Schornstein, der Schutz vor dem kalten Wind gewährt.

Ein älterer Herr kommt die Metalltreppe herauf und gesellt sich zu uns.

Ich kann ihn zweifelsfrei als lupenreinen Kanadier identifizieren, denn er trägt ein kariertes Hemd (obwohl - braun/grün kariert - das geht ja eigentlich gar nicht!) unter der flotten Lederjacke, ein cremefarbenes Käppi und – er hinkt leicht.

Ich weiß, das tun wir altersbedingt auch manchmal, aber hier in Kanada ist das einfach ein Charakteristikum.

Der Anker wird gelichtet und langsam gleiten wir aus dem Hafen von Tobermory, vorbei an dem Big Tub Lighthouse, dem Leuchtturm den wir vorhin vom Land aus nicht sehen konnten.

Und dann durchqueren wir den Fathom Five National Marine Park. Rechterhand zieht die Blumentopfinsel mit den ausgewaschenen Felsformationen, den Flowerpots, an uns vorbei.

»Der Name der Fähre, Chi-Cheemaun, kommt aus dem Ojibwe und bedeutet *großes Kanu*«, sagt unser Stehnachbar plötzlich und reicht uns freundlich die Hand.

Er heißt Tom. Und er kommt aus Manitoulin Island, was für uns natürlich sehr aufregend ist. Ein Eingeborener quasi.

Die Überfahrt dauert knappe zwei Stunden. Zeit genug für einen gemütlichen Ratsch.

Toms Familie ist 1840 von Schottland hierher gekommen.

»Sie sind nicht wirklich verkauft, aber ziemlich energisch gegangen worden«, erzählt er nachdenklich. Ich dachte, die Schotten hätten eher mit Nova Scotia zu tun, doch Tom belehrt mich, dass man das nicht einfach nur des Namens wegen zuordnen könne. Franzosen und Engländer haben Nova Scotia bereits im siebzehnten Jahrhundert besiedelt. Seinen schottischen Vorfahren hingegen habe man sehr günstiges »new land« auf dieser Insel versprochen. Und das war es auch. Das Land war preiswert, die Familie packte ihr Hab und Gut zusammen und wagte hier einen Neuanfang.

Ob er denn schon einmal in Schottland war, interessiert uns.

»Aber selbstverständlich!«, lacht Tom breit. »Ich musste doch meine Ursprünge erkunden!«

Seine Familie stammt aus St. Andrews. »Die Universitätsstadt?«, frage ich, denn die ist mir ein Begriff. »Die älteste Universität Schottlands und die drittälteste in der gesamten englischsprachigen Welt!«, bestätigt Tom würdevoll mit erhobenem Zeigefinger. Ja, dort liegen seine Wurzeln.

Aber sein Großvater wurde 1870 bereits auf Manitoulin Island geboren. Er selbst 1950. Immer schon ein Manitoulinislander. Mit tiefer Verbundenheit und Leidenschaft, wie er mit Inbrunst betont. Obwohl er inzwischen aus Berufsgründen leider in Espanola wohnt. Er ist nämlich Chiropraktiker.

Ich muss mir ja ein Grinsen verkneifen. Also, dass er hier mit seinem Beruf alle Hände voll zu tun hat, daran gibt es für mich nicht den geringsten Zweifel ...

Stolz erklärt uns unser neuer Freund, dass der Manitoulin Lake weltweit der größte Süßwassersee auf einer Insel im Süßwasser ist.

Meine Gehirnwindungen verknoten sich bei dieser wilden Satzkonstruktion.

»Schaut«, sagt er mit einer allumfassenden Geste, »links Süßwasser, rechts Süßwasser und kein Land weit und breit. Links der Lake Huron, rechts die Georgian Bay. Wasser, Wasser, Wasser. Ist das nicht wie auf dem Meer?«

47

Wir nicken und lassen den Blick bis zum blauschwarzen Horizont schweifen. Ein grandioser Anblick, ein überwältigendes Gefühl von Tiefe und schlichter, ursprünglicher Schönheit.

Tom meint verschmitzt, dass der See auf diesem offenen Abschnitt oft sehr aufgewühlt ist. Er nennt die Strecke »the bathtub«, weil das Schiff dann so stark schaukelt, dass sich viele Leute übergeben müssen.

Ich gestehe, dass ich absolut seetauglich bin. Das mag von meiner Kindheit auf der Insel Ischia herrühren, wo sich die Wellen im Winter oft meterhoch auftürmten. Trotz der bedrohlich dunklen Wolken bleibt der See heute aber spiegelglatt. Unser Nachbar wirkt etwas enttäuscht.

Eine Weile blicken wir, jeder in seine Gedanken versunken, schweigend in die Ferne.

Ich muss innerlich schmunzeln, denn ich hatte Tom als »alten Herrn« empfunden, als der magere Mann mit dem weißen Dreitagebart und dem leicht schleppenden Gang vorhin das Deck betrat. Nun hat sich herausgestellt, dass er nur fünf Jahre älter ist als wir. Man empfindet das eigene Alter vielleicht als etwas Zeitloses, nicht wirklich Greifbares. Es gibt Menschen, die ich mit einem lachenden Auge als »uralt« beschreiben würde, obwohl sie vermutlich jünger sind als ich. Bleiben wir möglicherweise alle innerlich irgendwo bei einem »gefühlten« Alter stehen?

Tom reißt mich aus meinen Gedanken.

»Sind ihnen die Irokesen ein Begriff?«

»Die mit dem verwegenen Haarschnitt?«, frage ich und deute mit den Fingern einen mittleren Haarstreifen von der Stirn zum Nacken an. »Mit den kahlrasierten Seiten?«

»Genau die meine ich«, lacht er. »In dieser Region haben in der Vergangenheit blutige Kriege zwischen Irokesen und Huronen stattgefunden«, erzählt er uns jetzt.

»Die Irokesen verbündeten sich immer wieder mit den Engländern, während die Huronen auf der Seite der Franzosen waren«.

»Haben sie Irokesen in der Familie?«, frage ich scherzhaft.

»O nein, keine Irokesen!«, wehrt Tom entschieden ab.

Natürlich ging es, wie immer bei großen Konflikten, um Geld und Macht. Genau genommen ging es hier um Pelz. Die dramatische Folge der Handelskonflikte zwischen den Indianerstämmen und den Europäern waren die sogenannten Biberkriege. Das hört sich gar nicht gut an. Ich meine für die Biber. Tiere führen keinen Krieg. Dass Menschen sich auf brutalste Weise bekämpfen, zieht sich durch unsere gesamte Geschichte und über den gesamten Erdball. Biberkrieg aber klingt, als hätte sich die geballte Gier der Kontrahenten auf diese sanften, in kleinen Familien lebenden Nagetiere konzentriert.

Fast siebzig Jahre lang haben Irokesen, Huronen, Franzosen, Engländer und Niederländer ihre Finger im Spiel gehabt, bis die Biber so gut wie ausgerottet waren.

Welche Chancen haben wilde Tiere denn schon gegen uns Menschen? Wir blicken schweigend über den See.

»Wie ist das denn heute?«, frage ich Tom um die Stimmung wieder zu lockern. »Man könnte meinen, Kanada sei im heimlichen Besitz eines Mannes namens Tim Horton.« Ich beziehe mich auf die unzähligen Tim Hortons Cafés, die uns bisher auf der Fahrt begegnet sind. In jedem auch noch so kleinen Ort, an Tankstellen, in den Gewerbegebieten, überall stößt man auf die Werbetafeln mit der unverkennbaren, roten Kursivschrift.

Der Kanadier schmunzelt. »Ich glaube, Kanada wäre so gesehen inzwischen eher im Besitz von Sam Walton!«

Auf meinen fragenden Blick erläutert er: »Walmart. Übrigens leben beide Herren nicht mehr. Tim Horton war ein berühmter Eishockeyspieler aus Cochrane. Das liegt ein

Stück weiter oben im Norden. Und er war, wie auch Mr. Sam, ein sehr cleverer Geschäftsmann.«

Ja, die großen Walmart Kaufhäuser haben wir auch schon gesehen.

Wir nähern uns der Küste. Einige Minuten genießen wir noch andächtig den Blick über das ozeanblaue Wasser, dann verabschieden wir uns ganz herzlich voneinander.

Bei einem Gang durch die Tourist-Info an Bord frage ich nach Unterlagen über Campingplätze auf der Insel. Man überreicht mir einige Faltblätter, die wir im Auto in Ruhe durchsehen werden.

»Chi-Cheemaun - Travel in Good Spirits«, lese ich beim Hinausgehen auf einem Werbeschild der Owen Sound Transportation Company.

Ein schöner Segen für uns Reisende.

In South Baymouth halten wir kurz am Hafen um die Übernachtungsmöglichkeiten auf Manitoulin Island zu studieren.

Viele Campingplätze auf der Insel haben bereits geschlossen. Da wir in den nächsten Tagen ja den Algonquin Park erreichen wollen, der für uns der Inbegriff des »Indian Summer« ist, folgen wir also am besten der Straße nach Norden.

Und an der liegt auch der Batman's Campground, genauer gesagt in einem Ort mit dem fantastischen indianischen Namen Sheguiandah.

»Hit the road, George!«

Über Manitowaning schlängelt sich der Highway 6, meist der Küste folgend, nach Sheguiandah Bay. Entlang der Straße erblickt man immer wieder Wasserläufe, kleine Seen, Tümpel, Waldstücke und urige, naturbelassene Sümpfe. Ein frischer Wind reißt die Wolkendecke auf.

Im Batman's empfängt man uns sehr freundlich.

Wir dürfen uns einen beliebigen Platz am Ufer des Sees aussuchen - ein beträchtlicher Vorteil, wenn man im Oktober anreist. Vorausgesetzt natürlich der Campingplatz hat noch auf …

Zwischen dicht stehenden Birken hat jeder Stellplatz eine ganz besondere Atmosphäre. Durch die Baumstämme hindurch sieht man es schon blau aufblitzen und nach wenigen Schritten öffnet sich das Wäldchen zu einem hellen, breiten Sandstrand.

Begeistert gehen wir ein paar Schritte auf dem weichen Sand. Ein Ehepaar stellt gerade zwei bequeme Campingstühle auf und grüßt uns mit freundlichem Nicken.

Das ist eine wunderbare Idee. Im warmen Licht der Abendsonne klappen auch wir einen Tisch und Stühle unter einer Birke auf und bereiten unser Abendessen vor.

Glücklich und entspannt sitzen wir schließlich gemütlich bei einem Glas Rotwein auf einer Insel, die noch schöner ist als der Name auf der Landkarte verspricht und die jetzt ganz langsam im tiefen Rot des Sonnenuntergangs versinkt.

Neben unserem Wohnwagen steht neben einer soliden Holzbank noch ein ringsum gelochter Metallzylinder. Einige Holzscheite sind schon aufgestapelt.

Als auch die letzten orangefarbenen Sonnenstrahlen verblassen, gehe ich zu dem kleinen Laden in der Mitte des Parks und frage den Inhaber nach Anzündern für das allabendliche Lagerfeuer.

Er drückt mir eine Art Törtchen in die Hand, einen aus Wachs und Holzspäne geformten Miniaturgeburtstagskuchen mit einem Kerzendocht in der Mitte.

Den stelle ich auf den Grund des Metallbehälters und dann schichten wir die dicken Scheite über der kleinen Flamme auf. Das Ergebnis ist erstaunlich. Die winzige Kerze setzt sich durch und brennt so lange, dass schließlich hohe Flammen knisternd auflodern.

In der kühlen Abendluft genießen wir noch eine Weile unser kleines Feuerritual, den hellen Mond am Himmel und das sanfte Plätschern des Wassers am Ufer.

Nach dem Frühstück erkundigen wir uns nach Wanderwegen im und um das Camp, doch es gibt keine *hiking trails*. Im Sommer kann man Boote und Kanus mieten. Und man kann schwimmen. Aber für Spaziergänger sind die Möglichkeiten sehr begrenzt. Obwohl es uns auf der Insel sehr gut gefällt, beschließen wir deshalb weiterzufahren.

Über Little Current folgen wir dem Highway 6 nach Birch Island. Wiesen, sumpfige Felder und kleine Gewässer flankieren die hier eher rissige, schmale Landstraße. Manchmal stehen Kühe auf den Weiden. Wir überqueren eine wunderschöne alte Eisenbrücke. Ringsum Wasser und unzählige winzige Inselchen.

Zum ersten Mal verfärben sich die Bäume ganz deutlich. Rot und Gold leuchtet das Laub am Straßenrand. Wir fahren dem Indian Summer entgegen.

Als wir auf einem Hinweisschild »Whitefish Falls« lesen, biegen wir in eine Seitenstraße ein. Ein kleiner Halt wäre nicht schlecht und Wasserfälle, ja, die sind immer ein schönes Erlebnis.

Die »Whitefish Falls« sind wirklich hübsch.

Sie haben zwar kein spektakuläres Gefälle, aber sie springen sehr malerisch zwischen großen, zerklüfteten Felsen in ein Becken unter dem Highway. Wir folgen dem Wasser, das nun in einem kleinen Fluss gemütlich dahinzieht, bis zu dem gleichnamigen Dorf.

Eine sehr schmale Kirche steht am Ortseingang. Wobei schmal noch stark untertrieben ist. Zwei Holzstufen führen zu der rot und grau gestrichenen Holztür. Darüber hängt ein Schild mit der erstaunlichen Aufschrift »Church Mouse Café«. Ja, Mäuse passen ganz sicher hinein.

Neben der Kirche thront, wie eine dicke alte Kröte, das verrostete Fahrerhaus eines alten Trucks auf einem Holzsockel. Die Scheinwerfer beobachten uns misstrauisch aus ihren Glupschaugen, während wir den mit herbstlichem Plastiklaub geschmückten Kühlergrill bewundern.

Das in einem hellen Mausgrau gestrichene Gebäude sieht aus wie in einem alten Bilderbuch und das Café hat zu unserer Freude auf.

Auch innen ist alles so putzig wie in einer Puppenstube. Ein altmodischer weißer Schaukelstuhl, eine Wanduhr, Nippes und kleine Erinnerungen an alte Zeiten.

Eine enge Holztreppe führt nach oben. Die Inhaberin platzt vor Stolz. Sie erzählt uns, dass sie die etwa hundert

Jahre alte Kirche vor einigen Jahren gekauft hat. Die kleine Kirche sei schon in den 70er Jahren entweiht und für die Öffentlichkeit geschlossen worden. Der Zustand des Gebäudes sei dementsprechend ein komplettes Desaster gewesen: »a catastrophe.«

Nicole und ihr Mann haben alles mit viel Geduld Schritt für Schritt selbst renoviert und erst im vergangenen Juni wurde das Café eröffnet. Damit haben sich die beiden einen Traum erfüllt, und das sieht man. Hier steckt viel Liebe drin. Nach warmen Bagels mit Sauerrahm und einem heißen Kaffee tragen wir uns gerne in das aufgeschlagene Gästebuch ein.

Nur weil wir kurz vom Highway abgebogen sind, hatten wir einen kleinen Einblick in das Leben dieser mutigen jungen Familie aus Ontario. Eine herzerfrischende Geschichte - wie der Zufall so spielt.

Das rostbraune Monster im Hof blickt uns noch aus seinen runden Augen nach, als wir wieder auf den Hwy 6 fahren.

Es geht vorbei an Espanola, wo unser Freund Tom jetzt wohnt, und auch Sudbury lassen wir vorbeiziehen. Die Stadt scheint recht groß zu sein und ein Abstecher würde uns jetzt zu sehr aufhalten. Wir müssen wieder einen Stellplatz für den Abend suchen und die Chancen sind vermutlich auf dem Land besser. Also folgen wir jetzt dem Trans Canada Highway in Richtung Lake Nipissing.

Auch diese wasserreiche Gegend wurde früher von den Ojibwe bewohnt die, wie die Chippewa Indianer aus Cape Croker, Angehörige der Algonquin Stämme waren. Eine große Familie.

Wir halten auf dem Weg immer wieder Ausschau nach einem Restaurant, aber essen gehen ist hier wirklich nicht einfach. Wenn man überhaupt am Straßenrand auf ein Restaurant trifft, hat es meistens geschlossen. Dann hängt ein wohlmeinendes Schild an der Türklinke mit einem »closed for season, see you in 2017« oder Ähnlichem.

Wir fahren an vielen hübschen Bauernhöfen mit den typischen, abgeknickten Mansarddächern vorbei.

Imposante Felswände flankieren jetzt die Straße.

An der Abzweigung nach Cache Bay überlegen wir, ob wir in den Ort fahren sollen, entscheiden uns dann aber erst einmal, in unserem schlauen »Ontario Camping« Buch nachzusehen wo wir heute übernachten könnten.

Der Glenrock Trailer Park in West Nipissing ist nicht mehr sehr weit und wir fahren am besten direkt dorthin. Beim letzten Walmart Supermarkt haben wir Vorräte eingekauft: Dosensuppen, Brot, Butter, Käse, Eier, Obst und Kartoffelchips. Alles, was man so braucht in der Wildnis.

Als wir den Ort durchqueren und in Richtung See fahren erwartet uns freilich ein Déjà-vu.

Vom See sieht man nicht allzu viel. In und an jeder Einfahrt steht oder hängt ein Schild: »private«, »no trespassing«, »no access«.

Es ist wie verhext: Sobald man auch nur in die Nähe eines Flusses oder eines Sees kommt, ist alles privat. Und das in einem so wasserreichen Land wie Kanada.

Von der Marleau Road biegen wir in die Glenrock Road ein. Wir fahren ein ganzes Stück und befürchten schon, dass es den Campingplatz gar nicht mehr gibt, aber dann kommt doch ein Eingangsschild.

Ein junger Mann empfängt uns sehr freundlich. Wir sind heute die einzigen neuen Gäste und haben wieder freie Platzwahl. Ein Traum.

Wir belegen einen Platz direkt am Seeufer. Unter den hellen, bereits gelb gefärbten Birken steht eine türkisgrün gestrichene Holzbank. Und auf dem mit Sand vermischten Rasen steht eine flache Feuerschale. Ich freue mich schon auf mein Ehrenamt.

Der Besitzer des Campgrounds hackt gerade Holz. Eine gute Gelegenheit, um zu fragen, ob wir ein paar Scheite bekommen können. Er füllt mir lachend beide Arme mit den frisch gespaltenen Holzstücken. Ich könne mir nehmen so viel ich will.

Das feuchte Brennholz knackt und raucht zwar erst einmal ordentlich, aber nach einer Weile züngeln hohe Flammen zischend in die klare Abendluft.

Wir machen eine Dosenminestrone heiß. Dazu gibt es Toastbrot mit Butter und Käse.

Ein wunderbares Abendessen. Und kein Restaurant könnte einen schöneren Blick haben.

Der See liegt blaugrau vor uns. Ein Schwarm Wildgänse zieht über unsere Köpfe hinweg. Eine karibisch anmutende kleine Insel mit schlanken Bäumen hebt sich gegen den wolkigen Horizont ab.

Es ist absolut ruhig. In einem einzigen weiteren Wohnmobil brennt noch Licht. Sonst wirkt alles schon ziemlich leer und verlassen.

Nach dem Essen machen wir einen kleinen Rundgang durch das Areal.

Vor einem großen Wohnwagen auf dem Hauptkiesweg sind alte Sofas und Sessel, eine rostige Hollywoodschaukel, Schirme, windschiefe Regale und allerlei Stühle ziemlich wild zusammengestellt worden. Es sieht aus wie ein Möbelflohmarkt, wobei der gerade wieder einsetzende Regen sicher nicht hilfreich ist.

Wir gehen über eine wunderschöne, von gelbem Laub bedeckte Wiese. Hier stehen einige Ferienhütten aus dunklem Holz. Alles ist bereits verriegelt und abgeschlossen.

Eng an eng stehen am Seeufer dutzende Trailer, die offensichtlich gar nicht mehr bewegt werden. Einige Inhaber haben eine Holzveranda um ihren Wohnwagen gebaut, andere kleine Gärten mit richtigen Beeten und niedrigen Gartenzäunen.

Wir steigen die Stufen zu einer Holzterrasse hinauf, um einen Blick auf den See zu erhaschen. Hier ist das Wasser voller Sumpfpflanzen, Schilf und Rohr. Der See wirkt auf dieser Seite naturbelassen und wild.

Links von uns erahnt man, durch eine Barriere aus hohen Sträuchern geschützt, ein ansehnliches Anwesen mit einer großen Villa und gepflegtem englischen Rasen.

Die Wohnwagen stehen so dicht aneinandergereiht, dass man im Sommer jede Menge Nachbarn hat. Und jeder wird so seine Eigenheiten und Gewohnheiten haben - wie im echten Leben. Ich würde sagen, man braucht ein freundliches und tolerantes Gemüt, um den Urlaub hier genießen zu können.

Entsprechend witzig sind auch oft die Schilder, die man an den Seitenwänden und Holzverkleidungen angebracht hat:

»Chevy Trucks Parking Only, all others will be towed – alle anderen werden abgeschleppt!«, steht an einer ganz schmalen Zufahrt, gerade breit genug für einen Smart.

Bei etlichen Wohnwagen sind Bäume in die Holzveranden integriert worden. Die meisten Trailer haben keine Räder mehr, sind aufgebockt oder stehen wie kleine Häuser da. Manchmal werden die Räder auch durch Holzbretter verborgen.

Kanadische Fahnen flattern überall fröhlich an den Türen.

Ein riesiger *Aerolite Super Slider* ruht auf einem Stapel Ziegelsteinen. Daneben thront ein *Cougar*. Ein Sprinter mit einem weißen Gartenzaun steht »for sale« und ein *Wildwood* dümpelt in der grünen Wiese. Vor einem *Dutchmen*, mit einer holländischen Windmühle verziert, steckt ein richtiges Eingangschild aus Schmiedeeisen in einem großen Blumentopf: Hier wohnen die *O'Neils*.

Vor uns liegt wirklich ein ganzes Dorf.

Nachdem ja alle Seegrundstücke »very private« sind, haben sich hier lauter Menschen zusammengetan, die sich niemals ein eigenes Haus leisten könnten. Aber mit vereinten Kräften hat jetzt jeder von ihnen einen Zugang zum Wasser ergattert.

Als wir zu unserem Wagen zurückkehren, glühen die Holzscheite nur noch schwach in dem feinen Nieselregen.

Nach einem herrlichen Frühstück mit einem unvergleichlichen Blick auf den Lake Nipissing gehe ich zum Bürohäuschen. Wir brauchen Hilfe.

Es geht um unseren Gasvorrat. Unser Wohnmobil hat nämlich einen Propangastank und keine Flaschen.

Und die Sache ist so: Bei der Übergabe hat uns der Autovermieter erklärt, dass man Propangas an jeder Tankstelle mit der Aufschrift »Propane« bekommen könne. Problemlos. Ganz easy.

So. Und das versuchen wir jetzt schon seit zwei Tagen. Zum einen, weil wir keinerlei Erfahrung mit dem Gasverbrauch haben, und zweitens, weil wir sichergehen wollen, dass beim Auftanken auch alles klappt. Schon gut, schon gut: Weil *ich* sichergehen will, dass alles klappt. Ich mache mir sonst auf der ganzen Fahrt Vorsorgen, ob uns vielleicht das Gas ausgehen könnte. Und zwar mitten im Wald bei Schnee und Eis. Natürlich.

Georg ist da viel entspannter, aber mir zuliebe hat er in den letzten Tagen bei gefühlten hundert Tankstellen mit dem Schild »Propane« gehalten.

Das Resultat war niederschmetternd. Überall hieß es »sorry for this - nur Flaschen – keine Zapfanlagen«. Auf unsere Frage, wo man denn eine Tankstation finden könne, durchwegs großes Achselzucken. Nö, wisse man nicht. Nö, hier in der Gegend wohl kaum ...

Ich kann nur sagen: super. Und da mir das Ganze langsam unheimlich wird, habe ich beschlossen, mich hier am Campingplatz zu erkundigen. Es stehen ja genügend Trailer herum. Der eine oder andere wird also auch einen Gastank haben.

Im Office begrüßt mich ein fremder junger Mann.

Zu meinem Anliegen muss auch er kurz überlegen.

»Das mit den Tanks ist wirklich nicht einfach«, sagt er kopfschüttelnd, »alle bieten nur kleine Gasflaschen an. Ich glaube aber, Max Propane in North Bay hat eine Anlage mit Einfüllstutzen.« Der Mann zeigt mit ausgestrecktem Arm in Richtung Ausfahrt. »Folgen sie dem Highway immer geradeaus, nach dem Ortseingang überqueren sie die Eisenbahnschienen, dann an der zweiten Ampel rechts und dann biegen sie bei Tims ein. Max ist direkt dahinter ...«

Das war eine ziemlich holprige Beschreibung. »Wer ist Tims?«, frage ich etwas verdattert. »Na das Café – kennen sie bestimmt - Tim Hortons, wir nennen es hier einfach Tims.«

Zur Sicherheit zeichnet mir der Mann mit Kugelschreiber einen Plan mit vielen kleinen Ampeln und quer verlaufenden Schienen auf einen Zettel.

Die wertvolle Wegbeschreibung in der Hand stoße ich draußen auf einen Arbeiter, der einen schmalen Kanal um einige Wohnwagen herum gräbt. Er sei der zweite Besitzer, sagt er, als ich freundlich frage, ob er das Camp gerade winterfest mache. Ja, er müsse weitere Stromleitungen für die festen Stellplätze verlegen. Das sei eine typische Herbstarbeit.

Der weißhaarige Mann hat sehr markante indianische Züge, noch verstärkt durch ein aus bunter Wolle gestricktes Stirnband.

»Ich betreibe den Platz mit meinem Neffen und mit meinem Schwager«, erklärt er mir und stützt sich auf die Schaufel. »Wir schließen eigentlich erst am 15. Oktober für die Besucher, aber nach ihnen beiden werden wohl nicht mehr viele kommen. Die Arbeiten müssen wir wegen des Wetters unbedingt bis Ende Oktober fertigstellen.«

»Wo wohnen sie denn im Winter?«, frage ich interessiert.

Der Mann blickt mich ratlos an.

»Na, der Campingplatz wird doch bald geschlossen. Wo wohnen sie dann?«

Der Indianer sieht mich an, als käme ich vom Mond. Verlegen erkenne ich jetzt meinen Fehler. Er wohnt natürlich hier. Zwischen dichten Bäumen habe ich gestern ein Holzhäuschen mit der Aufschrift »owner's house« bemerkt, aber ich hatte das nicht als permanenten Wohnsitz wahrgenommen.

Rings um den See steht ja eine endlose Reihe von Villen, warum sollten also die Besitzer dieses Campgrounds nicht auch hier wohnen?

Ich schäme mich, weil meine Frage so herablassend klang, als würde ich diesen Platz in der kalten Jahreszeit nicht für bewohnbar halten. Aber der Mann erzählt sehr versöhnlich von seiner Familie und seinem Leben hier am See. Er ist nicht beleidigt. Sie haben ihr Grundstück als Campingplatz umfunktioniert und allen zugänglich gemacht so, wie andere eben eine Pension betreiben.

»Meine Tochter lebt in Mississauga, einem Vorort von Toronto«, berichtet der Mann stolz.

Ja, da waren wir schon. Und vor wenigen Tagen hätten wir noch nicht einmal gewusst, dass es einen Ort dieses Namens überhaupt gibt.

Ich bedanke mich für die Gastfreundschaft und drücke dem Indianer vom Lake Nipissing herzlich die Hand zum Abschied.

So, und jetzt geht's auf zum »Propane-Max«.

Der Highway führt uns direkt nach North Bay. Der Ort ist viel weitläufiger als wir dachten, mit ausgedehnten Gewerbegebieten und gefühlten hundert Kreuzungen. Wir suchen nach den Eisenbahnschienen, die wir schließlich - an einer ganz anderen Stelle als auf dem Zettel beschrieben - überqueren. Und es gibt zehn »Tims« im Ort. Das ist überhaupt nicht hilfreich.

Wir kehren zurück zum Ortseingang um die Suche noch einmal ganz von vorne zu starten, als ich plötzlich ein Schild sehe: *Nipissing Propane*.

»Halt!«, rufe ich geistesgegenwärtig und mit einem gewagten U-Turn fährt Georg auch schon in den Hof.

Kleine Flaschen sind auf Paletten aufgestapelt, lange schmale Flaschen stehen in einem überdachten Schuppen und in der hintersten Ecke des Platzes da steht sie: eine Füllanlage. Ich hoffe nur, es ist kein Trugbild.

Der nette Angestellte lacht laut, als wir zaghaft fragen, ob wir hier tat-säch-lich Gas für unser Wohnmobil bekommen können.

Sein »yeaah, sure!«, klingt wie Musik in meinen Ohren.

Während er den Tank füllt, berichten wir über unsere Propan-Odyssee.

Hier in Ontario sei es so gut wie unmöglich eine Firma mit der Genehmigung zum Einfüllen von Flüssiggas zu finden, meint der junge Mann kopfschüttelnd. Zu schwierig.

Next one in two hours - eine Seltenheit.

Soweit zu der lockeren Aussage von Thomas in Cookstown: »Gas können Sie an jeder Tankstelle nachfüllen, auf der *Propane* steht.«

Immerhin reicht unser Vorrat jetzt für die nächsten vier Wochen und ich kann endlich aufhören, mir Sorgen zu machen.

Wir folgen nun sehr entspannt dem Highway Nr. 11, der uns nach Süden zum Algonquin Nationalpark führen wird.

Ein Umweg über den Trout Lake mit seinen vielen Inseln wäre zwar auch schön gewesen, aber als dann die Abzweigung zur Road 63 kommt fahren wir geradeaus weiter.

Für Georg ist der Algonquin Park nun einmal der Inbegriff des Indian Summer und da möchte er jetzt endlich hin. Ohne Umwege.

Die Landschaft ist flach und eintönig.

Neben Schildern mit der Warnung vor Elchen stehen immer wieder Reklametafeln für frische Beeren: »Fresh wild blueberries«. Wobei ich die Bezeichnung »wild« ganz vorsichtig infrage stelle, denn wir fahren an einigen Beerenfarmen vorbei, die wie Gewächshäuser aussehen.

Nach dem kleinen Ort Powassan wird die Umgebung wieder schöner. Rote und gelbe Laubbäume stehen dicht an dicht zwischen dunkelgrünen Kiefern. Hohe Felswände türmen sich immer wieder neben der geteerten Straße auf.

In Burk's Falls halten wir an. Nicht nur weil der Name nach Wasserfällen klingt, sondern auch um uns kurz die Füße zu vertreten.

Trotz der soliden Ziegelbauten wirkt der Ort vernachlässigt. Fast alle Geschäfte sind verriegelt oder abgeschlossen. Einzig das imposante Postoffice und ein Bestattungsinstitut auf der Hauptstraße wirken gepflegt und gut in Schuss.

Nein, der Ort sieht nicht gerade lebendig aus.

In Italien gibt es einen mittelalterlichen Ort in der Nähe des Bolsenasees, an dessen Eingang in großen Lettern steht: »Bagnoregio, la città che muore - die sterbende Stadt.« Irgendwie hängt auch über diesem Burk's Fall ein trauriger Schleier von Resignation. Und weit und breit ist kein

Wasserfall zu sehen. Nichts. Nicht einmal ein Wegweiser dorthin.

»Hit the road, George!«, wir fahren weiter.

Ziemlich hungrig kommen wir in Huntsville an.

Die Main Road zieht sich endlos durch den Ort, rechts und links säumen hübsche Holzhäuser die Straße. Das Städtchen ist ziemlich unübersichtlich, sehr verzweigt, und irgendwie fehlt ein richtiges Zentrum.

Wir halten an einer Tankstelle. Das schwere Wohnmobil schluckt natürlich Unmengen Benzin.

Bisher war noch kein Restaurant in Sicht und unsere Lebensmittelreserven sind völlig aufgebraucht.

In unserer Not fragen wir den Tankwart, ob man hier irgendwo etwas zu essen bekommen kann.

»O ja, bei Farmer's daughter, auf der Road 60, direkt neben der Esso Tankstelle. Nice place to stay!«

Fein. *Farmer's daughter* hört sich nach gutbürgerlicher Küche an und wir finden das Lokal auch ganz leicht.

Witzigerweise hat sich genau gegenüber die *Butcher's daughter* angesiedelt.

Vor dem Laden der Bauerntochter stapeln sich Dutzende von weißen und orangefarbenen Kürbissen. Duftende Blumenkästen und jede Menge bunt zusammengewürfelter Kruscht laden zum Eintreten ein.

Innen geht man zuerst einmal durch einen gut sortierten Bioladen.

Neben Gemüse, Obst und Salat gibt es Gläser mit selbst eingelegten Pfirsichen (für den stolzen Preis von 15 Dollar das Glas wurde wohl jede Fruchtscheibe einzeln per Hand geschnitzt), frisch gepresste Säfte, Milch und vieles mehr.

An der Theke gibt es kleine, lecker aussehende Gerichte und selbst gemachtes Brot.

Das mit dem Brot ist hier in Kanada nicht so einfach. Meist bekommt man nur ein ziemlich schwammiges, klebriges

Weißbrot. Der Toaster in unserem Wohnmobil ist eine große Hilfe bei dem Versuch diese blasse, amorphe Substanz in etwas Essbares zu verwandeln.

Wir bestellen gefüllte Kürbisstreifen, Rote Beete Salat und Hühnchen in Buttermilchpanade.

Schmecken tut alles dann eher neutral, ist aber hübsch und bunt anzusehen. Nur gut, dass das Auge mitisst.

Im Gewerbegebiet kaufen wir Mr. Sam noch einige Vorräte ab. Suppen, Brot, Butter, Dosenbier und Säfte … Im Nationalpark wird es wohl kaum Geschäfte geben.

Da wir nicht wissen, ob wir innerhalb des Algonquin Parks einen Platz bekommen werden, und welche Campingplätze überhaupt noch offen haben, werden wir diese Nacht lieber in Huntsville bleiben. Wir übernachten quasi vor den Toren des Parks und können dann morgen in aller Früh losstarten.

Wir wollten ja ganz bewusst nicht schon im Vorfeld etwas reservieren, um frei zu bleiben und uns nicht völlig zu verplanen.

An den Wochenenden soll es allerdings schwer sein, ohne Reservierung im Park unterzukommen. Ganz besonders gilt das für das kommende Wochenende, weil da »Thanksgiving« gefeiert wird. Und: Der Indian Summer kündigt sich bereits in all seiner Pracht an!

Heute ist zum Glück erst Mittwoch. Lassen wir uns also überraschen.

Unser schlaues Buch nennt uns in Huntsville zwei Campingplätze, die noch offen haben.

Wir entscheiden uns für das Deer Lake carefree Resort.

Warum? Der Name ist so schön. Außerdem soll der Park sehr weitläufig sein und *canals winding through the property* haben. Da kann man sicher schön am Wasser spazieren gehen.

Als wir ankommen, erfahren wir gleich, dass die wunderbaren Kanalwindungen nur für Saisongäste gedacht sind. Nicht für Durchreisende.

Obwohl niemand mehr da ist? Obwohl niemand mehr da ist!

Das ist praktisch wie »no trespassing« im »very private«. Eine noch privatere Insel innerhalb einer Insel.

Die Frau im Office fühlt sich sichtlich durch unsere Anwesenheit belästigt. Da wir aber gerade fünfzig Prozent unserer Übernachtungsmöglichkeiten checken, fragen wir sie trotzdem nach einer Unterkunft.

Für *overnight* gebe es nur wenige Plätze, stöhnt die Empfangsdame leicht genervt, führt uns aber immerhin zur Rückseite des Eingangshäuschens. »Hier könnt ihr eine Nacht bleiben«, sagt sie dann und deutet auf eine kleine Lichtung mit dem tristen Charme eines Hinterhofes.

»Danke, wir denken darüber nach«, erklären wir ausweichend, für den Fall, dass wir wirklich gar nichts anderes finden sollten.

Nichts wie auf zum zweiten offenen Platz: dem Lagoon Tent&Trailer Park. 40 acres. Rustic River.

Das hört sich vielversprechend an und es sind nur wenige Kilometer bis dorthin.

Die junge Lady an der Rezeption strahlt uns warmherzig an. Aber ja doch, sie gibt uns gerne einen Platz am Wasser. Und am Empfang gibt es sogar »Internetconnection for free.«

Wir fahren freudig durch die Schranke. Nach so einer netten Begrüßung fühlt man sich gleich willkommen. Was ein einzelner Mensch doch bewirken kann!

Und unser Platz ist - was soll ich sagen: »Oh-my-God!«

Ein weitläufiges Areal voller golden und rot schimmernder riesiger Bäume liegt vor uns. Leer.

Die Nummer 42 ist gleich am Anfang und von unserer Holzbank aus können wir die gesamte Wiese überblicken als hätten wir einen kleinen Privatpark vor uns. Linker Hand grün schimmerndes Wasser: die Lagoon. Ringsum Indian Summer pur. Es ist atemberaubend schön.

Wir gehen als Erstes die herbstlich gefärbten Bäume bewundern. Die Sonne strahlt von einem tiefblauen Himmel herab und die Farben leuchten so intensiv als seien die Blätter aus buntem Glas gezaubert.

Ein weicher Pfad führt uns zum Wilderness Beach, einem urigen Sandstrand an einer kleinen Bucht.

Auf dem verträumten Wasser des Big East River tanzen Hunderte gelbe Blätter wie kleine Waldgeister. Ein Ort voller Magie.

Wir folgen dem Walking Trail und gelangen an einen größeren Strand, auf dem noch ganz verlassen einige Kanus stehen.

Am gegenüberliegenden Ufer spiegeln sich tiefrote Ahornbäume im Fluss.

Meine Füße versinken regelrecht in dem geheimnisvoll raschelnden Laub, als ich unter den umstehenden Bäumen Äste und Zapfen für das abendliche Lagerfeuer sammle.

Zurück am Wagen machen wir es uns gemütlich.

Wir drehen die Holzbank so, dass wir auf die Feuerstelle und den großen Platz mit den wundervollen Bäumen schauen können, und decken den Tisch.

Schon bald lodert ein warmes Feuer auf und kleine Funken knistern und glimmen in der kalten Abendluft.

Nach dem Essen wage ich mich trotz der Dunkelheit bis zu den Duschräumen. Ich überquere die Wiese, und als ich die Tür zum Waschhaus aufmache, kann ich nur staunen. Wow. So stelle ich mir das Bad in einer Lodge vor: gepflegter Steinboden, Wände aus dunklem Holz, jede Dusche aus zwei Räumen bestehend und genügend Haken um die Kleidung aufzuhängen. *Amazing.*

Das Wasser ist richtig heiß, man kann es selbst regulieren und - es geht nicht gleich aus. Einfach herrlich!

In warme Decken gewickelt sitzen wir noch eine Weile auf der Holzbank, bis das Feuer verglüht. In der Stille hängt jeder seinen Gedanken nach, aber beide freuen wir uns auf morgen früh.

Endlich werden wir den so lange ersehnten Algonquin Park betreten.

Von Huntsville fahren wir über die 60er-Straße direkt zum West Gate.

Algonquin Provincial Park.

Wie oft haben wir uns diesen Park auf der Landkarte angesehen - nun sind wir da.

Am Eingang werden uns ein Infoblatt und eine kleine Wanderkarte überreicht. Die ganzen Beschreibungen sind interessanterweise nicht nur auf Englisch und Französisch, sondern auch in drei asiatischen Sprachen geschrieben. Ich tippe auf Chinesisch, Japanisch und Koreanisch.

Eine Maut müssen wir nicht bezahlen, da wir vorhaben im Park zu übernachten. Andernfalls kostet die Durchreise pro Fahrzeug 17 Dollar.

Die Rangerin klärt uns freundlich darüber auf, dass um diese Jahreszeit fast alle Campingplätze geschlossen haben. Zudem sei am kommenden Wochenende Thanksgiving und der Park sei ganz allgemein ein beliebtes Urlaubsziel. Deshalb sollten wir gleich am Anfang einen Platz für die Nacht suchen und uns erst danach mit den Wanderwegen befassen.

Ja, da hat sie sicher nicht Unrecht. Und wir starten auch gleich los, genau genommen bei Kilometer Null der 56 Kilometer langen Algonquin-Strecke.

»Hit the road, George!«

Die Straße führt durch ein sehr wasserreiches Gebiet und am liebsten würden wir gleich überall anhalten.

Wir folgen dem Lauf des Oxtongue River und passieren am achten Kilometer das erste Schild mit einem Hinweis auf einen Wanderweg zu den Whiskey Rapids.

Auch zwischen dem Tea Lake und dem ausgedehnten Smoke Lake kann man zu einem Aussichtspunkt, dem Hardwood Lookout, gehen.

Geduld. Wir nehmen uns den Rat zu Herzen und suchen erst einmal eine Unterkunft.

Wasser, Wasser, Wasser. Überall schimmern blaue Flächen zwischen teils noch grünen, teils bereits herbstlich gefärbten Bäumen und Sträuchern.

Nach fünfundzwanzig Kilometern erreichen wir den ersten Campground, der noch offen hat.

Wir haben Glück: Es sind noch vier Plätze frei. Die Frau am Schalter versieht einen Lageplan mit vier roten Kringeln und sagt, wir dürfen durch das Camp fahren und uns den schönsten Platz aussuchen. Dann sollen wir zurück zum Eingang kommen und ihr Bescheid geben.

Das funktioniert ja wirklich total unbürokratisch. Begeistert fahren wir durch die schmalen Sträßchen.

Ein sonniger, von hohen lichtgelben Ahornbäumen gesäumter Stellplatz hat es uns gleich angetan. An der Feuerstelle ist auch noch Holz aufgeschichtet. Das können wir heute Abend gut gebrauchen.

In einem Wandregal neben der Kasse liegen verschiedene Publikationen über Flora und Fauna des Parks aus. Ich nehme ein schön illustriertes Heft über die Tierwelt mit und freue mich schon sehr auf die vielen Begegnungen, die wir hier in der Wildnis des Provincial Park machen werden.

Als wir bezahlen, fragt uns die Kassiererin, ob wir auch Brennholz benötigen. Wir verneinen - da liegt ja noch genug vom Vorgänger.

Ich staune sowieso über die Leichtigkeit, mit der man hier in den Reservaten und Parks Feuer anzünden darf. In eine verantwortungsvolle Vorgehensweise wird wirklich großes Vertrauen gesetzt.

»Gut«, meint die Dame und sieht uns dabei sehr ernst in die Augen. »Transportieren sie bitte niemals Holz von einem

Platz zum anderen um es dort wiederzuverwenden. Sie sollten unbedingt in jedem Camp neues Holz kaufen!«

Wir nicken ganz brav und denken dabei so etwas wie »red´ du nur«, denn wir vermuten eine finanzielle Überlegung hinter dem kleinen Vortrag, einen kleinen Nebenverdienst zum Vorteil der Betreiber. Überall, auch auf den Landstraßen, werden ja Säcke mit grob gehackten, günstigen Holzscheiten angeboten.

Mitnichten.

Als wir uns umdrehen, belehrt uns ein Plakat an der Wand sogleich eines Besseren.

»Ist ihr Brennholz ein Killer?«, lautet die dramatische Überschrift.

Interessiert lesen wir weiter:

Im Holz nisten oftmals Käfer, die nur in den jeweiligen Regionen oder Wäldern heimisch sind.

Wenn sie durch menschliches Einwirken in fremde Gebiete verschleppt werden, hat das meist schwerwiegende Folgen, weil sie sich dort in verheerender Weise ausbreiten können. Man spricht dann von invasiven Arten. Die richten in der neuen Umgebung sehr viel Schaden an und schlimmstenfalls kann die gesamte bestehende Biozönose verändert werden.

Mit besonderem Nachdruck wird vor dem »Emerald Ash Borer« gewarnt. Der Asiatische Eschenprachtkäfer wurde in den 90er Jahren von Ostasien nach Kanada eingeschleppt. Die Bäume in seinen Ursprungsländern konnten über Tausende von Jahren eine gewisse Resistenz entwickeln, und überstehen den Befall mit geringen Schäden. Die Bäume in Kanada hingegen haben gegen diesen Käfer keinen ausreichenden Schutz. Sie sterben bereits wenige Jahre nach dem Befall ab, da die Larven ausgedehnte Gänge in das Holz fressen und das ganze Gefäßsystem der Pflanze zerstören.

Ja, jetzt verstehen wir sehr gut, warum man so bemüht ist, das eigene Brennholz anzubieten. Und es war sehr kleinlich von uns, gleich einen finanziellen Hintergrund zu wittern.

Wir parken unser Wohnmobil so gerade wie möglich auf dem von Wurzeln durchzogenen Waldboden und laufen dann einen kleinen Pfad hinunter zum See.

Der spiegelglatte Canisbay Lake liegt blitzblau in der strahlenden Mittagssonne. Die grünen Kiefern werden rings um den See immer wieder von purpurrot leuchtenden Bäumen abgelöst. Ein Kanu liegt am Ufer.

Die Boote werden offensichtlich nicht mehr aus Birkenrinde gefertigt: Das Abbild eines Indianerhäuptlings mit vollem Federkopfschmuck ziert ein etwas seelenloses aber zweckmäßiges Glasfibergehäuse.

Wir reißen uns von dem wunderschönen See los und gehen zurück, um unsere erste Wanderung zu planen.

Die kleine Karte ist dabei sehr hilfreich, denn sie ist übersichtlich und gut beschriftet.

Während Georg sich die verschiedenen Wanderwege ansieht, studiere ich ein wenig die Broschüre über die hier vorkommenden Wildtiere, Reptilien und Amphibien.

Unser Platz ist das reinste Herbstmärchen.

Ein Picknicktisch steht unter goldgelb leuchtenden Ahornbäumen in einem fast surrealen, zauberhaften Licht. Bei einer kleinen Brotzeit entscheiden wir uns für den »Track & Tower Trail«. Der Weg führt in einem weiten, gute sieben Kilometer langen Kreis am Cache Lake vorbei und wieder zurück zum Ausgangspunkt. Wir werden etwa vier Stunden unterwegs sein: Das ist perfekt für den ersten Tag.

Dann fahren wir zum nächsten Parkplatz, denn dort startet der Trail.

Ein weicher Trampelpfad führt uns eine ganze Weile durch den lichten Wald aus Ahorn, Birken und Lärchen, dann liegt der Cache Lake plötzlich azurblau vor uns in der strahlenden Mittagssonne.

Ein dichter grüner Kiefernwald umrahmt das sich dahinschlängelnde Ufer und gibt den Blick auf einen langen Arm des Gewässers frei, der die wirkliche Größe des Sees nur erahnen lässt.

Wie rosarote Seerosen schwimmen herbstliche Blätter auf der flirrenden Oberfläche. Dann führt uns der Weg wieder tief in den schattigen Wald hinein.

Begeistert beobachten wir ein »Eastern Chipmunk« - ein Streifenhörnchen. Es ist gerade intensiv mit einem Lärchenzapfen beschäftigt, den es im raschelnden Laub vergraben möchte. Wir sind bisher noch keinen Tieren begegnet und freuen uns über diesen putzigen Anfang. Das hellbraun und weiß gemaserte Tierchen wirft uns nur rasch einen Blick zu, dann klettert es flugs auf den nächsten Baum und verschwindet im dichten Geäst.

Morsche Äste liegen über den Weg verstreut und kleine Pilzkolonien sprießen hier und da aus den feuchten Ritzen. Auch Baumpilze, wie wir sie aus Bayern kennen, wuchern an abgestorbenen Ästen. Zunder nennen wir sie zu Hause, weil sie gut brennen, aber hier rühren wir in der Natur nichts an. An unserem Stellplatz gibt es sicher heute Abend genügend Reisig für ein Lagerfeuer.

Dichte, bereits braun verfärbte Farnteppiche säumen jetzt den Weg.

Dann geht es steil hinab zu einer schmalen Holztreppe, die einen Wildbach überquert.

Sonnenstrahlen dringen durch die Äste und lassen das goldgelbe Laub der Birken wie Bernsteintropfen leuchten.

Die klobigen schwarzen Felsen, die sich aus dem schäumenden Wasser erheben, sind über und über mit winzigen gelben Blättern gesprenkelt.

Als wir am anderen Ufer eine steile Holztreppe hinaufsteigen macht mein Mann mir ein Zeichen, stehen zu bleiben.

Und da steht er in seinem hellgrauen Federkleid, vor dem dahinströmenden Bach und den dunklen Granitbrocken kaum zu erkennen: ein Kanadareiher.

Der schlanke Vogel ist weit über einen Meter groß. Aufmerksam schaut er um sich, den Kopf mit der schönen Haubenzeichnung leicht zur Seite geneigt. Dann bemerkt er uns auch schon und schwingt sich mit breitem Flügelschlag majestätisch in die Luft.

Wir lassen diese wunderbare Begegnung noch kurz auf uns wirken, dann steigen wir weiter den Pfad hinauf.

Felsen flankieren nun unseren Weg und schmale Bäume wachsen direkt aus dem Gestein heraus. Von einer Holzbrücke aus sehen wir das dichte Geflecht eines Biberstaudammes, aber nichts rührt sich. Bewegungslos bleiben wir stehen und beobachten das Ufer des Wildbaches, aber kein Tier kommt am helllichten Tag zur Tränke.

Nach einer Weile gabelt sich der Weg. Hier könnten wir auf dem Old Railway Bike Trail weitergehen. Der schlängelt sich schier endlos durch das Waldgebiet bis hin zum Lake of two Rivers. Dort folgt er dem Uferverlauf, führt an mehreren Seen vorbei und endet schließlich beim Rock Lake Park Office.

Rechts und links des Weges liegen unzählige kleinere Seen und Gewässer. Im Algonquin Park soll es ungefähr zweitausendvierhundert Seen geben. Ein Blick auf unsere Landkarte bestätigt das mit Hunderten blauen Flecken und Streifen.

Wir beschließen auf dem Track & Tower Trail zu bleiben. Ein ausgiebiger Spaziergang reicht uns für den Anfang.

Der Wald wird jetzt dunkler und karger, die Bäume kahler.

Trocken knistert totes Geäst unter unseren Schritten.

Ich nehme ein leichtes Rascheln vor mir wahr und halte sofort an. Und da - fast unkenntlich im welken Laub - windet sich eine Braunschlange vor mir über den Weg. Es ist eine »Dekay's Brownsnake«, eine harmlose Braunnatter.

Dunkle Tupfer hüllen den Körper der zierlichen Schlange in ein elegantes geometrisches Muster. Sie ist bestimmt länger als ein halber Meter und verschwindet mit fließenden Bewegungen unter einer Baumwurzel.

Hier im Wald hört man erstaunlich wenige Geräusche. Kein Vogelgezwitscher, kein Bärengebrüll, kein Fiepen oder Zirpen. Es ist still. Umso erstaunlicher ist es, dass wir immerhin schon drei Begegnungen mit Bewohnern des Parks hatten.

Weiter geht es über morsches Gehölz und alte Baumstämme. Boviste und Ziegenbart zwischen Moos und Farnen sind uns aus der Heimat vertraut.

Nach vier Stunden sind wir wieder beim Ausgangspunkt und fahren die kurze Strecke nach Canisbay Lake zurück.

Auf der Hälfte der Strecke ist plötzlich ein großer Menschenauflauf. Autos parken willkürlich am Straßenrand. Wir denken sofort an einen Unfall, aber die meisten Menschen stehen auf der entgegengesetzten Straßenseite und blicken angestrengt in den Wald. Viele haben ihre Kameras gezückt, Handys werden in die Luft gehalten. Ein Mann hat sogar ein Stativ aufgebaut.

Jetzt sind auch wir neugierig geworden und stellen unser Schiff einfach auf dem Seitenstreifen ab.

Todesmutig überqueren wir die quirlige Straße und versuchen zu erkennen, worauf alle starren.

»Ein Bär, ein Bär!«, rufe ich meinem Mann aufgeregt zu und deute auf einen schwarzen Buckel, den man zwischen den schmalen Birkenstämmen ausmachen kann. Meine Nachbarn drehen sich zu mir um und können nur mitleidig den Kopf schütteln.

Ich sehe nochmal genauer hin. Und jetzt erkenne ich die weißen Kringel an den langen, schlaksigen Beinen und den charakteristischen breiten Schädel, der sich zu den tieferen Birkenblättern bückt und sie genüsslich abzupft.

»Ein Elch, ein Elch!«, korrigiere ich mich etwas gedämpfter.

Wie oberpeinlich!

Leider tritt die Elchkuh jetzt schon den Rückzug an und verschwindet ganz gemächlich im Gebüsch.

In der Tiefe des Waldes hatten wir Elche erwartet, und wo sind sie? An der Hauptstraße! Versteh einer die Elche.

Auf unserem Campingplatz gefällt es uns sehr gut, und da die meisten Wanderwege von hier aus gut zu erreichen sind, fragen wir am Eingang, ob wir den Aufenthalt um einen Tag verlängern können. Doch leider ist es tatsächlich so: Ab morgen ist alles ausgebucht. Wir hatten Glück, weil wir an einem Donnerstag angereist sind.

Ohne Reservierung wird das im ganzen Park schwer sein, meint die Angestellte und rät uns morgen früh zügig loszufahren, um es bei einem anderen Campground zu versuchen.

Als wir bei Tagesanbruch Kaffee kochen, sehen wir unsere Nachbarn mit einem Kanu über dem Kopf zum See wandern. Wir grinsen ihnen nach, denn sie sehen genauso so aus wie auf einem Wegweiser, dem wir gestern im dichten Wald begegnet sind. Auf einem Schild war ein Männchen abgebildet, das ein Kanu auf dem Kopf trägt und darunter ein Pfeil mit drei Wellen.

Auf dem Weg zum »Mew Lake Campground« kommen wir erneut an der Stelle vorbei, wo gestern der Elch gesichtet wurde.

Wieder hat sich hier eine beachtliche Menschenmenge angesammelt, aber da jeder etwas planlos in eine andere Richtung schaut, gehe ich davon aus, dass gar kein Elch da ist. Das Ganze sieht eher nach einem routinierten »Moosewatching« aus.

Zum Glück fahren wir sehr langsam, als uns das gefährlichste Raubtier der Erde plötzlich direkt vors Auto läuft: ein Mensch - was sonst?

Lange graue Haare, hellbraune Lederjacke, breitkrempiger Hut, dicker Fotoapparat um den Hals - kopflos überquert der Mann jetzt den Rest der stark frequentierten Hauptstraße. Er ist mir schon gestern Nachmittag durch sein aufgeregtes Hin und Her aufgefallen. Dies hier scheint so eine Art *Und-täglich-grüßt-der-Elch* - Stelle zu sein.

Am Mew Lake sind noch fünf Plätze frei. Mit dem Plan in der Hand und fünf roten Kringeln auf den leeren Plätzen fahren wir durch das Areal und dürfen uns wieder einmal den schönsten aussuchen.

Alle Stellplätze am See sind atemberaubend schön. Manche breit und kurz, andere schmal und lang, der Boden weich mit Kiefernnadeln bedeckt und jeder mit einem traumhaften Blick auf das tiefblaue Wasser.

Wir wählen die 103, denn alle Uferplätze sind reserviert oder bereits belegt. Von diesem Platz aus haben wir über den Weg und durch die Bäume hindurch einen wunderbaren Blick auf den Mew Lake. Der Mieter vom gegenüberliegenden Platz 102 ist noch nicht da und so werden wir vielleicht noch eine ganze Weile freie Sicht auf den See haben.

Es ist erst kurz nach acht und auf unserem Platz steht noch ein Zelt. Er wird erst mittags frei, was beweist, dass die Sorge nicht unterzukommen mehr als gerechtfertigt war.

Bis dahin fahren wir zum zehn Kilometer entfernten Lookout Trail. Der Wanderweg fängt nach der Algonquin-Rechnung beim 40. Kilometer des Highways 60 an. Der Highway wird hier übrigens auch nach Frank Archibald MacDougall, einem berühmten Ranger und Leiter des Parks, benannt.

Wir sind erst wenige Minuten gelaufen, als wir auf die erste geführte Touristengruppe stoßen. Der Guide brüllt seine Erklärungen so laut in die Stille des Waldes, als wären alle Teilnehmer taub. Manche schauen etwas betreten drein, als wir uns durchzwängen müssen und sie tun mir auch ein bisschen leid, aber sie werden ja nicht gezwungen, so etwas mitzumachen. Rasch beschleunigen wir unseren Schritt, um möglichst viel Abstand zu der Gruppe zu gewinnen, denn wir genießen die Natur lieber in Ruhe.

Und die ist wirklich traumhaft schön.

Birken, Ahorn und Eichen lockern die dunkelgrünen Kiefern mit ihrem goldgelben Blattwerk auf. Überall liegen riesige Steine, manche wie herabgerollte Murmeln andere so groß und breit wie Walrücken. All diese grauen Riesen sind während der letzten Eiszeit durch die Bewegung der Gletscher hierher geschoben und dann im Laufe der Schmelze vor etwa elftausend Jahren freigelegt worden.

Steil geht es den Hang durch einen lichten Ahornwald hinauf, dann wechselt der Weg in ein breites Felsplateau über und wir gelangen auf eine Steilklippe. Der Blick ist überwältigend.

Die teils dunkelroten, teils noch grünen Wälder öffnen sich auf den meerblauen Lake of Two Rivers. Wir stehen auf einem glatten Felsrücken direkt über einem tiefen Abgrund.

Vor mehr als einer Milliarde Jahren haben sich Granit- und Gneiss-Schichten hier übereinander geschoben und überlagert, haben Wind und Regen am Gestein genagt und es abgeschabt und glattpoliert. In der geologischen Geschichte der Erde gab es sogar ein Äon, das »Algonkium«, das nach dem Lebensraum der Algonkin-Indianer benannt wurde.

Zwei winzige Gestalten in einer archaischen, prähistorischen Umgebung, so stehen wir andächtig auf dem Urgestein unseres Planeten. Neben uns wachsen knotige Kiefern aus dem rohen Gestein. Wie dicke Adern verästeln sich Wurzeln über die mit braunen Nadeln bedeckten Flächen. Tiefe Risse, alten Runen gleich, durchziehen den blanken Feldspat.

Ergriffen versinken wir in der leuchtenden Intensität der Farben und in der unendlichen Weite der herbstlichen Wälder.

Alle Wanderwege sind hier sehr gut gekennzeichnet. Auf dem Hinweg sind meist blaue Punkte an den Baumstämmen befestigt, die Rückseite ist für den Rückweg weiß gefärbt. Auch auf schlecht zu erkennenden Pfaden im dichten Wald kann man den Weg kaum verfehlen.

Eicheln fallen hier und da aus ihren kleinen braunen Hütchen auf den Boden und freche kleine Chipmunks tummeln sich im Laub, um sie aufzusammeln. Es sind die einzigen Tiere, die uns auf diesem Spaziergang begegnet sind.

Nach einer Stunde sind wir wieder am Auto angelangt. Georg sucht gleich voller Begeisterung den nächsten Wanderweg auf der Karte, aber wenn man in Italien aufgewachsen ist, braucht man nach jeder Tätigkeit erst einmal einen Kaffee. Sonst funktioniert man nicht richtig. Also füllen wir unsere Thermoskanne auf und fahren zum nahegelegenen Rastplatz am Lake of Two Rivers.

Hier laden schöne Holzbänke zum Picknick am Seeufer ein. Auf der Wiese tummeln sich Grüppchen grauer Wildgänse. An den Nebentischen genießen auch chinesische Touristen die strahlende Sonne.

Wir breiten die Landkarte aus und entscheiden uns als Nächstes für den nahegelegenen Two Rivers Trail.

Am Anfang eines jeden Trails kann man sich für fünfzig Cents ein kleines Heft aus einem Holzkasten nehmen, das die Geschichte und die Beschaffenheit des jeweiligen Geländes erläutert. Das macht den Weg lebendiger und man sieht vieles aufmerksamer an, aber auch nachdenklicher an.

Der Weg führt zunächst durch einen dichten Kieferwald.

Überall ragen verrottende Baumstämme aus dem Boden. Der Mensch hat hier ziemlich gewütet, bevor das Areal 1893 zum Nationalpark erklärt wurde. Ursprünglich wuchsen hier Rotkiefern und Weymouth-Kiefern. Diese Bäume können bis zu fünfhundert Jahre alt werden und sind entsprechend groß, mit dicken Stämmen. Als auch in Europa die Nachfrage stieg, da man das Holz nicht nur zum Bau von Gebäuden, sondern auch für Schiffe verwenden konnte, wurden die Bestände mehr oder weniger unkontrolliert ausgebeutet.

Viele der pilzüberwucherten Baumstumpen sind heute noch stumme Zeugen der Abholzung im 19. Jahrhundert. Wir müssen uns also nicht wundern, wenn die meisten Bäume eher schmal und hoch sind und nicht so Ehrfurcht gebietend und imposant, wie man es in einem Naturschutzgebiet erwarten könnte.

Nach einer Weile gelangen wir in einen lichteren Teil des Waldes. Hier mischen sich helle Pappeln und Birken unter die immergrünen Fichten und Balsamtannen.

Nach der Abholzung hat es Ende des 19. Jahrhunderts große Waldbrände gegeben und auf dem plötzlich sonnenbeschienenen Boden konnten sich die zarten Laubbäume schnell ansiedeln. Aber sobald sie dichter wachsen und nicht mehr ausreichend Licht von oben bekommen, werden die Rotkiefern, die Weymouth-Kiefern und die Balsamtannen erneut Besitz vom Wald ergreifen.

Auch hier gelangen wir zu einer spektakulären Steilklippe.

Endlose Wälder breiten sich vor unseren Augen aus. Rostrote Inseln und knallgelbe Flecken durchbrechen immer wieder das dichte, satte Grün. Unter uns fließt der North Madawaska River. Allein schon der Name ist durchtränkt von indianischer Magie.

Hungrig kommen wir nach eineinhalb Stunden wieder am Parkplatz an. Heute früh sind wir an einem netten, rustikalen Restaurant vorbeigefahren, dort bekommen wir jetzt sicher etwas zu essen.

Auf der Fassade aus dunklem Holz prangt ein riesiges Schild. Das «Lake of Two Rivers Cafè & Grill" ist von Bäumen eingesäumt und sieht von außen wirklich recht nett aus. Die Holzbänke sind um diese Uhrzeit natürlich fast alle belegt. Wir wundern uns über die vielen chinesischen Touristen. Das erklärt allerdings auch, warum die Landkarte unter anderem auf Chinesisch beschriftet ist.

Als wir das Innere betreten sind wir sehr ernüchtert. Es ist wie bei der Geisterbahn auf dem Oktoberfest. Das ganze Pulver wird außen verschossen. Zumindest verspricht das Outfit wesentlich mehr als es dann innen hält. Hier ist es kalt, steril und ungemütlich.

Wir bestellen zwei Burger und nehmen sie mit nach draußen, wo wir uns zu einer Familie an den Tisch setzen dürfen. Der zehnjährige Sohn zeigt uns stolz sein T-Shirt voller Comicfiguren und passt gut auf, dass er die kreischbunten Gestalten nicht mit seinem leckeren Eis bekleckert.

Die Hamburger hingegen schmecken miserabel und so wird das ein kurzer Aufenthalt.

Mit einem Blick auf die Uhr stellen wir fest, dass unser Vormieter inzwischen das Feld geräumt haben müsste, und so schlendern wir durch den Wald zurück zum Parkplatz.

Plötzlich schießt ein schwarzer, pummeliger Wollknäuel aus den dichten Bäumen heraus direkt auf unseren Weg.

»Ein Bärenbaby!«, flüstere ich entzückt und mache meinem Mann ein Handzeichen stehen zu bleiben.

Dann sehe ich die Schleppleine auf dem Boden schleifen und kurz darauf taucht auch das dazugehörige Menschenpaar auf. Ooooooh!

Die beiden amüsieren sich köstlich, als ich ihnen meine offensichtliche Enttäuschung erkläre. Ihr Neufundländerbaby ist aber auch ein richtiger Knuddelbär.

Auf unseren leeren Campingplatz scheint noch die Sonne.

Die obligatorische Feuerstelle ist ganz besonders schön, denn die große Mulde ist aus rohem Stein gehauen. Bisher haben immer alte Felgen oder gelöcherte Metalltonnen als Einfriedung für das Feuer gedient.

In dem Wäldchen um unser Wohnmobil herum sammle ich Birkenzweige, alte Äste und Zapfen und schichte alles schon für den Abend auf. Das trockene Holz brennt sehr leicht und lässt den dicken Scheiten genügend Zeit um Feuer zu fangen.

Der gegenüberliegende Platz steht immer noch leer und so setzen wir uns dort ein Weilchen auf eine Holzbank direkt am Ufer. Der Blick auf den von grünen Kiefern umgebenen strahlend blauen See ist wunderschön.

In der warmen Abendsonne machen wir dann noch einen Spaziergang durch das weitläufige Camp.

Fast jeder Platz ist inzwischen belegt.

Manche Plätze wirken so als wären sie dauerhaft bewohnt, mit kleinen Pavillons, Gärtchen und aufgebockten Wohnwagen. Einige Bewohner haben sogar Teppiche auf dem Waldboden ausgerollt. Lichterketten schmücken die Namensschilder. Selbst die obligatorischen »private access only - keep out« - Schilder wirken total niedlich und sind mit buntem Laub, Maiskölbchen und leuchtenden Plastikkürbissen geschmückt.

Ach ja: Sonntag ist ja *Thanksgiving*.

Ein Hund blickt neugierig über einen niedrigen Holzzaun- wie ein Laufstall für Babies, nur größer. Im warmen rötlichen Licht des Sonnenuntergangs tut sich vor uns eine Wiese mit einem hellen Sandstrand auf. Wildgänse biegen elegant die langen Hälse und zupfen an den dicken Grasbüscheln. Sie haben keine Angst vor uns, bleiben aber auf der Hut.

Ein Schild besagt, dass dies hier eine »Bear in Area« ist. Aber der Bär ist leider ausgegangen.

Wir folgen weiter dem breiten Weg durch den Campground.

Überall liegen Kinderfahrräder herum.

Eine Großfamilie sitzt gerade beim Abendessen. Die junge Mutter wirft, zur Freude der Kleinen, den Chipmonks eine Handvoll Brotstückchen hin. Das erste Mal sehen wir Vögel von den umstehenden Bäumen herunterfliegen. Wunderschön anzusehen, mit blauen und grauen Federn, machen sie den Streifenhörnchen am Boden ganz energisch die Beute streitig.

Der Vater bemerkt belustigt, dass wir stehen geblieben sind, um den Tieren zuzusehen und wirft noch etwas Brot nach.

»Our first animals today!«, erklären wir unser Entzücken über das kleine Schauspiel.

Der Mann grinst. »Yeaaaaah«, lautet die einsilbige Antwort.

Um all die kleinen Anmerkungen und Kommentare unterzubringen, die der Kanadier in dieses eine gedehnte Wort gepackt hat, bräuchte ein Italiener mindestens vier Schachtelsätze. Ich verneige mich vor dieser hoch konzentrierten Art der Konversation.

Das Camp ist so groß, dass wir zu den Duschen mit dem Auto fahren müssen.

Die Gemeinschaftsräume sind gut ausgestattet und wir nutzen die Gelegenheit, um wieder einmal die Wäsche zu waschen und zu trocknen. Dann stellen wir unseren »Adventurer« für heute endgültig ab und entfachen ein wildromantisches Lagerfeuer in dem grauen Steinkreis.

Mit einem Gläschen Rotwein lassen wir den Abend gemütlich ausklingen.

Den Wein haben wir aus Niagara mitgebracht. Um den Ort herum reihte sich ja ein Weingut an das andere. Die Ontario-Weine waren uns ganz fremd, daher haben wir in einem

LCBO-Shop nach einem trockenen Rotwein gefragt, ähnlich einem italienischen Chianti oder Merlot. Und so haben wir zwei Flaschen »Open«-Cabernet-Merlot für besondere Momente auf die lange Fahrt mitgenommen.

Wir stoßen auf die einzigartige Schönheit des Algonquin-Parks an. Das Feuer knistert und knackt und der trockene rubinrote Wein schmeckt erstaunlich leicht und gut.

Heute soll leider der letzte schöne Abend sein, ab morgen ist ein Wetterwechsel angesagt.

Tatsächlich prasselt schon in der Nacht der erste Regen auf unser Dach. Und es heißt früh aufstehen, denn wir brauchen wieder eine Unterkunft für den Samstag. Und an diesem Thanksgiving-Wochenende wird das sicher kein leichtes Unterfangen.

Nach Mitternacht ist dann auch unser gegenüberliegender Nachbar auf dem schönen 102-er Platz eingetroffen. Wir konnten ihn in der Dunkelheit rangieren hören. Jetzt ist alles bis auf das letzte Fleckchen belegt.

Nach dem Kaffee starten wir in einen ziemlich nebligen Morgen. Unser drittes Ziel im Park ist der Rock Lake.

Im dortigen Office erfahren wir, dass das Camp heute ausgebucht ist. Wir schauen wohl recht unglücklich drein, denn der Ranger am Empfang hat Mitleid mit uns. Deshalb schlägt er uns kurzerhand vor, zum nahegelegenen, bereits offiziell geschlossenen, Coon Campground zu fahren. Dort dürfen wir uns einen beliebigen Platz aussuchen und müssen ihm nur noch Bescheid geben. Ja, die Schranke zum Campingplatz sei offen, zerstreut er unsere Bedenken. Die beiden Anlagen gehören zusammen.

Sehr erleichtert fahren wir die wenigen Kilometer zurück zum Coon Lake, einem überschaubaren, niedlichen runden See mit zum Teil schroff abfallenden Hängen.

Wir wählen einen Platz in einer Kurve, steil über dem See. Hellblau schimmert das Wasser durch eine Reihe schmaler Kiefern hindurch.

Neben der üblichen Holzbank ruht ein einzigartiger, pyramidenförmiger Felsen, der dem Platz eine ganz besondere Atmosphäre verleiht.

Mit der CL Nummer 159 machen wir zunächst unsere Übernachtung im Rock Lake Park Office fest. Dann dürfen wir durch den überfüllten Campsite hindurch zu einem Parkplatz direkt am See fahren. Hier startet nämlich der »Booth's Rock Trail«.

Obwohl es recht früh ist, sind die meisten Parkplätze schon belegt und wir haben Glück, unser langes Wohnmobil gerade noch in ein freies Eck quetschen zu können. Die meisten Autos sind normale Pkws, also Besucher aus der Gegend, die das Thanksgiving-Wochenende nutzen. Auch hier marschieren viele Chinesen in Wanderkleidung los, was uns vermuten lässt, dass das gar keine Touristen sind. Die Sonne hat sich inzwischen auch wieder durchgekämpft und die Bäume strahlen in einem lichterfüllten Gelb.

Der Pfad führt durch einen dichten Wald und an dem kleinen Rosepond Lake vorbei.

Auch in diesem Bereich des Parks hat der Mensch tiefe Spuren hinterlassen. Noch vor zweihundert Jahren waren Rehe und Hirsche hier nicht sehr verbreitet. Zum einen hatten sie in den Wölfen gefährliche Feinde, zum anderen wuchs nicht genügend Nahrung für sie unter den ausladenden und dichten Hemlocktannen, die kaum Licht bis zum Waldboden durchließen.

Mit der Abholzung, den durch Menschen verursachten Waldbränden und der gnadenlosen Jagd auf die heimischen Wölfe änderte sich allmählich das gesamte Umfeld.

Laubbäume verbreiteten sich auf den nun sonnendurchfluteten alten Waldböden. Auch Weißwedelhirsche konnten sich eine Zeit lang vermehren, obwohl ihnen die harten

Winter immer noch stark zusetzten. Allerdings wurden sie nun statt von den Wölfen von den Menschen gejagt und dezimiert.

Über jeden Landstrich kann man hier, wie überall auf der Erde, Geschichten von Leben und Tod, von Wachstum und Zerstörung erzählen.

Wir überholen eine Gruppe junger Amerikaner, deren lautstarke Begeisterung für die schöne Gegend schon von Weitem nicht zu überhören war. Über Gestein und Wurzeln, am lang gestreckten Gordon Lake vorbei, führt der steile Pfad nun zu einem Cliff.

Auf den hellen, glatten Felsen über dem Abhang stehend, haben wir eine atemberaubende Aussicht über sich bis zum Horizont ausbreitende, rot und gelb gesprenkelte Wälder. Kleine Inseln liegen wie grüne Tupfen im himmelblauen Wasser des Rock Lake.

Hier oben sehen wir auch, dass sich gerade ein Unwetter zusammenbraut. Und die Regenjacken haben wir schlauerweise im Auto gelassen, da es am Parkplatz noch schön warm war.

Ein kalter Wind zerzaust uns die Haare. Als die redelustigen Amerikaner das Cliff erreichen, machen wir freiwillig Platz und ziehen weiter.

Der Weg nach unten ist recht steil und die Holztreppen an den Hängen sind beim Abstieg sehr hilfreich. Es wird immer dunkler und wir haben noch ein ordentliches Stück Weg vor uns.

Ich jammere ein bisschen über die plötzliche Kälte.

»Mir kannt'n ja aaa an richtigen oberbayrischen Schnürdlregen ham«, meint mein Mann tröstend und blickt dankbar zu den Wolkenbergen, die immer noch ein paar blaue Flecken frei geben.

Ja, so kann man das auch sehen. Um mich von dem eisigen Wind abzulenken, übersetzte ich das in Gedanken auf Englisch: *an upperbavarian string-rain …*

Soweit der Weg es zulässt, beschleunigen wir das Tempo.

Unten angelangt geht es dann ein ganzes Stück am Seeufer entlang. Ein Pärchen kommt uns mit einem schwarzen Wuschelbären entgegen. Der große Neufundländer verfolgt, die Nase tief am Boden, eine hochinteressante Fährte und würdigt uns keines Blickes. Bis hin zum Parkplatz können wir noch, einer Riesenschlange gleich, die Spur seiner langen Laufleine im rostbraunen Laub erkennen.

Zurück am Coon Lake legen wir eine Decke auf die vom nächtlichen Regen noch feuchte Holzbank. Dick angezogen sitzen wir neben unserer Steinpyramide, essen Rühreier mit Toastbrot, trinken heißen Kaffee und genießen den Blick auf den See. Zwei Kanus paddeln unter uns am Ufer entlang.

Schließlich klappen wir die Wanderkarte wieder auf.

Direkt am Eingang des Campingplatzes gibt es einen Verbindungsweg zum Centennial Ridges Trail, der 1993 anlässlich der Hundertjahrfeier des Algonquin Provincial Parks eröffnet wurde.

Der Centennial selbst zieht sich zehn Kilometer lang durch den Wald und berührt kurz den Whitefish Lake, bevor sich der Kreis wieder schließt.

Für heute Nachmittag erscheint uns der gesamte Weg zu lang, aber wir möchten uns zumindest den ersten Abschnitt ansehen.

Diesmal packen wir die Regenjacken ganz oben in den Rucksack. Das Wetter hält zwar noch, aber der Himmel ist bleiern und verspricht im Moment keine Besserung.

Ziemlich versteckt hinter einem kleinen Parkplatz finden wir den Pfad, der zum Centennial Höhenweg führt.

Bunt mischen sich Ahornbäume unter die allgegenwärtigen grünen Kiefern. Große Steinblöcke säumen den Weg.

Tiefe Ehrfurcht erfüllt uns, als wir vor einem der riesigen, Millionen Jahre alten Granitblöcken stehen bleiben. Ich lege beide Hände auf die zerfurchte, gelebte Oberfläche. Diese

Steine können nicht in Menschenaltern gemessen werden. Manche Felsplateaus sind mit ganz außergewöhnlichen, silbern schimmernden Flechten bedeckt. Wie Raureif überziehen sie die harten Felsrücken.

Dann folgen wieder grünes Moos und weicher brauner Waldboden.

Dass wir den Hauptweg ungefähr in der Mitte betreten, sehen wir am Haltepunkt »Post Nummer 8«.

Vor uns liegt dunkel und geheimnisvoll der Cloud Lake. Ein Märchensee.

Abertausende goldgelbe und rubinrote Blättchen schwimmen wie winzige Laternen auf dem schwarzen, morastigen Wasser.

Der See ist nicht sehr groß. Am gegenüberliegenden Ufer erhebt sich eine steile Felswand. In der Mitte durchzieht ein tiefer dunkler Riss in Form eines breiten Tors das Gestein. Über der Mitte des Torbogens thront einsam eine Kiefer, wie ein indianischer Wächter der eine verborgene Höhle bewacht.

Wir gehen vorsichtig durch das ockerfarbene Sumpfgras zum Ufer. Das Wasser schillert wie Regenbogenobsidian. Der umliegende Boden ist weich und man sinkt leicht ein. Als ich es nicht lassen kann, die Finger in das schimmernde Wasser zu stecken kippe ich fast vornüber, weil der Grund unter meiner Gewichtsverlagerung nachgibt. Das kommt davon, wenn man alles anfassen muss!

Eine ganze Weile lassen wir den Zauber dieses Ortes schweigend auf uns wirken.

In Gedanken taufe ich den See in »Schatz-im-Silbersee-See« um. Nirgendwo könnte ich mir den greisenhaften Indianer »Großer Bär« besser vorstellen als in einer der schattenhaften Höhlen am anderen Ufer.

Mit einem Blick auf die tief hängenden Wolken beschließen wir, nur noch eine weitere Etappe zu gehen. Der Weg führt nämlich als Nächstes wieder zu einem Cliff.

Ja, es ist immer wieder ein Erlebnis, auf einem der steil abfallenden Felsrücken zu stehen und den Blick über die sich herbstlich färbenden Wälder schweifen zu lassen.

Und jetzt fängt es an zu regnen. Wir kehren um.

Als wir einer wie mit einem Messer geschnittenen, langen und hohen Felswand folgen, fallen uns Tausende von Blattflechten auf. Wie eine Miesmuschelkolonie klammern sich die Flechten an das Gestein.

Es fasziniert mich, dass jeder Wanderweg in diesem Park etwas ganz Besonderes, etwas Einmaliges hat. Und das, obwohl wir uns in den letzten Tagen nur in einem Radius von ungefähr fünfzig Kilometern bewegt haben.

Der *string-rain* entwickelt sich jetzt rasch zu einem *rope-rain* und wir sind froh, als wir endlich wieder im warmen Auto sitzen.

Um uns herum haben inzwischen auch andere Wohnmobile geparkt und aus einem offiziell geschlossenen Campingplatz ist im Nullkommanix ein ziemlich dicht besiedelter Ort geworden.

In der einbrechenden Dämmerung bekommen wir noch mehr Nachbarn.

Zwei kleine Pkws parken auf dem breiten Stellplatz nach der Kurve. Eine Gruppe Jugendlicher packt im strömenden Regen zwei Zelte aus, die mit vereinten Kräften aufgebaut werden. Aus den kleinen Fahrzeugen werden Unmengen von Sachen herausgezaubert, bis in der Dunkelheit das reinste Survival-Camp steht.

Die jungen Leute haben es, dem Regen zum Trotz, geschafft ein Feuer anzufachen und stehen jetzt fröhlich lachend und sich zuprostend im dichten Rauch der zischenden Holzscheite.

Wir freuen uns über diese bedingungslose Begeisterung. Die Jugendlichen wollen das Thanksgiving-Wochenende hier im Park verbringen, und setzen ihr Vorhaben ohne Wenn und Aber durch. Regen hin oder her.

Dagegen ist unser beheiztes Wohnmobil der reinste Luxus. Und die heiße Dosensuppe wissen wir an diesem kalten Abend auch ganz besonders zu schätzen.

Der Morgen ist grau aber trocken.

Nach einem heißen Kaffee sieht die Welt sowieso gleich besser aus und wir machen uns gut gelaunt zu unserer letzten Etappe im Park auf.

Wir müssen zurück zum Highway und fahren dann bis zum 45. Kilometer (nach der Algonquin-Rechnung), wo uns ein Schild den Weg zum »Beaver Pond Trail« weist.

Und hier tauchen wir wieder in eine völlig neue Welt ein.

Entlang der von Bibern bewohnten Tümpel und Teiche schlängelt sich der Wanderpfad durch braungrünen Morast. Hohes Schilfgras bildet dichte, flauschige Büschel in den flachen Weihern. Ringsum tiefgrüne Kiefern und Tannen. Durch sumpfige Feuchtwiesen gelangen wir zu einem erstaunlich großen Damm. Äste und zerbrochene Baumstämme sind übereinandergeschichtet und miteinander verflochten und verhakt. Auf der anderen Seite des Damms grenzt ein schmaler Sandstrand die urige Holzwand vom Amikeus Lake ab.

Hellbraun und samtweich ist der von Kiefernnadeln bedeckte Uferweg und unter dem wolkenbedeckten Himmel spiegeln sich die Tannen schwarz in dem stillen Gewässer.

Überall ragen tote Äste wie ausgeblichene Knochen mit langen, dünnen Fingern, aus dem Wasser. Eine starre, reglose Landschaft. Nirgends trübt auch nur die geringste Bewegung das dunkle Wasser des Sees.

Leider schwimmt heute früh auch weit und breit kein Biber im Beaver Pond, denn Biber sind nachtaktiv.

Und wenn ich dann auch noch an die Biberkriege zurückdenke, kann ich verstehen, dass sich die Biber in menschlicher Gegenwart nicht gerne zeigen.

Es leben aber noch Biber in diesen Sümpfen und auch in vielen weiteren Feuchtgebieten des Parks. Über viertausend Biberfamilien sollen sich im gesamten Naturschutzgebiet bereits wieder angesiedelt haben.

Abgenagte Baumstämme, Äste und Zweige werden in die Teiche hineingezogen, damit die Nager im Winter genug Futter finden. Falls die Oberfläche der Gewässer im Winter einfriert, können die Biber dann unter Wasser an die Nahrung gelangen, ohne Gefahr zu laufen von Bären, Wölfen – und natürlich von Menschen - gejagt zu werden.

Gegen Ende des zwei Kilometer langen Weges besteigen wir einen Aussichtsfelsen. Von hier oben haben wir einen herrlichen Blick über die von unzähligen Sumpfgrasinseln durchzogene Wasserlandschaft.

So, und jetzt fahren wir die letzten zehn Kilometer auf dem Frank McDougall Pkwy und nehmen schweren Herzens Abschied von dem wunderschönen und erstaunlichen Algonquin Provincial Park.

Es geht weiter zu einem neuen, unbekannten Ziel.

»Hit the road, George!«, lache ich und lasse den Sicherheitsgurt einschnappen.

»Folgen wir einfach dem Highway.«

Die meisten Campingplätze schließen nach dem Ernte-dankfest daher sind wir mehr und mehr gezwungen, uns an den noch offenen Camprounds zu orientieren.

Der nächste Campingplatz liegt in Renfrew.

Wir fahren durch ausgedehnte sandfarbene Maisfelder. Überall werden »picking seeds«, Futtermais und Saatgut angeboten.

Romantische alte Holz- und Eisenbrücken führen über schmale Bäche, Rinderherden grasen auf weitläufigen Feldern rechts und links der Straße. Am schönsten sind die rabenschwarzen Rinder, die uns manchmal aus großen, sanften Augen nachblicken.

Heute würden wir gerne einmal wieder richtig zu Mittag essen. Im Algonquin Park haben wir uns hauptsächlich von gekochten Eiern und Dosensuppen ernährt, aber jetzt geht es zurück in die Zivilisation.

Zwischen Wilno und Killaloe erweist sich die Suche nach einem Restaurant schwierig. Ab und an ein verlassener Schnellimbiss mit der Aufschrift »Closed for season« oder »Thank you for visiting us, see you next year«, was nicht gerade hilfreich ist, wenn man heute und jetzt Hunger hat.

Der Golden Lake hört sich nach Wohlstand und Tourismus an. Hier finden wir bestimmt etwas Essbares … aber - nein - kein Landgasthof weit und breit.

In dieser Gegend bräuchte man einen Scout um ein Restaurant ausfindig zu machen. Der Hurone würde sich hinknien, Pfeil und Bogen beiseitelegen, das Ohr auf den steinigen Boden pressen und anhand des entfernten Klapperns von Töpfen und Kochlöffeln mit ziemlicher Genauigkeit bestimmen können: Imbissbude in 7,5 Km, gleich hinter der großen Tamarack-Lärche.

Ja, das wäre praktisch. Nur reitet leider gerade kein Hurone durch die Prärie.

Am Ufer des Bonnechere River liegt der *Raven's Knoll Campground*.

Hier hätten wir natürlich ganz besonders gerne angehalten. Ich stelle mir dabei so ein lockeres: »Hi family, how's doing? We are your beloved cousins from Germany!«, vor. Und natürlich als Reaktion darauf, riesige Freude über den Besuch der entfernten Verwandten: »Hi! That's great! Kommt rein und setzt euch zu uns an den Tisch. Das muss gefeiert werden!«

Aber leider machen uns die Öffnungszeiten der Knollschen Raben einen Strich durch die Rechnung, denn der kanadische Zweig der Familie arbeitet auch nur bis Ende September.

In dem beschaulichen Ort Eganville werden wir endlich fündig.

Ein hübsches Gebäude aus Holz mit dem typischen Mansardendach fällt uns gleich auf. Nicht zuletzt wegen der unübersehbaren rot-weißen Schilder mit der Aufschrift »The Granary, Restaurant und Schnitzelhaus«.

Eine Wirtschaft mit österreichischer Küche hätten wir hier ganz und gar nicht erwartet und von der Bedienung erfahren wir, dass wir soeben eine der bekanntesten Gaststätten der Upper Ottawa Valley betreten haben.

Die Einrichtung ist ein wenig steif und steril. Unter gemütlich versteht man in Bayern und in Österreich etwas anderes, aber in der hinteren Gaststube schmückt ein farbenfrohes Bild eine ganze Wand: Der junge Mozart spielt mit verträumtem Blick seine zeitlose Musik auf dem Klavier, während Uhren und Mauern unter dem zerbröckelnden Schriftzug »tempus fugit« zerfallen.

Das schlichte Essen wärmt uns auf. Wir genießen die kurze Pause und setzen unsere Fahrt dann satt und zufrieden fort.

Die Straße nach Renfrew führt weiterhin durch liebliche Weidegebiete und gelbe und braune Äcker, doch als wir den Ort erreichen, sind wir etwas ernüchtert. In der breiten Stewart Street sieht es aus wie im Klondike, aber lange nach dem Goldrausch.

Das triste Wetter macht den ersten Eindruck natürlich auch nicht besser, aber alles wirkt ziemlich desolat.

Wir halten an einem kleinen Parkplatz. Dahl's Covenience Store und der Coin Laundry-Waschsalon sitzen in einem pittoresk heruntergekommenen Gebäude, das gut in die allgemeine Stimmung passt.

Der Asphalt bricht an manchen Stellen so auf, als würde sich jeden Moment ein Erdbeben ankündigen. Einzig vor einem Gemeinschaftsunternehmen aus Tim Hortons und Wendy's groovt der Bär. In doppelter Reihe fahren die Autos im Schritttempo durch den *Drive Thru*. Von dem Hotspot angezogen gehen auch wir ins *Tims* und trinken einen Kaffee.

Hier treffen sich Jung und Alt und die Stimmung in dem vollen Lokal ist locker und nett. Wir kommen uns vor wie auf einer sonnigen Insel inmitten eines grauen Meeres. Dass mein Canadian Marple Donut mit Vanillecremefüllung ganz aus-gezeichnet schmeckt, hebt die Laune natürlich auch gleich beträchtlich.

Und da wir hier so schön im Warmen sitzen, halten wir gleich eine Mitgliederversammlung ab: Einstimmig beschließen wir zu Punkt eins der Tagesordnung nicht in Renfrew zu bleiben, sondern direkt nach Ottawa weiterzufahren.

Wir folgen also der Hauptstraße und überqueren den Bonnechere River, der früher als Wasserweg für die Holztransporte in die etwa 80 km entfernte Hauptstadt genutzt wurde. Die Stadt wirkt auf dieser Seite des Flusses viel freundlicher und hübsche Häuser flankieren die Hauptstraße.

Auf dem Trans Canadian Highway geht es dann zügig dahin bis uns ein großes blaues Schild »Welcome to Canada's Capital Region« heißt.

Dann führt uns der breite, mehrspurige *Queensway* majestätisch, wie es der Name verspricht, nach Ottawa.

Hier müssen wir uns mit einem Problem befassen, das sich bisher noch nicht gestellt hat.

In Ottawa dürfen wir nämlich laut Vertrag der Mietwagenfirma unser Wohnmobil nie unbeaufsichtigt parken. Das heißt im Klartext: Einer muss immer im Auto bleiben. Der Hintergrund dieser Bestimmung sei die hohe Diebstahlquote in einigen Großstädten, hat man uns bei der Fahrzeugübergabe erklärt.

Das Parkverbot gilt auch für Montreal und Quebec. Nur Toronto steht aus irgendeinem Grund nicht auf der schwarzen Liste.

In unserem schlauen Campingführer suchen wir also einen Platz, der so nah wie möglich bei der Innenstadt liegt.

Wir entscheiden uns für das »Camp Hither Hills«, das zwar leider gute fünfundzwanzig Kilometer vom Zentrum entfernt ist, aber wieder einmal den großen Vorteil hat, noch offen zu sein.

Der Campingplatz wird von einer ziemlich unsympathischen alten Frau mit strenger Hand geleitet. Die »Gräma«, wie die wesentlich nettere Enkelin sie nennt, zeigt auf einen undeutlich skizzierten Plan an der Wand und weist uns barsch an, uns irgendeinen Platz auf dem grünen Fleck auszusuchen.

»Nicht dahinter!«, mahnt sie, denn da beginnen die 50 Ampere Hooks. »Und das ist nichts für euch …«, sagt ihr kalter Blick. Die Frau drückt uns noch ein Holzschild in die Hand, das wir an unserem Platz aufhängen sollen, damit er als reserviert gekennzeichnet ist.

Und jetzt machen wir einen Fehler. Wir buchen im Voraus für zwei Nächte, damit wir genügend Zeit haben Ottawa zu besichtigen. Das entspricht eigentlich gar nicht unserer sonst so planlosen Planung.

Wie wir denn von hier aus ohne Auto in die Stadt gelangen können, fragen wir - noch immer freundlich.

»Taxi, Bus, Abholservice ... – das müssen sie schon alleine herausfinden«, meint die Alte barsch. »Sie werden ja wohl ein Handy besitzen«, gibt sie noch achselzuckend zum Besten. Weil ihr beiden mir gar so dämliche Fragen stellt, ergänze ich geistig.

Aber ich lasse mich nicht einschüchtern. Ob sie uns wenigstens sagen kann, wo sich die nächste Bushaltestelle befindet, hake ich hartnäckig nach. Tiefes Aufstöhnen. »Bei der Walmart natürlich.«

Natürlich! Da hätten wir auch draufkommen können. Immer die Hauptstraße geradeaus. Das können nicht einmal wir unterbelichteten Touristen verfehlen.

Wir suchen auf der ziemlich gesichtslosen Grünfläche - Wiese wäre übertrieben - einen Platz aus. Es ist erst halb fünf und die Sonne scheint wieder warm vom Himmel. Eigentlich könnten wir schon heute einen ersten Abstecher in die Stadt machen und Ottawa bei Nacht erkunden. Gesagt getan hängen wir unser Holzschildchen an einen Pfosten und starten los.

Immer der Bank Street folgend erreichen wir nach zehn Kilometern einen großen Parkplatz mit vielen Geschäften und Supermärkten, zu denen auch die Walmart gehört.

Als wir langsam um das lang gestreckte Gebäude gehen, finden wir auch die Treppe, die zu den Bussen führt.

Weniger leicht ist es, einen Ticketverkauf zu entdecken. Es gibt keine Schalter, kein Kiosk und keine Automaten.

Die ersten Busse halten und fahren wieder los. Wir sind etwas ratlos. Ohne Ticket trauen wir uns nicht einzusteigen. Schließlich frage ich eine junge Frau, ob man die Fahrkarten im Bus lösen kann oder wie das hier funktioniert. Sie erklärt mir, dass man die Karten nur in der Stadt kaufen kann und auch da nur in autorisierten Geschäften. Und die muss man kennen.

Was nun? Mitleidig sieht sie mich an. Dann lächelt sie verschmitzt und zaubert zwei Tickets aus ihrem Portemonnaie.

Ob uns das helfen würde? Aber ja, sehr sogar!

Wir nehmen das Angebot überaus dankbar an und erstatten ihr gleich die sechs Dollar Kaufpreis. Die Frau wartet auch auf den Bus der zum Parliament Hill fährt, und so bleiben wir zusammen.

O weh, das wird eine holprige Fahrt bis zur Metcalfe Street.

Jesus! Der kanadische Fahrer pflegt einen sportlichen Stop-and-go-Stil. Ich sitze neben unserer Retterin und klammere mich in jeder Kurve an einer Eisenstange fest.

Kay ist in Ottawa geboren und lebt schon immer hier. Die Ureinwohnerin dämpft meine Vorfreude gleich, als sie mir ernst erklärt, dass heute - am Thanksgiving-Sonntag - in der Stadt nicht viel los ist, morgen aber definitiv alles geschlossen sein wird. Alles. Keine Geschäfte, keine Sehenswürdigkeiten, keine Museen. No way.

»Das ist der schlechteste Tag im Jahr um Ottawa zu besuchen«, meint sie achselzuckend. »Ihr habt aber auch Pech!«

Ja, ich wusste auch nicht, dass Thanksgiving hier so ein wichtiges Fest ist. Daran, dass die Läden bisher überall sieben Tage die Woche auf waren, habe ich mich schnell gewöhnt. Zu akzeptieren, dass einmal alles zu hat, fällt mir deutlich schwerer.

Mein Mann sitzt kreidebleich auf der anderen Seite des Gangs. Das Schaukeln des Wohnmobils ist ein Klacks gegen den stürmischen Wellengang dieses Gefährts.

Endlich dürfen wir aus dem Höllengefährt aussteigen. Kay winkt uns noch aus dem Fenster zu, dann verschwindet der Bus um die Ecke.

Bevor wir uns auf den Weg machen, sortieren wir erst einmal unsere durcheinandergeschüttelten Knochen. Und dann, nach wenigen Schritten, öffnet sich die Straße direkt auf das im neogotischen Stil erbaute Parlament.

Der erste Eindruck ist überwältigend. Wie ein altes Schloss hebt sich der imposante Bau majestätisch von dem kobaltblauen Himmel ab.

Wir gehen auf den grünen Rasen in der Mitte des Areals zu und stellen uns vor das in seiner strengen Schönheit Respekt einflößende Parlament. Die Sonne versinkt langsam hinter der Stadt und der Himmel färbt sich in ein sanftes Orange. Golden leuchten die gotischen Bogenfenster in der Abendsonne und selbst die dunklen Quadersteine der Parlamentsmauern schimmern in einem warmen Ockerbraun, als hätte eine Fee feinsten Zauberstaub über die Wände rieseln lassen.

Nicht weit entfernt brennt ein großes Lagerfeuer. Ein paar junge Menschen stehen drum herum und unterhalten sich angeregt. Mit Lagerfeuern kennen wir uns ja nun aus und um unser kleines kanadisches Ritual heute nicht zu verpassen, möchten wir uns dazugesellen.

Als wir näherkommen, sehen wir allerdings gleich, dass das kein Lagerfeuer ist.

Die Flammen lodern hoch inmitten eines steinernen Brunnens. Mehrere abgeschrägte Steintafeln bilden einen Kreis über dem sanft das Wasser plätschert, um dann am Rand in ein Sammelbecken zu fallen. Auf den einzelnen Tafeln prangen die Wappen der kanadischen Provinzen und Territorien. Ontario und Québec sind bereits 1867 der Konföderation beigetreten, und bis 1999 sind immer wieder neue Provinzen und Territorien hinzugekommen.

Das stimmungsvolle Feuer ist so ziemlich der lebhafteste Ort ringsum. Wenige Menschen gehen spazieren, die Straßen sind ziemlich leer, Autos fahren nur vereinzelt vorbei. Kay hatte wohl leider Recht.

Einen Taxistand können wir nirgends entdecken. Da wir schauen müssen, wie wir später wieder zu unserem Campingplatz kommen, machen wir uns auf die Suche nach einem Fahrkartenverkauf. Kay hat uns ein Geschäft in der Rideau Street empfohlen.

Wir schlendern langsam an den bezaubernden Bauten des Parlamentskomplexes vorbei. Sogar das angrenzende Fairmont Hotel mit seiner beleuchteten Fassade voller Türmchen und Erkern hebt sich wie ein Märchenschloss gegen den Sternenhimmel ab.

Eine breite Brücke führt uns über einen Kanal. Jetzt beginnt die Rideau Straße mit ihren Einkaufszentren und Geschäften. Nur keine Fahrkarten weit und breit.

Es mag natürlich auch an der Uhrzeit liegen, denn es ist bereits acht, aber alle Läden und die meisten Cafés und Restaurants haben geschlossen. Überall starren uns dunkle Vitrinen entgegen. Der Anblick stimmt mich unruhig, denn wir wohnen ja fünfundzwanzig Kilometer von hier entfernt, und nirgends ist ein Taxi zu sehen.

Also gehen wir zurück zum Parlament, in der Hoffnung dort ein Taxi auf der Straße zu ergattern. Fehlanzeige. Der Platz wirkt jetzt wie leergefegt. Autos fahren kaum noch. Die Stimmung erinnert mich an einen Auszählreim, den wir in meiner Kindheit oft gesungen haben: Eine kleine Kaffeebohne wollte nach Amerika. Amerika war abgeschlossen, und der Schlüssel abgebrochen, si-so-su und raus bist du!

Ja, im Moment ist alles abgeschlossen und so wie es aussieht, wurden wir gerade rausgezählt.

Die Bushaltestelle finden wir leicht wieder, nur kommt einfach kein Bus. Als wir um neun Uhr immer noch recht unglücklich am Straßenrand stehen, haben wir endlich Glück. Ein Taxi mit beleuchtetem Schild auf dem Dach kommt uns entgegen. Wir winken mit beiden Händen.

Der Taxifahrer fragt erst einmal vorsichtig, wohin wir wollen. Als wir ihm den Walmart Supermarkt in der Bank Street nennen, nickt er sehr zufrieden. So ein Zufall: Er wohnt direkt hinter der Walmart und er nimmt uns auch gerne mit - aber nur weil unser Ziel direkt auf seinem Heimweg liegt.

Wir sind mehr als erleichtert. Da haben wir ja doppelt Glück gehabt!

Der Fahrer redet wie ein Wasserfall und brettert dabei wie ein Verrückter durch die halb leeren Straßen. Hier scheint es keine Geschwindigkeitsbegrenzung zu geben – zumindest nicht für ihn. Yeaaaah …

Der junge Mann ist bekennender Fußballfan und listet uns, während er sich in die Kurven legt, alle Spieler des FC Bayern, von Arsenal London und auch noch Real Madrid auf. Als er bei Christiano Ronaldo ankommt, kickt er sein Taxi regelrecht über die nächste Kreuzung - die Ampel steht auf Feuer-wehrgrün …

Als unser Taxifahrer kurz darauf waghalsig an zwei Motorrädern vorbeidribbelt, frage ich ihn, woher er denn stamme.

»Geboren in Somalien, aufgewachsen in Kuweit, Collegebesuch in Toronto und nun hier in Ottawa: Sagen *sie* mir, woher ich komme«, grinst er belustigt in den Rückspiegel. »Ich weiß es selbst nicht so genau!«

Ja, da hat er nicht ganz unrecht. *Multikulti* kann mitunter verwirrend sein.

Georg sieht ziemlich käsig aus, als wir total durchgeschüttelt an der Walmart ankommen. Die Fahrt war genauso schlimm wie die Busfahrt auf dem Hinweg. Nur noch um einiges schneller.

Unser Wohnmobil hat brav auf uns gewartet.

Zurück im Camp mach ich als Erstes eine Dose mexikanische Bohnen heiß. Dazu gibt es Tortillas. Fastfood wie es im Buche steht, aber ein kulinarischer Traum nach den ganzen geschlossenen Restaurants in der Stadt.

Heute Nacht hat es zum ersten Mal gefroren, denn in der Früh zieren Eisblumen die Scheiben. Das Wasser im Waschraum ist eisig. Meine Finger laufen blau an, ich kann sie vor Kälte kaum noch spüren.

Jetzt aber schnell einen heißen Kaffee kochen. Wir sind schon komplett auf das Land eingestimmt: Unser Filterkaffee stammt von Tim Hortons. Natürlich.

Nach den Erfahrungen des gestrigen Abends fahren wir heute mit dem Wohnmobil ins Zentrum, denn wir erwarten keine besseren Transportmöglichkeiten als gestern.

Erstaunlicherweise finden wir einen geeigneten Parkplatz direkt hinter der City Hall.

Der Himmel ist tiefblau, ein wunderbarer sonniger Herbsttag.

Wie vom Vermieter vorgeschrieben, wechseln wir uns jetzt ab. So kann jeder ein bisschen durch die Stadt bummeln.

Ich gehe am Rathaus vorbei durch den Confederation Park, einem sehr hübschen Stadtpark mit hohen, ausladenden Bäumen. Kinder laufen spielend über die Wege, einige Frauen unterhalten sich auf einer Bank. Im Park herrscht ein buntes Treiben. An der Mackenzie King Bridge überquere ich den Kanal und gehe Richtung Rideau. Die Stadt wimmelt nur so von Menschen. Alle Kaffees, Restaurants und Imbissstuben haben geöffnet. Wo man hinschaut, strahlende Gesichter. Soweit Kay's Einschätzung von »no way«. Sie scheint nicht gerade eine profunde Kennerin ihrer Stadt zu sein, denn hier groovt heute - an Thanksgiving - eindeutig der Bär.

Ich gehe über die Rideau Street in Richtung Kathedrale, komme aber nicht weit, denn rechts von mir öffnet sich plötzlich das Byward Marktviertel. Und – egal was Kay dazu sagen mag – alle Marktstände sind auf und bieten ihre farbenfrohen Waren an. Kunsthandwerk, Souvenirs, allerlei Krimskrams und zwischendrin ganz normale Obst- und Gemüsestände. Offen. Nein, Kay hat keine blasse Ahnung!

An einem Stand gibt es Ahornsirup in kleinen, kunstvoll geformten Glasflaschen und in nostalgischen Blechdosen. Dazu eine Vielfalt von Lutschern, Bonbons und Konfekt aus Ahornsirup. Der alte Verkäufer mit dem gestickten Wort *Canada* auf der Wollmütze lacht mich verschmitzt an, als ich mich schweren Herzens zwischen zwei Fläschchen entscheiden muss. Er würde beide nehmen. Aber es darf ja alles nicht viel wiegen, denn nach Hause geht es mit dem Flugzeug — nicht mit dem Camper.

Überall sitzen sonnenbebrillte Menschen in den niedlichen Straßencafés.

Ein Traumfänger-Stand zieht mich magisch an. Hunderte von fein gearbeiteten Netzen mit bunten Kugeln und langen, mit Glasperlen zusammengebundenen, Federn hängen an schmalen Holzstangen. Ich lasse die Finger vorsichtig über die bunten Federn gleiten. Eine alte Indianerin mit schlohweißem Haar fordert mich freundlich auf, die Traumfänger näher zu betrachten. Ja, und dann kann ich natürlich nicht widerstehen. Oh je. Gut, dass die federleicht sind ...

Ich verabschiede mich ein bisschen traurig von dem fröhlichen Markttreiben. Ich habe mit Georg ausgemacht, dass jeder von uns eineinhalb Stunden zur Verfügung hat. Schade, hier gibt es so viele nette Restaurants und Pubs, gerne hätte ich mit meinem Mann mitten in dieser fröhlichen Stimmung zu Mittag gegessen.

Auf dem Weg durch die George Street zieht mich eine bunte Vitrine ganz besonders an. Ein Plüsch-Obelix mit roten Zöpfen thront auf einer bunten Tasse, Idefix lugt Käpt'n Haddock über die Schulter und Tim braust halsbrecherisch auf einem Motorrad auf Schulze und Schulze zu. Die gesamte französische Comicwelt tummelt sich auf den schmalen Glasregalen. Als großer Tim-und-

Struppi und Asterix-und-Obelix Fan, starre ich begeistert auf die liebevoll gearbeiteten Figuren. Und dann sehe ich *ihn*. Nein, sehen ist nicht ganz korrekt, ich kann eigentlich im Moment nur erahnen, dass er in gewaltigen Schwierigkeiten steckt.

Am äußersten Rand des Schaufensters, zwischen einem Ständer voller bunter Plüschtiere und der Wand, klemmt ein schwarzes Etwas. Man erkennt nur eine schwarze, stark gequetschte Rundung. Das muss ich mir näher ansehen. Ich betrete das schöne Geschäft und steuere direkt auf die Innenseite der Vitrine zu. Hier erhärtet sich mein Verdacht. Fröhlich sehen mich braune Elche, gestreifte Backenhörnchen und rosa Kätzchen an. Nur ein einziges Tier ist rabenschwarz. Und es muss ein ganz brummiger Einzelgänger sein, der sich offensichtlich nicht in die muntere Truppe einfügen wollte. Also hat man ihn heimtückisch hinterrücks vom Regal geschubst und ihn in die missliche Lage gebracht, aus der ich ihn jetzt befreien möchte.

Ich packe also vorsichtig das eingekeilte, schwarze Hinterteil und ziehe den kleinen Bären langsam aus der Ecke heraus. Große dunkle Augen blicken mich dankbar an.

Im Algonquin Park habe ich keinen einzigen Bären gesehen, obwohl wir mehrmals in einer *Bear-In-Area* waren und hier, mitten in der Großstadt, bietet sich mir die einmalige Gelegenheit einen bedrohten Bären aus der Gefangenschaft zu retten.

Sanft streiche ich über das struppige Fell. Was bleibt mir denn anderes übrig? Ich gehe direkt zur Kasse …

An einem großen Totempfahl vorbei, laufe ich noch vor bis zur Kathedrale Notre Dame, deren zwei Türme wie reines Silber in der Sonne glänzen. Dann mache ich mich auf den Rückweg.

Vor dem Rathaus fällt mir ein Schild auf. Ein junges Indianerpaar mit einem in Decken gewickelten Baby steht vor einem Kanu, dessen Seiten kunstvoll mit den Ballenabdrücken wilder Tiere verziert sind. Der Text über dem Bild hört sich an wie ein Nachruf:

Ottawa wurde auf einem nicht abgetretenen Herrschaftsbereich der Algonquin Anishinabe Nation erbaut.

In der Algonquin-Sprache klingt das wunderschön:

»Odàwàng kì ombàkonigàde ega wìkàd kà mìgiwàniwang Màmìwininì Anishinàbe-wakì«.

Es folgt eine kurze Hommage an das Volk der Anishinabe.

Der Text stimmt mich traurig, zumal auch die Ottawa-Indianer ab 1630 in die langwierigen und blutigen Biberkriege gegen die Irokesen verwickelt waren. In der Mitte des achtzehnten Jahrhunderts kam das Gebiet dann unter britische Herrschaft.

In Gedanken versunken erreiche ich den Parkplatz.

Jeder von uns hat die eineinhalb Stunden auf seine Weise genutzt. Mein Mann erzählt, dass er sich den Kanal und die Schleusen angesehen und das Parlament bei Tag bewundert hat.

Hungrig wie wir sind, versuchen wir in der Umgebung des Marktes ein Restaurant mit Parkplatz zu finden. Was natürlich ein Witz ist. Außer einem schmalen Platz auf einem dubiosen Hinterhof keine Chance. Und wir dürfen das Auto ja nicht unbeaufsichtigt lassen. »No way«, wie unsere Freundin Kate sagen würde.

Wir fahren also noch ein bisschen durch die sonnendurchfluteten Straßen und genießen das bunte Treiben im Stadtzentrum von unserem erhöhten Sitz aus.

Nach der beeindruckenden *National Gallery* mit ihren verschachtelten Glastürmen wollen wir den Ottawa River überqueren.

»Alexandra Bridge closed«, steht aber leider auf einem roten Warnschild. Ja, die Straßensperre hatte ich vorhin schon gesehen, aber wenn man zu Fuß unterwegs ist, achtet man nicht bewusst auf Hinweise, die den Verkehr betreffen.

Die alte Eisenbahnbrücke mit ihren imposanten Stahlträgern sieht wunderschön aus. Mit Bedauern drehen wir um und fahren an der Kathedrale vorbei zur nächsten Brücke.

Am anderen Flussufer befindet sich das Historische Museum und wir hoffen, in der weitläufigen Parkanlage auch einen Schnellimbiss zu finden.

Als wir gemächlich an den Grünflächen entlang fahren, öffnet sich plötzlich vor uns wieder die Alexandra Bridge, diesmal von der Québec-Seite.

Ja, ja, genauso ist es: Auch hier verläuft die Grenze – wie in Niagara - durch den Fluss. Und in Richtung Ontario ist die Brücke erstaunlicherweise offen.

Georg schlägt kurzerhand das Lenkrad ein, und schon fahren wir hinauf – und natürlich wieder zurück zu unserem Ausgangspunkt.

»Das *muss* sein!«, meint er mit einem bewundernden Blick auf das über hundert Jahre alte, in der Nachmittagssonne metallisch schimmernde technische Bauwerk.

Feierlich, fast andächtig überqueren wir die Brücke. Unter uns das tiefblaue Wasser - natürlich mit der imaginären Québec/Ontario-Grenzlinie in einem strengbürokratischen Graublau – und rechts der Parliament Hill mit seinen spitzen Türmen und Giebeln.

Auf zwei der hellgrauen, mit Abertausend Nieten versehenen Stahlträgern, prangen zwei große schwarze Gründungstafeln aus Metall.

Stille Zeugen eines historischen Ereignisses tragen sie die Inschrift: »1900, Interprovincial Bridge«.

Dieser Name wurde allerdings schon bald geändert. Zu Ehren der neuen britischen Königin wurde die Brücke im September 1901 in »Royal Alexandra Bridge« umgetauft.

Die imposante Stahlkonstruktion wirft ein feines Linienmuster auf den glatten grauen Straßenbelag. Nichts erinnert mehr an die Schienen, die einst Gatineau/Québec mit Ottawa/Ontario verbunden haben. Ursprünglich wurde die Brücke für die Canadian Pacific Railway gebaut und lange Zeit nur für den Zugverkehr genutzt, aber das moderne Leben hat diese ehrwürdige Eisenbahnbrücke längst eingeholt. Bereits in den 60er Jahren wurden die Gleise entfernt und sie wurde für Autos und Fußgänger freigegeben. Heute wenigstens in eine Richtung, was wir sehr zu schätzen wissen.

Diese Flussüberquerung war angefüllt mit Geschichte, aber hungrig sind wir immer noch. Wir fahren also noch einmal im Kreis, wieder über den Ottawa River und wieder zur Rue Laurier. Und dann verfahren wir uns. Irgendwie geraten wir diesmal auf die Portage Bridge und überqueren zum x-ten Mal die Provinzgrenze.

Mein Blick schweift geistesabwesend über Victoria Island und einen schmalen Kanal, als ich unter uns ein knallrotes Schild wahrnehme: *Mill St. Brewery*.

Gemütlich sieht es dort aus. Und ein großer Parkplatz ist auch da. »Halt! Halt!«, rufe ich – zu spät. Das ging zu schnell, wenn man auf den Straßenverkehr achten muss. Inzwischen nähern wir uns auf der Wellington Street dem Parlament von unten. »Und täglich grüßt das Murmeltier ...«

Georg wagt in einem Moment ohne Gegenverkehr ein abenteuerliches Manöver und wir machen mit unserem Schiff einen U-Turn. Dann geht es zurück in Richtung Canadian War Museum. Die Brauerei lag kurz davor.

Und das mit dem Parkplatz ist dann auch so eine Sache.

Die Parkbuchten sind schmal und kurz. Wir rangieren hin und her, aber entweder wir kommen nie wieder raus oder die anderen Fahrzeuge werden durch unser Wohnmobil hoffnungslos eingeparkt.

Vor dem Eingang der Brauerei zieht sich eine lang gezogene Einbuchtung den Gehsteig entlang. Die ist sicher zum Ein- und Aussteigen, aber auch für die sperrigen Lkws der Lieferanten gedacht.

Kurzerhand gehe ich in das Restaurant und erkläre am Empfang unsere missliche Lage. Und unsere Hoffnung auf einen Sitzplatz – denn die Brauerei hat innen mehrere Räume und das laute, fröhliche Stimmengewirr deutet darauf hin, dass sie auch um diese Zeit noch ziemlich voll ist.

Die junge Frau am Tresen wirft einen Blick aus dem Fenster, sieht unser Fahrzeug, lacht laut und meint: »Da muss man ja helfen!« Wir dürfen auf dem Lieferantenplatz vor dem Eingang parken und, ja, sie wird gerne auch ein wachsames Auge auf das Wohnmobil (das wir ja genau genommen hier nicht allein lassen dürfen) werfen. Dann bekommen wir ein interessantes, kleines Gerät in die Hand gedrückt. Auf einem Display leuchtet unsere Reservierungsnummer, und wenn unser Tisch frei wird, klingelt das Gerät wie ein Wecker. Auf diese Weise kann man spazieren gehen, statt am Eingang zu warten, was ja auch für die Gäste im Restaurant viel angenehmer ist.

Also gehen wir unter großen roten Ahornbäumen ein paar Schritte am Kanal entlang. Hier steht noch eine malerische alte Wehr mit ihren angegrauten Holzbalken und verrosteten Zahnrädern. Zwanzig Minuten später klingelt unser Telefönchen.

Voll entspannt sitzen wir endlich -gemeinsam!- an einem kleinen Tisch in der gut besuchten Schankstube. Gut Ding braucht eben Weile.

Das Bier aus der hauseigenen Brauerei ist frisch und schmeckt köstlich.

Ich bestelle *Nachos loaded*, was auch immer das heißen mag. Kurz darauf steht eine riesige Platte mit dreifarbigen Nachos – schwarz, rot, gelb –, mit schwarzen Bohnen garniert und mit Käse überbacken, vor mir. Dazu gibt es einen Berg grüne Avocadocreme.

Als wir zahlen, sage ich der Kellnerin strahlend, dass dies das beste Essen seit unserer Ankunft in Kanada war.

»You will be our favoured Canadian Brewery ever!«, ergänze ich mein Lob noch mit Nachdruck.

Die junge Frau macht uns daraufhin ein Zeichen, noch einen Moment zu warten. Dann spricht sie kurz mit einem Kollegen an der Theke und kommt mit einem reizenden Schnapsgläschen mit dem rot-weißen Emblem der *Mill St. Brewery* zurück.

»Zur Erinnerung«, sagt sie lächelnd.

Ich freue mich riesig, denn ich liebe Souvenirs. Ich meine die echten, die einen Bezug zu dem haben, was man erlebt hat. Ja, dieses Glas wird zu Hause einen Ehrenplatz bekommen.

Die warme Nachmittagssonne lässt die grünen Dächer des Parlaments noch einmal erstrahlen, als wir zum hundertsten Mal an den altehrwürdigen Gebäuden vorbeifahren.

»Möchtest du wirklich nochmal zurück zu der alten Hexe?«, fragt mein Mann unvermittelt. »Wir müssen uns nämlich jetzt gleich für eine Richtung entscheiden.«

»Nö, zu Gräma zieht es mich eigentlich nicht zurück«, meine ich. Auch ist das Hither Hills Camp alles andere als einladend und gemütlich.

»Wir haben aber schon für diese Nacht bezahlt«, gebe ich zu bedenken.

»Sei's drum«, entgegnet Georg und schlägt die Straße Richtung Montreal ein. »Schauen wir mal, wie weit wir heute noch kommen.«

Ja. Wir haben gut gegessen, das Wetter ist herrlich und der Tag ist noch nicht zu Ende.

Wir folgen dem Ottawa River. Laut unserer Broschüre gibt es einen Campingplatz in Rockland. Das ist nicht sehr weit von hier und die Landschaft ringsum ist recht schön.

Nach einer halben Stunde bemerken wir ein Schild am Straßenrand: »Recreationland, Tent and Trailer Park«

Kurz entschlossen biegen wir in die Canaan Road ein. Wir sind zwar noch nicht in Rockland, wollen unser Glück hier aber vorsichtshalber versuchen, da ja so viele Campgrounds um diese Zeit nicht mehr aufhaben.

Der Hof überrascht uns mit mächtigen goldroten Ahornbäumen von einer fast unwirklichen Schönheit. Die inzwischen tief stehende Abendsonne blitzt hier und da durch die noch dicht belaubten Äste. Eine grüne Wiese zieht sich einen Hang hinauf.

Der Platz gefällt uns auf Anhieb.

Ein hagerer alter Mann kommt uns entgegen. In reinstem Französisch erklärt er uns, dass das Camp gerade winterfest gemacht wird. Wir sind wohl die letzten durchreisenden Gäste, sonst sind nur noch einige Stammgäste mit festen Plätzen hier. In wenigen Tagen werden Wasser und Strom abgedreht. Dann geht es für die Besitzer in den wohlverdienten Urlaub.

Wir dürfen also gerne eine Nacht bleiben und uns einen Platz unter den Ahornbäumen aussuchen.

Kurz darauf stehen wir, das Gesicht zur Sonne gewandt, in einem von feinster Hand gemalten Herbstmärchen. Die Baumkronen leuchten von innen heraus und der Himmel strahlt in einem fantastischen, surrealen, kosmischen Blau.

Fern scheint uns der lebhafte Trubel der Stadt. Hier herrscht nur Ruhe, Schönheit und Stille.

Bevor das Office schließt, gehe ich noch zahlen und erkundige mich nach dem Internetzugang. Das läuft überall ein bisschen anders. Hier zum Beispiel kann man für drei kanadische Dollar einen Tageszugang kaufen. Mit dem alten Herrn komme ich gleich ins Gespräch. Er erzählt voller Begeisterung von Québec, wie schön es dort sei und was für herrliche Wanderungen man dort machen könne.

Ob man in Québec denn als Fremder auch mal ans Wasser gelangen könne, frage ich ihn, oder ob dort auch alles »very private« ist.

Alles sei offen, meint er, man könne wandern, soweit das Auge reicht.

»Das schönste Land der Welt!«, fügt er schwärmerisch hinzu.

Dann leistet uns auch seine Frau Gesellschaft. Sie erzählt von Montreals Schönheit und, dass wir unbedingt die Altstadt von Québec besichtigen müssen. Un-be-dingt. Dort fühle man sich direkt nach Frankreich versetzt. Den Mann kann ich sehr gut verstehen, aber das kanadische Französisch seiner Frau kann ich nur mit sehr viel Fantasie erraten. Unglaublich, wie unterschiedlich hier Französisch gesprochen und - vor allem - ausgesprochen wird.

Die zwei freuen sich auf den Winter. Das war eine lange Saison. Sie wohnen in Rockland und werden ab und zu hier nach dem Rechten sehen. Und sich erholen. Beide lachen glücklich. Ein sehr sympathisches altes Paar.

Wobei ich über diesen Gedanken wieder einmal selbst lächeln muss, denn die beiden sind mit Sicherheit nicht viel älter als wir.

Ich verabschiede mich schon jetzt. Das Büro macht morgen erst gegen zehn auf, da werden wir schon längst unterwegs sein.

In der Früh rufen wir bei einigen Hotels in Montreal an und fragen, ob wir, wenn wir dort übernachten, das Wohnmobil auf ihrem Parkplatz abstellen dürften. Ungern möchten wir wieder getrennt durch eine Stadt laufen.

Negativ. Einen so großen Parkplatz habe man nicht. Nirgends.

Also streichen wir Montreal einfach von unserer Route.

Nachdem wir die Landkarte wieder auf dem Tisch ausgebreitet haben, folgen wir dem Verlauf des Ottawa River. Wir sollten bald übersetzen und auf der anderen Seite weiterfahren.

Mein Finger bleibt auf dem »Parc National du Mont-Tremblant« stehen.

Der »zitternde Berg«, das hört sich gut an. Noch besser klingt es auf Algonkin: *Manitonga Soutana* – der Berg der Geister.

Auf dem Weg dorthin können wir außerdem einen weiten Bogen um Montreal schlagen und das großstädtische Einzugsgebiet umgehen.

Dichte Nebelfetzen steigen vom Fluss auf, als wir auf die Hauptstraße einlenken. Ganz nah am Ufer bleiben wir kurz stehen, um das malerische Schauspiel zu genießen.

Vom gemächlich dahinfließenden Ottawa steigen graue Nebelschwaden auf. Hoch türmt sich die Feuchtigkeit über dem Wasser und über dem wabernden Dunst strahlt ein blitzblauer Herbsthimmel.

Als wir weiterfahren, kann man die Straße kaum noch erkennen. Durch die Nebelschleier leuchtet gespenstisch eine blasse runde Sonnenscheibe und dann, dann fahren wir plötzlich – wie durch ein offenes Tor – ins strahlende Licht und folgen erneut dem Fluss.

Auf der Rue Lajoie mit ihren schönen Häusern und gepflegten Gärten fahren wir durch Lefaivre. Die aus grauen Steinen erbaute Kirche verbreitet mit ihren hellblauen Türen eine fröhliche, einladende Atmosphäre.

Am Ortsende stoßen wir auf ein rotes Hinweisschild: »Traversier Lefaivre-Montebello Ferry«.

Eine gute Gelegenheit überzusetzen.

Wir biegen also ab und folgen dem kurzen Weg bis zur Anlegestelle.

Die niedliche Fähre kommt uns gerade über den Fluss entgegen und sieht aus, als hätte man ein Bilderbuch aufgeklappt. Wir dürfen auch gleich auf die schlichte, geriffelte Ladefläche rollen und halten an der rot-weiß lackierten Brüstung. Neben uns stellt sich ein kleiner Dodge. Die Auffahrrampe wird nur dürftig an Stahlseilen hochgezogen, dann geht die Fahrt auch schon wieder los.

Das Geld wird bar kassiert - von uns Menschen zumindest.

Eine Möwe hat sich frech auf dem Rand der hochgezogenen Klappe niedergelassen, und lässt sich seelenruhig umsonst ans andere Ufer bringen. Zu dritt stehen wir an der Reling und blicken auf den Ottawa River, der in der strahlenden Sonne silberblau funkelt.

Bereits nach wenigen Minuten erreichen wir das andere Ufer. An der Anlegestelle wird allerdings nur die Möwe freudig erwartet. Sieben der hübschen weißgrauen Vögel schauen von der Traverse einer Stahlkonstruktion auf uns herab. Sie haben kluge dunkle Augen und die leicht gekrümmten Schnäbel haben schwarze Spitzen. In England habe ich schon Möwen mit orangefarbenen Schnäbeln und gelben Augen gesehen. Sie passen sich wohl auf der ganzen Welt ihrem Umfeld an.

Unsere faule Mitfahrerin stößt einen heiseren Schrei aus und legt notgedrungen die letzten Meter zu ihrer Familie fliegend zurück.

Für uns gibt es kein Empfangskomitee, und so parken wir kurz in dem kleinen Hafen und studieren wieder die Landkarte.

Das Vernünftigste ist es wohl auf der Autobahn – der Nr. 50 mit dem neckischen Namen »Autoroute de l'Outaouais« – nach Saint-Jérôme zu fahren. Dort können wir uns dann für einen Weg in den Nationalpark entscheiden.

Neben uns wechseln sich grüne Wälder und große, weite Wiesen ab. Mal näher, mal weiter weg begleitet uns der glitzernde Ottawa River.

Traurig sehen wir unzählige überfahrene Waschbären, die überall verstreut am Straßenrand liegen. Bisweilen liegen vier bis fünf tote Tiere wenige Meter voneinander entfernt auf dem grauen Asphalt. Ein Gemetzel.

Wir haben bisher ja nur ganz wenige Tiere gesehen, und nun gleich so viele auf eine derart bedrückende Weise.

In den kleineren Ortschaften stehen viele Häuser zum Verkauf. »For sale« steht auf bunten Holztafeln in den Vorgärten.

Saint-Jérôme präsentiert sich als quirlige, geschäftige Stadt. Der Verkehr ist dicht und chaotisch, vor allem wenn man mit einem Wohnmobil durchs Zentrum schaukelt.

Bevor wir ins Hinterland fahren, möchten wir noch unsere Vorräte auffüllen. Walmart heißt das Zauberwort. Mein Mann hat sich zu Beginn unserer Reise eine äußerst hilfreiche R+V-App heruntergeladen. Darin werden auch alle Walmart Kaufhäuser angezeigt. Nun folgen wir also zielstrebig dem »Boulevard du Grand Heron« - der Straße des Großen Reihers, der uns aus dem Algonquin-Park noch so vertraut ist. Auf diesen hektischen Straßen werden Erinnerungen an das leise Plätschern eines entfernten Baches wach. Schön. Und sehr wohltuend, denn es ist alles andere als leicht, hier irgendwo abzubiegen. Wir müssen ein paar ziemlich umständliche Wendemanöver machen, bis wir endlich auf dem Parkplatz der Walmart landen.

Nach dem Einkauf wäre ein Kaffee recht. Aber wenn man Tim Hortons einmal wirklich braucht, ist er einfach nicht da. Normalerweise stehen alle bekannten Geschäfte dicht an dicht.

Wir fahren also weiter, Richtung Mont Tremblant, dem Berg der Geister, und finden am Ortsende endlich auch ein *Tims'*. Jaja, wir sind schon zu richtigen Kanadiern mutiert.

Kaffeepause!

An der Theke sieht es aus, als sei eine Zuckerwatte-maschine explodiert. Weiße Fetzen hängen an den Vitrinen und ziehen sich in klebrigen Fäden über die Kasse. Das sieht nicht sehr appetitlich aus, aber alle gehen ganz gelassen ihrer Arbeit nach. Niemand scheint es eilig zu haben den Salat wegzuwischen.

In tadellosem Französisch frage ich, was die einzelnen Frühstücksmenüs beinhalten, die auf einer Wandtafel auf-gelistet sind. Die Angestellte antwortet mir in einem kanadischen Französisch, das ich beim besten Willen nicht verstehen kann. Ein bisschen wie das der Besitzerin des gestrigen Campingplatzes.

Ich wiederhole meine Frage also langsam und deutlich, was die Frau veranlasst ungeduldig zu sagen: »Sie bevorzugen wohl Englisch, ich hole rasch meine Kollegin!«

Jetzt bin ich platt. Aber bitte …

Während sie hinter einer Tür verschwindet, betrachte ich kritisch die ekligen Zuckerwatteflusen, die eine gewisse *Adams-Family*-Atmosphäre verbreiten … Und ja, da kleben tatsächlich kleine weiße Papiergespenster und Gerippe zwischen den Fäden. Das ist kein verunglückter Süßkram, das sollte wohl eher eine *Halloween*-Dekoration werden …

Inzwischen kommt die Kollegin herbeigeeilt und fragt mich auf Englisch, was ich denn gerne hätte. Nur hört sich das absolut genauso wie das Französisch ihrer Mitarbeiterin an. Die identische, mir leider aber nicht geläufige Sprache.

Ich resigniere und deute wortlos auf eines der Frühstücks-angebote.

»Warum denn nicht gleich?«, sagt der vorwurfsvolle Blick, den die beiden sich zuwerfen.

Ja, versteh ich auch nicht.

Also dazu möchte ich noch anmerken, dass in Québec so gut wie jedes Hinweisschild ausschließlich auf Französisch geschrieben ist. Bis zur Provinzgrenze in Ontario hingegen: zweisprachig.

Hier befinden wir uns im kanadischen Frankreich. *Absolument!*

Im Wohnmobil breiten wir erneut die Karte aus. Wir müssen unsere Richtung inzwischen immer häufiger mit den noch geöffneten Campgrounds abgleichen.

Die nächste Möglichkeit bietet sich in der Nähe von Sainte-Julienne.

Der Trailer Park »Les Terrasses Montcalm« liegt ungefähr fünfzig Kilometer von hier. Den können wir uns auf alle Fälle ansehen.

Die Straße führt uns über Land durch viele kleine Ortschaften. Saint-Lin-Laurentides hat sehr hübsche bunt bemalte Holzhäuser und die erstaunlich große Kirche hat einen wunderschönen Kirchturm. Wir halten am Post Office und können unsere Postkarten am Schalter abgeben.

Ein Sattelschlepper mit einer riesigen Ladung Holzbretter schlängelt sich mühsam über die Kreuzung. Geduldig warten wir, bis sich das Monstrum wieder in den Verkehr einreiht.

Dieser Ort ist voller Leben und stadtauswärts fahren wir durch ein weitläufiges Gewerbegebiet.

Dann geht es erneut an großen Maisfeldern vorbei. Holzscheunen und Höfe mit bunten Traktoren und landwirtschaftlichen Maschinen wechseln sich ab.

Die bereits braunen Maispflanzen bieten einen herrlichen Kontrast zum Rot der Ahornbäume.

Sainte-Julienne ist ein sehr verschachtelter und ausgedehnter Ort. Wir verfahren uns mehrmals in den schmalen Straßen, stoßen dabei aber zufällig auf ein Schild mit »Camping Kelly«.

Viele Campingplätze sind ja in unserer Broschüre gar nicht verzeichnet, und so suchen wir bereitwillig danach. Als wir aus dem Gewirr der Sträßchen heraus wieder auf die Route 125 gelangen, finden wir *Kelly's* auch recht schnell.

Der Park wirkt von außen sehr schön, die Stellplätze sind unter dichten hohen Bäumen verborgen. Aber - »Closed for Season«.

Auch gut. Also müssen wir weiter zum Trailer Park.

Als ich endlich das Empfangsbüro der »Terrassen von Montcalm« betrete, sitzt da eine Mischung aus Käpt'n Iglo und Käpt'n Ahab.

Blaues Marinejackett mit goldenen Abzeichen, Schirmmütze mit Bordüre … der uniformierte Mann fragt mich mit strenger Miene nach unseren Absichten. Ich komme mir vor, als wollte ich gerade auf einem Schiff als Matrose anheuern. Lächerlich.

Eigentlich wollen wir ja nur eine Nacht unterkommen. Ein Blick auf die mit militärischer Präzision aufgereihten und aufgebockten Wohnwagen reicht mir aber, um zu begreifen, dass dies kein gemütlicher Ort ist. Ein altes Ehepaar sitzt verloren an einem Tischchen zwischen zwei dunkelbraunen Metallriesen und trinkt Kaffee. Man könnte meinen, die beiden seien hier vergessen und nie wieder abgeholt worden.

Freude strahlt dieser Platz nicht aus. Ich höre nur noch mit halbem Ohr, dass wir ausnahmsweise heute bleiben dürften. Fünfundsiebzig Dollar pro Nacht koste der Spaß. Eigentlich sei die Einrichtung nämlich für Dauerparker gedacht …

Ich blicke den schrägen Käpt'n prüfend an und frage, ob man denn in der Umgebung wandern könne. Der Campingplatz ist ja ringsum von Wald umgeben.

Nein, wandern könne man nicht. Nicht als Privatperson. Und ausgeschilderte Wanderwege gebe es schon gar nicht. Wandern könne man nur in den Nationalparks, und auch da nicht überall.

Der Mann ist ehrlich erstaunt über mein Anliegen.

Ich lehne das Angebot zu bleiben mit einer gewissen Erleichterung ab und gehe zurück zum Wagen, wo Georg auf mich wartet.

Es ist noch früh am Nachmittag. Das nächste mögliche Ziel auf unserer Karte ist – wir sind ja lernfähig – der »Park National de la Forêt Quareau«

Dort gibt es einen Zeltplatz, der bis Ende Oktober offen ist.

Keine Hooks. Kein Strom, kein Wasser, kein Internet. Kein Luxus. Natur pur.

Warum nicht? Suchen wir also die »Avenue du Castor« – die Biberstraße – in Chertsey. Und ganz ehrlich: Wenn der Campingplatz an einer benannten Straße liegt, kann er ja sooo verwildert nicht sein.

Wir erreichen den Ort schon bald und folgen dem Chemin de l'Eglise, der Kirchenstraße. Die kann nicht sehr lang sein, denn das Dorf sieht eher überschaubar aus.

Großer Irrtum.

Die Kirchenstraße zieht sich ewig, bis wir einen Fluss überqueren. Ganz am Ende steht schließlich ein Schild: »Avenue du Castor«.

Wir müssen links abbiegen. Endlich haben wir es geschafft, nun kann es nicht mehr weit sein.

Noch ein großer Irrtum.

Die Biberstraße zieht sich so in die Länge, wie es wohl seinerzeit die Biberkriege getan haben. Sie hört gar nicht mehr auf.

Anfangs stehen noch viele Häuser am Rand. Dann werden die Behausungen seltener und der Wald immer dichter. Wir fahren, und fahren und fahren ...

Langsam werden wir skeptisch. Es wird immer einsamer und es stehen nur noch vereinzelt Häuser an der Straße. Sobald die Straße nahe am Ufer des Flusses verläuft, wird es wieder very private. An den wenigen Wegen und Pfaden die zum Wasser führen, weisen Schilder mit »no access« mögliche Besucher gleich mal ab. *No way.*

In einem so wasserreichen Land erstaunt uns das immer wieder. Bei uns kann jeder an die Ammer, die Loisach oder die Isar gehen.

Wir holpern über den breiten Waldweg, der Ort liegt weit hinter uns und nirgends auch nur der Hauch von einem Campingplatz. Mir ist mulmig zumute.

Als wieder ein Haus in Sicht kommt, halten wir an. Ich klopfe zaghaft an der Tür. Es kommt mir wie ein Wunder vor, dass hier draußen jemand dauerhaft lebt.

Ein Mann erscheint auf dem Balkon. Ja, er kenne das Camp. Und er erklärt mir auf Kanadisch-Französisch den Weg. Natürlich.

Ich schnappe etwas wie »x Kilometer« und »nach der Brücke« auf. Ich kann wirklich nur raten.

»Noch eineinhalb bis fünfzehn Kilometer«, gebe ich das soeben in Erfahrung gebrachte gewissenhaft an meinen Mann weiter. »Aber nach irgendeiner Brücke müsste ein Hinweisschild kommen.«

Nach einer kurzen Gesellschafterversammlung beschließen wir, noch ein Stück zu fahren. Wenn in einer Viertelstunde nichts kommt, kehren wir um. Die Sonne steht schon ziemlich tief und der Wald wirkt undurchdringlich und duster.

Kurz darauf überqueren wir eine kleine Brücke. Und dann folgt tatsächlich ein riesiges, überdachtes Schild:
»Forêt Quareau, Secteur Grande Jetée,
Empfang in 700 Metern,
Anmeldung zwingend erforderlich«.

Wir folgen dem Weg in den Wald hinein, bis wir vor einem Empfangshäuschen stehen.

Die Tür steht einen Spalt breit offen. Ein Fenster hängt aus den Angeln, die Scheibe ist eingeschlagen. Der nackte Bürotisch sieht aus, als hätte schon sehr lange niemand mehr daran gesessen.

Eine unheimliche, fast gespenstische Atmosphäre schwebt über dem Ort. Es fehlt nur noch der knarzende Galgen, an dem ein Strick im Wind baumelt.

An der Hüttenwand mahnt ein Schild, man solle fünfundzwanzig Dollar im Büro hinterlegen, falls gerade niemand zugegen sei.

»Es darf gelacht werden«, stöhne ich mit einem Blick auf die verwahrloste Bude. »Hier sieht es aus wie im Wilden Westen nach einem erfolgreichen Überfall auf die Poststation. Wo soll man denn bitte die fünfundzwanzig Dollar hinterlegen?«

Ich würde sehr gerne weiterfahren. Aber wohin? Es dämmert bereits. Zum eigentlichen Campingplatz geht es einen steilen Hang hinunter.

Georg schlägt vor, wenigstens einen Blick auf den Zeltplatz zu werfen.

Ich hoffe, unsere Bremsen überstehen den abschüssigen Weg und frage mich gleichzeitig, wie und ob wir hier mit unserem schweren Fahrzeug wieder hochkommen.

Vorsorgen und Nachsorgen – alles da.

Unten steht ein einziger mit einem Netz zugedeckter Pickup. Sonst ist der gesamte Platz leer.

Das verstaubte Netz sieht aus wie ein riesiges Spinngewebe, was den Eindruck noch verstärkt, dass hier schon lange kein menschliches Wesen mehr war.

Wir parken ein bisschen weiter weg neben einem großen von dicken Quarzadern durchzogenen Felsbrocken. Der Stein strahlt Stärke und Gelassenheit aus, seine kraftvolle Präsenz hat etwas Beruhigendes. Ich glaube, ich denke schon ganz indianisch. Vielleicht erstreckt sich ja die Zauberkraft vom Berg der Geister bis hin zu diesem Wald.

Noch blitzt die Abendsonne warm durch das Laub.

Hier unten ist es heller und freundlicher als auf dem oberen Weg.

Luftige Birken und Ahornbäume wechseln sich mit den dunkelgrünen Kiefern ab. Auf einem weichen goldgelben Teppich folgen wir einem Trampelpfad und erreichen kurz darauf eine Lichtung.

Schlanke Birkenstämme fangen die letzten rosaroten Strahlen auf und geben den Blick auf einen sanft dahin-fließenden Bach frei.

Wir befinden uns auf einem breiten, inmitten von Bäumen und Felsbrocken angelegten Rastplatz. Rußgeschwärzte Steinkreise bilden große Feuerstellen zwischen langen Holz-bänken. Die Tische, die Bänke, die Steine, der Waldboden: Alles ist, einer warmen Decke gleich, mit einer dicken Schicht brauner Kiefernadeln bedeckt.

Erstaunlicherweise ist auch hier, in diesem trockenen und abgelegenen Teil des Nationalparks, das Anzünden von Lagerfeuern erlaubt. Natürlich nur mit allen Sicher-heitsvorkehrungen, das versteht sich von selbst. Trotzdem ist das ein großer Vertrauensvorschuss an die Menschen, die hier übernachten.

Der Platz strahlt in seiner Stille und in seinen warmen Brauntönen eine so intensive Schönheit aus, dass wir jetzt doch beschließen diese Nacht hier zu bleiben.

Wir holen Käse und Brot und den letzten Rest unseres Rotweines aus Niagara aus dem Wagen. Dann fegen wir die Nadeln von einem der Tische und genießen das einfache, sehr französisch anmutende Abendessen im wilden Québec.

Die Dunkelheit hüllt uns rasch ein. Jetzt schnell abräumen, damit wir den schmalen Pfad zwischen den Bäumen noch erkennen können.

Neben unserem Wohnmobil steht, wie so oft, eine Eisen-tonne mit einem Rost. Daneben liegen noch einige Holz-scheite und genügend Zapfen für ein kleines Feuer. Der Mond scheint wie ein silberner Fleck durch die hohen und dichten Baumkronen, die tiefe Schwärze dieser Nacht kann er allerdings nicht verdrängen.

Was mich am meisten beunruhigt ist, dass man kein Geräusch hört. Am Rastplatz war noch das Plätschern des Baches auf den Steinen zu vernehmen, aber hier – nichts. Kein Vogel, kein Tier, kein Insekt, nicht einmal der Wind raschelt in den Blättern.

Das Feuer verglüht schnell und es wird kalt.

Wir sperren die Tür des Wohnmobils ab und zum ersten Mal fällt mir auf, wie dünnwandig sie ist und wie simpel das Schloss gebaut ist.

Als wir innen das Licht ausschalten, senkt sich tiefste Dunkelheit über den gesamten Zeltplatz.

Ich fühle mich nicht ganz wohl in meiner Haut. Angespannt horche ich in die Nacht. Kein Zwitschern, kein Flattern, kein Kreischen – nicht einmal ein Bär brüllt irgendwo in der Tiefe des Waldes.

Die Angst vor der Dunkelheit schleicht mit schwarzen Fingern in mir hoch. Es ist nichts Bestimmtes, nichts Greifbares, eher eine atavistische Scheu vor der abgrundtiefen Stille und der undurchdringlichen Schwärze, die da draußen lauern.

Wenn ich dann noch an das verlassene Eingangshäuschen denke, an die zerbrochene Fensterscheibe, an den leeren Tisch …

Am liebsten würde ich wegfahren. Jetzt gleich. Aber dann stelle ich mir vor, wie wir mit unseren gelben Scheinwerfern die Nacht durchschneiden, winzige Lichtpunkte in diesem riesigen Forst, und uns über den holprigen Weg kämpfen als seien wir auf der Flucht … Diese Vorstellung ist noch übler als der Gedanke, ganz ruhig zu bleiben und auf den Morgen zu warten.

In Indien habe ich gelernt, dass die richtige Atmung hilft, Ruhe zu bewahren. »Pranayama«. Nicht umsonst sagt man ja auch bei uns »erst mal tief durchatmen«. Also horche ich auf meinen Atem. Es bleibt mir ja auch nichts anderes übrig, denn draußen ist es totenstill.

Beim Frühstück strahlt die Herbstsonne wieder freundlich vom Himmel und der Wald tut so harmlos, als sei nichts gewesen.

Kaffee ist auf jeden Fall gut gegen düstere Gedanken und wir fahren jetzt ganz entspannt los. Ja wir kommen sogar den steilen Hang hoch. Der Tag fängt wirklich gut an!

Die Häuser am Ufer der Seen und Flüsse kann man meistens nur erahnen. Schmale Pfade führen durch das Dickicht, Ketten oder Schranken versperren die Zufahrten. Ab und an sieht man Mülltonnen am Straßenrand, schlichte Zeugen menschlichen Lebens.

Auf der »Landseite« aber sieht man die Gärten und die pastellfarbenen Holzhäuser. Pickups oder große Vans stehen vor den Garagen. In vielen Gärten steht ein aufgebockter Wohnwagen. Camping scheint auf jeden Fall in Kanada sehr beliebt zu sein.

Lautes Motorengeräusch zerreißt plötzlich die morgendliche Stille des Waldes. Holzfäller? Bauarbeiten?

Mitnichten.

Ein alter Mann steht in seinem Grundstück am Waldrand inmitten eines wogenden Meeres rotgelber Blätter. Er schultert mühsam eines dieser elektrischen Geräte, die den Rechen ersetzen sollen und das Laub von A nach B und dann wieder von B nach A pusten. Oder zurück in den Wald, der dann die trockenen Blätter beim nächsten Windstoß mit herzlichen Grüßen zurückweht.

Der Mann muss ein unverbesserlicher Optimist sein, denn über seinem Grundstück hängt eine gefühlte Million herbstlicher Blätter nur noch an einem seidenen Faden, bereit jederzeit herunterzusegeln.

In diesem Naturpark haben wir wirklich keinen Laubbläser erwartet, denn – ganz abgesehen davon, dass einem die Ohren abfallen – weiß man ja, dass diese Geräte auch Kleintieren und Insekten großen Schaden zufügen.

Kopfschüttelnd fahren wir weiter.

Als wir den dichten Wald verlassen, folgen wir dem Fluss, der eine ganze Weile dicht neben der Biberstraße verläuft. Sogar in Google Maps, einer Landkarte, die wir gerne zu Hilfe nehmen wenn unsere Karten nicht detailliert genug sind, konnten wir den Namen dieses endlos langen Gewässers nicht finden.

Wir beschließen, über Rawdon wieder zum Lorenzstrom, genauer gesagt nach Trois-Rivières zu fahren. Und bei Rawdon soll es, laut unserem Campingführer, den außergewöhnlich schönen »Parc des Cascades« geben. Wasserfälle ziehen mich immer magisch an. Auch wenn meine Ansprüche nach dem Besuch in Niagara deutlich gestiegen sind …

Wir kommen an vielen kleinen Seen vorbei. Die meisten kann man gar nicht erreichen – *no trespassing* – oder man kann sie nur vom Straßenrand aus sehen. Dann steht *private* an einer Schranke oder an einem Gatter. Auch sieht man immer wieder zu Häusern umfunktionierte Wohnwagen in einem Garten. Die Räder sind so gut verkleidet, dass man zweimal hinsehen muss, weil nur die schmale Form den Wohnwagen verrät. In seltsamem Kontrast stehen neben den so gewonnenen einfachen Häusern teure, blitzblank polierte Pickups.

Wir können langsam verstehen, warum unser Fahrzeugvermieter Angst vor Diebstahl hat. Hier in diesen abgelegenen Weilern beispielsweise würde sich jede Spur schnell verlieren.

Unser Weg führt wieder durch dichten Wald. Zwischen den rot leuchtenden Ahorn- und Essigbäumen stehen unzählige blaue Mülltonnen am Straßenrand. Die allein vermitteln uns ein Gefühl für die große Anzahl der Anwohner, obwohl man nur ganz sporadisch ein Haus durchschimmern sieht.

Am Campingplatz »O Cascades de Rawdon« empfängt uns eine fröhliche Bärenfamilie. Sonst niemand. Zwei Bärenbabies klettern beherzt am Schrankenhäuschen hoch, als wir draußen parken. Die hölzerne Bärenmama sieht sich das Geturne etwas besorgt an und lässt uns unbehelligt durch die offene Schranke passieren.

Über einen schmalen Weg gelangen wir zu einigen Zeltplätzen am Wasser, einer zauberhafter als der andere. Ein dichter Laubteppich bedeckt überall den Boden. Tief hängen die gelben Äste über den verlassenen Holzbänken. Auch die Feuerstellen sehen aus als seien sie schon lange erkaltet.

Nirgends ein Lebenszeichen.

Der Ort ist einfach märchenhaft und hält uns eine ganze Weile gefangen.

Als wir zum Hauptweg zurückschlendern, kommt uns ein schwarzer Pickup entgegen. Die Fahrerin winkt aus dem offenen Fenster und macht uns freundlich darauf aufmerksam, dass das Camp für Wohnmobile nicht zugängig ist. Nur für Zelte und kleine Pkws. Und außerdem sei uns sicher nicht entgangen, dass man bereits geschlossen habe.

Wir fragen, ob man irgendwo die Wasserfälle ansehen könne. Ja, gegenüber – auf der anderen Seite der Brücke - sei noch ein Campground, erklärt die junge Frau uns. Der gehöre ihr gleichermaßen. Wir dürfen gerne dort parken und uns kurz umsehen.

So machen wir das.

Vom Parkplatz windet sich ein holpriger Pfad durch den Wald - und unten erwartet uns ein kleines Paradies.

Im dunkelblauen, sanften Wasser räkeln sich, Urzeitechsen gleich, riesige flache Felsen in der Sonne. Die grauen, vernarbten Rücken zeugen von alten Zeiten, von vergessenen Völkern und von vergangenem Leben.

Wie kunstvoll gestaltete Runen bilden die Risse und Kerben feine Muster, die im leisen Murmeln des Flusses Geschichten von Glück und Leid erzählen.

Dann öffnet sich der Fluss zum See.

Wie Wildpferde bäumen sich die Granitbrocken kurz auf, eine ungestüme Herde, die leicht ins Stocken gerät. Das

Wasser schäumt unter den steinernen Hufen hoch auf - dann sprudelt es sanft in den See hinunter.

Spiegelglatt liegt der Lac Pontbriand mit seinen kleinen Inseln jetzt vor uns. Das Ufer ist von dunkelgrünen Kiefern und feuerroten Ahornbäumen gesäumt.

Nur schwer können wir uns von dem Anblick loslösen. In einem Traum aus Farben und Licht machen wir uns schließlich wieder an den kurzen Aufstieg über den Hang.

Als wir oben zwischen den dichten Bäumen auftauchen, steht der schwarze Pickup in der Einfahrt. Die Besitzerin scheint ringsum alles winterfest zu machen.

Plötzlich hüpft völlig unerwartet ein ziemlich dicker Labrador von der Ladefläche und springt – ganz der wütende Hütehund – laut bellend auf mich zu.

Nun glaube ich, dass Hunde – im Gegensatz zu manchen Menschen – nie wirklich böse sind. Also strecke ich dem Tier beide Handflächen entgegen, gehe in die Hocke und säusle zuckersüß: »Was bist du denn für ein Hübscher?«

Der Hund bremst vor meinen Knien ab und schaut mich völlig verdutzt an. Ich kraule ihn sehr, sehr vorsichtig hinter den Ohren. Und dann passiert es. Patsch! Er fällt um. Der schwere Hund dreht sich auf den Rücken, streckt alle viere in die Luft und mir seinen Bauch zum Streicheln hin.

Na, das wäre geklärt.

Die Hundebesitzerin ist inzwischen hinzugeeilt. Wir lachen alle ganz herzhaft, während sich unser neuer Freund genussvoll im trockenen Laub wälzt.

Die junge Frau kann uns nur bestätigen, dass es hier sehr schwer ist, ans Wasser zu gelangen. Alle Grundstücke seien im Privatbesitz, und der Fluss nicht durch öffentliche Pfade oder Waldwege zugängig.

Unser Anliegen in diesem wunderbaren, herbstlich ge-färbten Wald spazieren gehen zu wollen, erstaunt sie geradezu.

»Hier geht so etwas nicht«, meint sie kopfschüttelnd in reinstem Französisch. »Wir haben hier keine Wanderwege. Die Leute kommen zum Schwimmen, zum Kanufahren, zum Zelten. Wer wandern will, muss in die Nationalparks fahren.«

Tja, da kommen wir gerade her. Zwischendurch auf der Fahrt mal die Füße vertreten ist wirklich nicht einfach.

Wir bedanken uns, dass wir die Kaskaden aus der Nähe betrachten durften, schmusen den Hund noch einmal ganz fest und starten wieder los.

Über Saint-Jaques, vorbei an endlosen Maisfeldern und kleinen Bauernhöfen, nähern wir uns erneut dem Lorenzstrom. Um Montreal haben wir einen breiten Bogen geschlagen.

An einem Autobahnrastplatz mit Kaffees und einer Touristeninfo machen wir Pause.

Im Informationsbüro bekommen wir einen Stadtplan von Trois-Rivières und die Angestellte zeichnet uns netterweise mit rosarotem Filzstift die besten Parkmöglichkeiten für das sperrige Wohnmobil ein.

Wir haben in unserer Broschüre ja schon feststellen können, dass die meisten Campingplätze bereits im September schließen. Im ganzen Umkreis hat nur noch einer wenigstens bis morgen auf, und den umständlichen Weg dorthin markiert uns die junge Frau auch noch. Rosarot. Das finden wir.

Trois-Rivières ist eine strahlende Stadt.

Tatsächlich reihen sich Autowerkstätten und Industriegebäude in der Rue Saint Philippe bunt aneinander, und unser Wohnmobil fällt hier nicht im Geringsten auf. Parkplätze gibt es noch und nöcher, der Tipp der Touristeninfo war wirklich gut. Und von dem Gewerbegebiet, in dem wir parken, kann man das Zentrum ganz leicht zu Fuß erreichen.

Schon nach wenigen Minuten wechseln hübsche Holzhäuser und rote Ziegelbauten die schlichten Lagerhallen ab. Die Gebäude sind nur ein bis zwei Stockwerke hoch und wirken nett und gemütlich. Die oberen Stockwerke sind, im Gegensatz zu unserer Bauweise, immer über eine Außentreppe zu erreichen. Weiß lackierte Holztreppen, schwarze Eisentreppen, schmale und breite Geländer prägen das Aussehen jedes einzelnen Hauses auf besondere Weise.

Im Hafen liegt strahlend unter der Mittagssonne die »Silver Whisper«, ein riesiges, elegantes Kreuzfahrtschiff.

Neben einem rot-weißen Bilderbuch-Leuchtturm bleiben wir an der Hafenmauer stehen und blicken auf den majestätisch dahinfließenden azurblauen Lorenzstrom.

Der Fluss ist hier ganz besonders breit. In der Ferne sehen wir die wunderschöne Autobahnbrücke, die sich trotz ihrer Größe filigran über das schimmernde Wasser spannt. Die Eisenbrücke ist weit über einen Kilometer lang und wirkt dennoch zierlich und schmal mit dem schön geschwungenen Bogen in der Mitte.

Durch einen kleinen Park gehen wir ins Zentrum. Hier stehen wunderhübsche Stadtvillen aus roten und braunen Ziegeln, zu denen die weiß lackierten Holztreppen und Balkone einen sehr reizvollen Kontrast bilden.

Diese Stadt ist lebendig und strahlt Lebensfreude aus. Kaffees und Restaurants laden an jeder Ecke zum Verweilen ein und es gibt unzählige Kunstgalerien.

Die Ausstellungen zeigen fast ausschließlich Künstler aus Québec. Wir betreten die Galerie d'Art du Parc, nicht nur um die Werke des Malers Guillaume Massicotte zu bewundern, sondern auch um eines der Häuser einmal von innen sehen zu können.

126

Alle Zimmer der Villa sind sehr liebevoll in Ausstellungsräume umgestaltet worden und die Parkettböden glänzen im Licht der Scheinwerfer. Die alten Kamine sind weiß gestrichen und dienen der Präsentation kleiner Kunstwerke.

Eine schwarze, über viele Jahrzehnte ausgetretene Holztreppe führt in den ersten Stock.

Das Haus war sicher als Privatwohnsitz einmal sehr gemütlich.

Es war schön, einen kleinen Einblick in das Innenleben von Trois Rivières zu bekommen.

Wir gehen weiter die Straße entlang und kommen direkt zu der neogotischen Kathedrale Assomption mit ihren grün schimmernden Turmspitzen. In dem kleinen Park vor der Kirche strahlen die Bäume in den kräftigsten Rottönen und auf einem Ast über mir turnt ein freches schwarzes Eichhörnchen.

Durch den hübschen städtischen Garten gehen wir langsam zurück in Richtung Parkplatz.

Als wir über die belebte Rue des Forges gehen, merken wir plötzlich, wie hungrig wir sind. Vor lauter Gucken und Staunen haben wir das Essen ganz vergessen.

Für die vielen eleganten Restaurants sind wir heute definitiv nicht passend gekleidet, daher sticht uns der irische Pub »Le Trèfle« - das Kleeblatt – ins Auge. Das Pub-Essen ist zwar nicht sehr anspruchsvoll, aber meist schlicht und lecker, und in Jeans und Sweatshirt werden wir uns hier auf keinen Fall deplatziert fühlen.

Die typisch dunkle Einrichtung ist sehr gemütlich. Da wir die einzigen Gäste sind, setzen wir uns gleich an die Theke.

Vor uns thront ein grün gekleideter Porzellankobold mit einem riesigen Zylinder auf dem Kopf und einer Harfe in der rechten Hand auf einem Regal.

Eine ganze Parade irischer Whiskeyflaschen umringt den kleinen Mann wie ein Chor und zeugt von geselligen

Zusammenkünften: *Knappogue Castle, Redbreast, Midleton, Kilbeggan, The Irishman 12* … – unzählige liebevoll beschriftete Flaschen, die von der fernen Heimat erzählen, und deren Duft, wenn man sie öffnet, sicher viele Erinnerungen wachruft.

Vor uns ragen die wunderschönen für Pubs typischen Zapfhähne aus dem Tresen, aber die Biere sind uns eher unbekannt: *St. Ambroise* – mit Himbeeren auf dem Bild oder das *Trèfle Blonde*. Wir bestellen folglich eines das wir aus England kennen: *1664 Kronenbourg*.

Der Barkeeper, ein außergewöhnlicher Typ mit langen grauen Haaren, fragt uns, während er den Zapfhebel herunterdrückt, ob wir eine Orangenscheibe ins Bier möchten. Das finden wir ziemlich schräg, und verneinen ganz entschieden. So ein Quatsch! Man sieht uns offenbar nicht an, dass wir aus Bayern kommen.

Als der Mann in die Küche geht, um unseren Irish Stew zu ordern, prosten wir uns zu.

»Auf Qébec und den Lorenzstrom!«

Prüfend halte ich mein Glas gegens Licht. Das Bier schmeckt, als würde doch eine Orangenscheibe drin schwimmen. Da ist aber nichts.

Als der Barkeeper zurückkommt, frage ich ihn, ob ich mir den fruchtigen Geschmack nur einbilde.

»O nein«, meint er erstaunt, »das Bier ist ja bereits mit Orangensaft versetzt. Deswegen heißt es auch 1664 *blanc*!«

Den Schriftzug »blanc« sehe ich jetzt auch, obwohl ich »weiß« nicht mit Orangen in Verbindung gebracht hätte.

»Hier trinken wir das Bier so«, erklärt der Barkeeper, als er unsere verblüfften Mienen sieht. »Wir haben sogar drei verschiedene Geschmacksrichtungen. Und im *Blanc* mögen die Leute gerne zusätzlich eine Orangenscheibe. Soll ich ihnen jetzt vielleicht doch eine reintun?«

»Na gut«, grinse ich verschmitzt und halte ihm das Glas hin. »Noch schlechter kann es ja nicht werden!«

»Das war der beste Spruch heute«, lacht der Mann und lässt eine dünne Orangenscheibe in mein Glas fallen.

Hmmm, sehr viel schlechter schmeckt es wirklich nicht …

Das Irish Stew ist köstlich und zum Abschied bekommen wir unsere Bierdeckel geschenkt. »1664 blanc«, … Das werden wir ganz sicher nie vergessen!

Die Straße zum Parkplatz finden wir leicht wieder.

Es ist schon seltsam. Für einige tausend Menschen spielt sich in dieser Stadt der Alltag ab. Sie sind hier geboren, zur Schule gegangen, sie arbeiten hier. Jede Ecke, jede Ampel, jedes Café, der Fluss, die kleinen Parks – alles ist ihnen vertraut. Wir hingegen huschen nur ein paar Stunden durch. Von einem Bruchteil dieses ganz normalen Tages nehmen wir unvergessliche Bilder und Eindrücke mit nach Hause, von den Menschen aber wissen wir gar nichts.

Von dem irisch-kanadische Barkeeper mit den markanten Zügen und den lässig nach hinten gekämmten grauen Haaren, haben wir ein Foto gemacht. Er wird in unserer Erinnerung immer das Gesicht von Trois-Rivières bleiben. So wie unser Freund Tom von der Chi-Cheemaun für uns immer das Gesicht von Manitoulin Island sein wird, oder Kay das Gesicht von Ottawa.

Die drei haben keine Fotos von uns. Wir sind nur einen kurzen Moment in ihrem Leben aufgetaucht, nach zwei Tagen wissen sie vermutlich kaum noch, wie wir aussahen und in ein paar Wochen haben sie uns vielleicht schon ganz vergessen.

Der Himmel verfärbt sich bereits rosaviolett, als wir im dichten Stadtverkehr den Saint-Maurice-Fluss überqueren und landeinwärts zum Campingplatz La Rochelle fahren.

Hier sieht alles recht desolat aus. Das Camp schließt morgen offiziell, obwohl man auch hier noch eine Woche für die

Festparkenden verlängert. Da darf man nicht mehr allzu viel erwarten.

Der triste Eindruck entsteht aber auch durch die vielen Maschendrahtzäune und die steinigen, ungepflegten Stellplätze. Irgendwie ein liebloses Gesamtbild.

Hier sehe ich zum ersten Mal Duschen ohne Wasserhähne. Man muss Münzen einwerfen, um Wasser zu bekommen, kann aber die Wärme nicht regulieren. Dementsprechend ist das Wasser auch nur knapp lauwarm, obwohl es jetzt abends schon recht kalt ist.

Alles ist so ungemütlich, dass wir nicht einmal ein Lagerfeuer machen. Und das will etwas heißen, denn als frisch gebackene Kanadier ist uns das bereits zu einer sehr lieben Gewohnheit geworden. Georg trägt inzwischen sogar, passend zu dem kleinen Ritual, eine waschechte Holzfällerjacke mit schwarz-rotem Karomuster. Von Mr. Walmart. Nur am Hinken müssen wir noch ein bisschen arbeiten, aber wenn wir lange genug im Auto gesessen haben, kriegen wir das auch noch hin.

Am nächsten Morgen ist gar kein Wasser mehr da. *Rien*. Gut, dass wir unsere Vorräte regelmäßig aufgefüllt haben, sodass wir immer ein paar Tage unabhängig sind.

Wir breiten unsere Landkarte aus.

Der »Parc National de la Mauricie« mit seinem Tierschutzgebiet wäre ein schönes Ziel gewesen, aber es gibt dort nur zwei Campingplätze und beide haben bereits geschlossen. Die vergangene Nacht – alleine im Quareau Wald - sitzt mir noch in den Gliedern und ich kann meinen Wunsch nach einer belebteren Gegend durchsetzen. Ich möchte wieder zum Fluss.

Der breite, majestätische Lorenzstrom hat mich absolut in seinen Bann gezogen.

Die Landschaft um Trois Rivières ist flach und lieblich.

Wir fahren die knappen achtzig Kilometer auf der Autobahn. Rechts säumen lichte Birkenwäldchen die Straße. Ein Schild weist auf die erhöhte Gefahr hin, dass Elche den Weg kreuzen könnten.

Wir sind entsprechend vorsichtig und ich spähe angespannt zwischen die jungen Bäume mit ihren schmalen weißen Stämmchen. Am helllichten Tag mache ich mir nicht allzu viel Hoffnung, aber die Stelle, an der wir den Elch im Algonquin Park gesehen haben, sah ganz ähnlich aus.

»Ein Elch!«, schreie ich begeistert. »Nein zwei! Nein drei!«

Ich bin völlig aus dem Häuschen. Da stehen sie zwischen den Bäumen ganz nah am Straßenrand. Zwei große Weibchen und ein Männchen mit einem eleganten, ausladenden Geweih. Ruhig kauend stehen sie unbeweglich da. Zum Glück sieht mein Mann sie auch, sonst hätte er womöglich behauptet ich bilde mir das nur ein.

Und schon verschwinden sie aus unserem Blickfeld. Das war wunderbar, obwohl wir nur einen kurzen Blick auf die Tiere erhaschen konnten. Aber umdrehen kommt für uns nicht infrage und wir wollen die Elche auch nicht in Gefahr bringen, indem wir am Straßenrand halten. Das hier ist ja kein Nationalpark.

Ich suche immer wieder die vorbeiziehenden Birken ab, doch das wird wohl ein einmaliges Erlebnis bleiben.

Nach einer Stunde sind wir am Ziel.

Der Lorenzstrom.

Tausende silbern blitzende Tupfen tanzen in der gleißenden Vormittagssonne auf dem Wasser. Vielleicht kann man hier ja auch endlich einmal als Normalbesucher bis ans Ufer gehen.

In der Umgebung gibt es nur einen Campingplatz, der bis Mitte Oktober auf ist. Der Name – und die Beschreibung in unserer schlauen Broschüre– verspricht einen atemberaubenden Ausblick über den Fluss.

Die Straße zum »Panoramique« führt steil den Hang hinauf. Auf dem großen Vorplatz steht ein abgeschlossenes Bürohäuschen an einer ebenfalls geschlossenen Schranke.

Etwas ratlos steigen wir aus, als eine Gestalt zwischen den riesigen aufgebockten Wohnwagen auftaucht und uns mit der Hand ein Zeichen macht, dass gleich jemand kommt.

Der Mann, der uns gleich das Büro aufsperrt, kommt auf einem Golfwagen angebraust. Das ist sicher praktisch auf dem weitläufigen Gelände.

Wir dürfen übernachten, obwohl wir die allerletzten Gäste sind, und bekommen einen Platz unter einem Ahornbaum zugewiesen, der so wunderbar in allen Rottönen erstrahlt, dass sich der Aufenthalt hier schon nur wegen dieses einen Baumes lohnen wird.

Neben uns rechen einige Arbeiter das dichte Laub zwischen den menschenleeren Trailern zusammen und kippen es auf einen schwarzen Pickup.

Den fantastischen Panoramablick auf den Lorenzstrom können wir auf dem Rückweg zum Büro noch nicht finden. Seite an Seite stehen ansehnliche Wohnwagen in Reih und Glied. Manche stehen auf grauen Ziegelsteinen, andere auf Eisenstützen. Die meisten sind von kleinen Gärten oder Holzveranden umgeben und die Grundstücke sind durch regelrechte Zäune abgegrenzt.

Die Fahrzeuge sind auch hier zum Teil so verkleidet worden, dass sie wie schmale Häuser aussehen. *Retreat*, *Brookside* oder *Pilgrim* steht auf den Kolossen, in die bequem eine Großfamilie passen muss.

Die Straßen sind nach Bäumen und Blumen benannt und der Gesamteindruck ist der einer wohlhabenden, aber verlassenen Kleinstadt.

Hier dürften im Sommer nur wenige Durchreisende einen Platz finden.

Am Schrankenhäuschen fragen wir, wie wir von hier aus am besten zum Fluss gelangen und ob man am Ufer wandern kann oder, ob auch in dieser Gegend alles privat ist.

Der Angestellte lacht. Hier könne man überall wandern, meint er mit einer ausladenden Geste. Nichts sei privat am Ufer. *Rien.* Und in zehn Minuten können wir den Weg zur Marina von Portneuf zu Fuß locker schaffen. *Sans problème.* Ein Katzensprung.

Das hört sich sehr gut an und wir marschieren auch gleich los. Den steilen Hang hinunter und dem Lorenzstrom entgegen.

Was dann aber doch ein ganzes Stück ist ...

Unten an der Kreuzung steht eine Konditorei, die auf Reklametafeln mit frischen Croissants wirbt. Warme Hörnchen wären toll und passen natürlich wunderbar zum französischen Flair Québecs.

Hoffnungsvoll öffnen wir die Tür - und finden uns im sterilen Raum einer Notaufnahme wieder. Na ja, nicht direkt Notaufnahme, denn hier ist nichts los. Aber die Krankenhausatmosphäre ist unverkennbar. Wir fragen, was es denn mit den frischen Croissants auf sich habe. O, die ... die seien tiefgefroren und nur im Vorratspack erhältlich.

Aha. Das meint man also mit frisch. Schön frisch gefroren. Es duftet auch nicht nach Gebäck. Kann es ja gar nicht.

Enttäuscht überqueren wir zuerst die Straße und dann einen Bahnübergang.

Wir sehen das breite blaue Band zwar schon durch die Büsche schimmern, aber aus einem wunderbaren Frühstück am Ufer des Lorenzstroms wird wohl nichts.

Nein. Wir landen wieder einmal direkt auf einem Privatgrundstück: »Entrée interdite - privé!«

Das kennen wir doch schon aus Ontario. Überall Schranken, Zäune und Ketten. Auch hier gibt es kein Durchkommen. Das Ufer ist fest in privater Hand.

Wir folgen eine ganze Weile einem Fußweg neben der Hauptstraße, bis ein Schild darauf hinweist, dass es hier tatsächlich eine öffentliche Marina gibt. Allerdings in zwei Kilometern. Immer geradeaus.

Der Mann im »Panoramique« hatte definitiv einen schrägen Humor.

Ziemlich sauer drehen wir um und holen unser Auto.

Inzwischen ziehen dicke Wolken am Himmel auf. Wir sind froh, dass wir den weiten Weg nicht mehr zu Fuß gehen müssen, denn als wir über eine schmale Landzunge zu dem kleinen Yachthafen fahren, weht bereits ein kräftiger Wind. Rechts und links von dem Steg wachsen wildromantische Schilfteppiche im seichten Wasser. Weiße Wasservögel tummeln sich zwischen den langen Halmen und picken nach Nahrung. Möwen flattern kreischend auf.

Der kleine Pier ist leer. Alle Yachten und Boote sind wohl schon winterfest gemacht und an Land gezogen worden.

Einige Stufen führen zu einem hübschen Holzhaus mit einem kleinen Turm. »Restaurant La Perle du St-Laurent« steht auf dem blaugrünen Schild.

Ein Kaffee wäre jetzt herrlich, doch von außen sieht alles dunkel und geschlossen aus.

Ohne allzu große Hoffnung drücke ich die Klinke herunter und, wie erwartet, passiert gar nichts. Aber dann entdecke ich einen Knopf an der Messingklinke. Sicherheitshalber drücke ich den auch noch und - siehe da - die Tür öffnet sich.

Drinnen ist es hell und gemütlich. Eine Gaststube mit einem ganz nordischen Ambiente. Hohe Sprossenfenster bieten eine wunderbare Sicht auf den Hafen und auf den breiten Fluss.

Bilder mit Segelschiffen und Szenen aus dem Leben der Seeleute schmücken die Wände über den kleinen viereckigen Tischen mit den blütenweißen Tischdecken.

Die Wolken hängen inzwischen tief über dem Wasser und es fängt an zu regnen.

Wir wärmen uns mit einem heißen Kaffee auf und beschließen in Anbetracht des immer stärker werdenden Regens, gleich zum Mittagessen hierzubleiben.

Das Restaurant sieht vertrauenswürdig aus, keine Fastfoodatmosphäre, also gehen wir das Wagnis ein. Es ist zwar noch ein bisschen früh, aber extra zurückfahren lohnt sich jetzt auch nicht mehr.

Gegen zwölf Uhr kommen auch einige – ziemlich durchnässte - Gäste aus dem Ort herein und die kleine Stube füllt sich rasch. Der Klang von Gläsern, Stühlerücken, leises Lachen - gleich ist die Stimmung viel behaglicher.

Im »La Perle du St.-Laurent« gibt es mehrere Menus zur Auswahl und wir wählen dem Land zu Ehren »Jambon au sirop d'érable - Schinken mit Ahornsirup«.

Die Gemüsesuppe ist heiß und gut. Der Schinken entpuppt sich leider als eine Art völlig vertrocknetes Kassler Rippchen mit einem Löffel verdünntem Honig.

Nicht was der Name verspricht. Das Kartoffelgratin ist auch noch zur Hälfte tiefgefroren. Was darauf hindeutet, dass hier nicht frisch gekocht wird. Oder gar nicht gekocht wird. Die Suppe war nämlich so gut, dass sie vermutlich in einer Dose gewachsen ist – damit kenne ich mich inzwischen aus.

Nein, mit der kanadischen Küche haben wir es wohl nicht so.

Schon bald prasselt der Regen so heftig herab, dass man den Himmel vom Fluss nicht mehr unterscheiden kann. Der Lorenzstrom scheint an der Oberfläche zu kochen. Graue Gischt sprüht auf und schäumt an die Hafenmole.

Wir machen uns auf den Heimweg. Heute wird das wohl nichts mehr mit einer Wanderung.

Regengetränkte Windböen fegen durch den Campingplatz und rütteln an den Bäumen über unserem Wagen. Tief hängende Äste peitschen und kratzen über das Dach, als wir die Heizung einschalten und uns gemütlich ans Fenster setzen. Weit und breit ist kein Mensch zu sehen.

Wir nutzen das schlechte Wetter, um uns im Internet ein bisschen über die Gegend zu informieren. Der Reiseführer über Ostkanada, der uns von der Reiseagentur als Geschenk überreicht wurde, wird auch endlich einmal in Ruhe durchgeblättert.

Draußen im Park tobt ein heftiger Sturm. Die Baumstämme heben sich tiefschwarz gegen das gelbe Laub ab. Ausgelassen wirbeln die Blätter durch die Luft, bevor sie sich in einem dichten Teppich auf dem nassen Rasen sammeln.

Das Lagerfeuer wird heute Abend wohl ausfallen ...

Als wir am frühen Morgen die Rollos hochziehen, strahlt eine blasse Oktobersonne über den Platz. Nur wenige weiße Wölkchen ziehen über den reingewaschenen Himmel, nichts zeugt mehr von dem nächtlichen Unwetter.

Wir machen einen Spaziergang durch das ausgestorbene Camp.

Jetzt erkennt man erst, wie groß diese Anlage ist. Vor manchen Trailern stehen sogar gusseiserne Straßenlaternen. Die Vorgärten sind gefliest und bequeme Stufen führen zu den Eingängen der Wohnwagen.

Die Anlage endet an einer weiten Wiese. Das kurz geschnittene bereits leicht angefrorene Gras dampft in der Morgensonne, als wir den Rasen überqueren.

Und hier ist er endlich: der »Panoramique« - der hinreißende Blick über den Fluss.

Das Betreten des Allerheiligsten ist allerdings normalerweise nur Clubmitgliedern vorbehalten.

Ja, ein großes Schild weist darauf hin, dass wir uns auf einem Golfplatz befinden. Und der Panoramablick ist nur für die Golf spielenden Vereinsmitglieder gedacht. Aber so wie der Campingplatz aussieht, leben hier im Sommer vermutlich sowieso nur Clubmitglieder. Besucher wie wir dürften eher die Ausnahme sein.

Keine Menschenseele weit und breit: Die Schranke steht gespenstisch weit offen, als wir uns wieder auf den Weg machen.

Da wir leider auch in Québec den Wagen nicht unbeaufsichtigt auf einem Parkplatz stehen lassen dürfen, haben wir uns als Nächstes für *St-Augstin-de-Desmaures*, einen Ort vor den Toren der Stadt, entschieden.

Wir folgen der Route 138 immer den Fluss entlang und halten in Neuville zum Tanken.

Während mein Mann zahlen geht, beobachte ich interessiert einen alten Herrn – natürlich mit dem obligatorischen kanadischen Käppi – der sich mit einem Schlüssel an einem großen Metallgestell zu schaffen macht. Beim näheren Hinsehen erkenne ich, dass es sich um eine Vorrichtung mit etwa sechzig schmalen Briefkästen handelt. Der Mann öffnet sechs oder sieben Türchen, entnimmt den Inhalt und verschließt die Kästen dann wieder gewissenhaft. Mit einem Bündel Briefen in der Hand kehrt er zurück zu seinem Auto, das mit weit geöffneter Fahrertüre am Straßenrand auf ihn wartet.

Ich freue mich über diesen ganz unerwarteten Einblick in das Leben einer Dorfgemeinschaft, in der man sich gegenseitig hilft und vertraut. Mal fährt der Eine, mal der Andere, so wird man sich wohl unter Nachbarn in den übers Land verstreuten Häusern zur Hand gehen und sich kleine Verrichtungen abnehmen. Außerdem sieht man sich und erfährt natürlich alle wichtigen Neuigkeiten.

In Italien könnte man sich beim Verteilen der Post nur mit unzähligen Tässchen »caffè« von Haus zu Haus durcharbeiten …

Wir brauchen nur eine knappe halbe Stunde bis Saint-Augustin.

In unserer Broschüre haben wir das »Camping Juneau« ausfindig gemacht und stehen nun vor der Rezeption.

Eine sehr freundliche Dame teilt uns sogleich einen Platz im vorderen Bereich zu. Der Rest ist sozusagen bereits winterfest und abgeschlossen, obwohl wir eher einen herbstlichen Märchenpark betreten. Die Ahornbäume leuchten rosarot und orangefarben in der warmen Sonne und der Weg durch das Gelände ist unter einem dichten Teppich aus duftendem Laub verborgen.

Der Platz ist sehr groß und wir wandern durch die leeren Stellplätze bis zum Seeufer. Holzhütten und Chalets mit kleinen Vorgärten stehen einsam und verträumt in der Sonne. Der Blick auf den Lac Saint-Augustin muss während der Saison wunderschön sein. Hier und da liegt ein umgekipptes Kanu, vergessener Zeuge eines fröhlichen Treibens.

Auf der anderen Seite des Sees stehen etliche Villen. Dort sind die Bäume und Sträucher noch fast sommerlich grün.

Ein kleines Wasserflugzeug parkt an einer Anlegestelle. Auf einer Bank sitzt ein altes Ehepaar mit einem goldbraunen Labrador und genießt die Wärme und die Ruhe. Die letzten Besucher außer uns.

Während wir am Wohnmobil Wasser und Strom anschließen, kehren auch die Hundebesitzer zurück. Ihr Trailer ruht neben unserem Platz auf einem Pickup, den man abkoppeln kann. Sie erzählen, dass sie auf dem Land wohnen und ab und zu nach Québec City fahren, um ein wenig Abwechslung zu haben. Und sie gehen abends auch gerne mal chic aus. Dann lassen sie den Anhänger hier stehen und fahren mit dem Pickup in die Stadt. Auf diese Weise können sie das Parkplatzproblem umgehen und müssen trotzdem kein teures Hotel zahlen. Denn schon normale Parkplätze seien in Québec schwer zu finden, aber mit einem Wohnmobil habe man nicht die geringste Chance.

Ja, genauso hatten wir uns das auch vorgestellt: einen Campingplatz zu finden, der nah an der Stadt liegt.

Das Internet funktioniert hier wunderbar und wir googeln erst mal ein paar Informationen über die Altstadt.

Dann fragen wir an der Rezeption nach einem Verkehrsmittel, das uns ins Zentrum bringen kann.

Die Busse Nr. 92 und 95 halten direkt vor dem Campingplatz an der Hauptstraße. Die Empfangsdame meint, wir werden wohl eineinhalb Stunden brauchen, bis wir in der Stadt sind. Mit einem Taxi seien es nur gute zwanzig Minuten … Da brauchen wir nicht lange zu überlegen.

Wenige Minuten später fährt ein Wagen in den Hof und der Taxifahrer hält uns die Tür auf.

Wir möchten direkt in die Altstadt: »au Centre-Ville, Vieux- Québec, s'il vous plaît!«

»Avec plaisir!«, lautet die höfliche Antwort.

Québec empfängt uns mit überdimensionalen Straßenlaternen, die sich mit knallbunten Lampenschirmen
bogenförmig über die Avenue Cartier spannen. In allen
kanadischen Städten und Orten ist Kunst in jedweder Form
lebhaft, quirlig und mit immensem Farbenreichtum zu
spüren.

Hübsche Stadtvillen und gemütliche Kneipen säumen die
Straße zum »Château Frontenac«. Hier strahlen die Häuser
eine eher klassische Eleganz aus. Fast alle sind aus Stein oder
rotem Ziegel erbaut, mit gemütlichen Erkern und den
obligatorischen weiß gestrichenen Holzgeländern.

Als wir an der »Place d'Armes« aus dem Taxi steigen, türmt
sich das Schloss in seiner ganzen imposanten Größe vor uns
auf. Zutiefst beeindruckt folgen wir dem mächtigen Bauwerk
bis zur *Terrasse Dufferin*.

Und mit dem ersten Schritt auf die Terrasse treten wir, wie
durch einen unsichtbaren Vorhang, in eine Atmosphäre der
Jahrhundertwende ein, mit zierlichen Parkbänken und grün-
weiß gestreiften Pavillons auf kunstvoll gestalteten Kunst-
schmiedesäulen.

Der Ausblick über den Sankt-Lorenz-Strom, die
Einmündung der Rivière Saint-Charles, die gegenüberliegende Stadt Lévis und die Spitze der Île d'Orléans ist
schlichtweg atemberaubend.

Schweigend stehen wir nebeneinander und schauen über
die tief unter uns gelegenen bunten Dächer der Altstadt
hinweg auf den breiten Fluss, auf die Stadt und auf die sanft
gewellten Hügel am Horizont.

Als wir uns endlich von dem traumhaften Panorama
losreißen und uns wieder umdrehen, offenbart sich erst die
wahrhaftige Größe des »Château Frontenac«.

Ein Kolossalbau mit unzähligen Türmen, Spitzen und Kupferdächern entfaltet sich vor unseren Augen. Und wir treffen ganz unerwartet an dieser Stelle einmal wieder auf die *Canadian Pacific Railway Company*: Für die ist dieses wunderbare Schloss 1893 nämlich errichtet worden. In Ottawa hatten wir ja schon die große Ehre über die »Royal Alexandra Brücke«, die von ebendieser Eisenbahngesellschaft um 1900 gebaute wurde, fahren zu dürfen.

Kaum zu glauben, aber die gewaltige Konstruktion steht auf einer Stelle, an der schon einmal ein anderes Schloss über dem Lorenzstrom thronte. Ja, das im achtzehnten Jahrhundert gebaute »Château Haldimand«, stolzer Sitz des Gouverneurs von Québec, wurde 1892 kurzerhand abgerissen, um Platz für diesen neuen Palast zu schaffen.

Inzwischen ist das neue Schloss allerdings, wie so viele seiner Artgenossen, in ein Luxushotel umfunktioniert worden.

Wir schlendern gemütlich über die breite Terrasse und gelangen zu einer steilen Holztreppe, die zur Zitadelle hinaufführt.

Der Ausblick belohnt uns reichlich, während wir uns die Stufen hinaufkämpfen. Und ein Schild erwähnt lobend, dass wir am Ende des Aufstiegs die 310 Stufen des 655 Meter langen »Governor's Walkway« bewältigt haben.

Ein kalter Wind weht vom Fluss herüber, als wir langsam zurückgehen. Wie Puppenhäuser heben sich die zierlichen Gebäude unten am Hafen gegen die mächtigen Kreuzfahrtschiffe ab, die, erstarrten Walen gleich, an der Mole vor Anker liegen.

Eine feingliedrige junge Frau tanzt verträumt einen Reigen vor dem Schloss.

Aber ja, es ist *Alice*, die mit anmutigen Bewegungen ein Springseil über ihr blumenbedecktes Haupt schwingt. Und auch wir gehen durch einen Hauch von Wunderland in dieser herbstlichen *Fin-de-Siècle*-Stimmung.

Salvador Dalís »Alice au pays des merveilles« rundet auf wunderbare Weise die märchenhafte Erscheinung des »Château Frontenac« ab.

Wir haben Glück, denn die Dalí-Picasso-Ausstellung läuft nur noch bis Ende Oktober. Und für schlappe zweieinhalb Millionen Dollar könnten wir die bezaubernde junge Dame sogar mit auf die Reise nehmen ...

Zuerst wollen wir aber noch die Altstadt besichtigen, von der schon der Besitzer des Campgrounds in Rockport und unsere neuen Nachbarn in Saint-Augustin so sehr geschwärmt haben.

Ein kurzes Stück fahren wir mit der *Funiculaire*, um die kleine Zahnradbahn einmal auszuprobieren, und unten empfängt uns dann tatsächlich die Atmosphäre einer altmodischen französischen Kleinstadt.

Erst schmale, bunte Häuser mit großen Sprossenfenstern und farbenfrohen Schaufenstern im Erdgeschoss, dann ein ganz und gar in grauen Stein gehüllter Platz, die »Place Royale«, mit nordfranzösisch anmutender Strenge und doch vielen bunten Ecken, herbstlich dekoriert mit duftenden Strohballen, Schilfbüscheln und prallen orangefarbenen Kürbissen.

Im Nullkommanix werden wir in ein anderes Land- und auch ein bisschen in eine andere Zeit - versetzt.

Die Kirche Notre-Dame-des-Victoires fügt sich wunderbar in den Platz ein und ist mit ihren hellgrauen Steinmauern die erste ganz aus Stein gebaute Kirche Nordamerikas.

Im Inneren hängt ein beeindruckender Dreimaster von der Decke, schweigsamer und einsamer Zeuge der vierunddreißig Kriegsschiffe starken Flotte, die einst im Oktober 1690 in der berühmten Schlacht von Québec gegen die Engländer antrat und – siegte.

Schiffe in Kirchen berühren mich immer zutiefst. Nicht immer erinnern sie an Krieg und Vernichtung.

In meiner Kindheit habe ich die »Chiesa del Soccorso« in Forio d'Ischia sehr geliebt. Hier zogen wendige Schiffe mit geblähten Rahsegeln lautlos über die weiß getünchten Simse und trugen die Sehnsucht der Frauen an Bord, die für die Heimkehr ihrer Ehemänner, Söhne und Brüder von der unberechenbaren See beteten.

An einer Hausecke entdecke ich ein Messingschild mit einem langen Text. »Les filles du Roy« lese ich auf der Überschrift.

Die Königstöchter ziehen mich sogleich in ihren Bann. Fasziniert begleite ich für ein kurzes Weilchen eine Gruppe mutiger junger Frauen, die das Wagnis eingingen, weit weg von der Heimat einem völlig unbekannten Ehemann und einem neuen, abenteuerlichen Leben die Hand zu reichen.

Der Sonnenkönig selbst, Louis XIV, König von Frankreich und Navarra, stattete die unerschrockenen Mädchen mit einer königlichen Mitgift und mit einem wichtigen Auftrag aus: Sie sollten in das frisch besetzte Neufrankreich reisen, dort die sehnsüchtig wartenden, ledigen und einsamen Männer ehelichen und mit ihnen die Kolonie dauerhaft bevölkern.

Und der Wunsch des Königs erfüllte sich: Zwischen 1663 und 1673 verdreifachte sich die Bevölkerung und erreichte schon bald die stolze Zahl von zehntausend Einwohnern.

Wir folgen der Rue Notre Dame und stoßen nach wenigen Schritten auf ein ganz außergewöhnliches Stück Stadt- und Landesgeschichte. Ein monumentales Fresko zieht sich über eine komplette mehrstöckige Außenwand. Wieder einmal berührt mich die Selbstverständlichkeit, mit der in Kanada Kunst zum alltäglichen und öffentlichen Leben gehört.

»La Fresque des Québécois« öffnet sich vor unseren Augen wir ein Zeitfenster, ein waghalsiger und farbenprächtiger Sprung in eine Zeitmaschine.

Elegant gekleidet begrüßt uns *Samuel de Champlain*, der Stadtgründer Québecs, während eine Gruppe Kinder ausgelassen Hockey spielt.

Ein schwarzer Labrador schnüffelt interessiert am Kopfsteinpflaster, während ein Pferd geduldig auf die nächste Kutschenfahrt wartet.

Der Graf von Fontenac blickt aus dem Fenster über mir in die Ferne, indes hinter seinem Haus die Menschen ihrer Arbeit nachgehen. Sie laufen, reden oder schmusen ein wenig und gehen ihren Tätigkeiten so realistisch nach, als könne man sie im Vorbeigehen berühren.

Ein »Trompe l'oeil«, eine wunderbare Illusion, die sich da vor unseren Augen abspielt.

Vierhundert Jahre Stadtgeschichte auf vierhundertzwanzig Quadratmetern. Ein guter Grund hier ein bisschen zu verweilen.

Der Wind frischt auf und zwingt uns leider uns von Jaques Cartier, Félix Leclerc, Octave Crémazie und all den anderen zu verabschieden.

In den geschützten Gassen der Altstadt setzen wir unseren Spaziergang fort.

Hier herrscht trotz der herbstlichen Temperaturen ein fröhliches Treiben, das durch unzählige einladende Bistros und Cafès ordentlich angekurbelt wird.

Farne und Fleißige Lieschen hängen in Kaskaden von den Wänden während um die Eingangstüren oft Kürbisse und Strohgebinde drapiert wurden.

Wir suchen einen Platz um eine Rast einzulegen. Immerhin gibt die so stark französisch anmutende Stadt Anlass zur Hoffnung auf ein gutes Essen.

Ein geeignetes Lokal zu finden ist allerdings nicht leicht, denn die kleinen Räume sind meist schon überfüllt.

Notgedrungen steigen wir also über eine schmale Treppe wieder hinauf zur Place d'Armes.

Zwischen den bunten Aquarellen der Straßenmaler, in einer Atmosphäre wie am Seineufer in Paris, wimmelt es von kleinen Restaurants.

Das Bargeld ist uns ausgegangen, daher müssen wir zuerst eine Bank finden. Obwohl man hier fast alles mit der Kreditkarte zahlt, braucht man doch immer etwas reales Geld in der Tasche.

In einem Eckgebäude an der Rue des Jardins befindet sich die elegante »Banque Populaire Desjardins«. Durch das Sicherheitsglas der hohen Eingangstür sehen wir die Geldautomaten im Inneren stehen. Nur die Tür trennt uns vom Bargeld - und die geht nicht auf. Wir drücken die Klinke mehrmals runter, aber die Tür bleibt zu. Verflixt. Und draußen gibt es nirgends Automaten.

Etwas ratlos stehen wir vor der altmodischen Tür mit den blank polierten Messingklinken und überlegen, in welcher Richtung wir jetzt weiter suchen sollen. Als wir uns schon abwenden wollen, bleibt mein Blick noch einmal an den Messinggriffen hängen. Moment mal. Ich hatte gerade ein »déjà- vu«. Auch im »La Perle du Saint Laurent« waren wir fast an dem Türöffner gescheitert. Ich untersuche die Klinken genauer, und – siehe da! – sie sind tatsächlich mit einem Messingknopf ausgestattet. Der lässt sich dann auch ganz leicht runterdrücken und schon stehen wir im Vorraum der Bank. Kanadische Türen – da steh ich drauf!

Erleichtert und mit Bargeld ausgestattet treten wir wieder auf die Straße. So, und jetzt heißt es Mittagspause. Als ich mich an der Ecke noch einmal nach der Bank umdrehe, sehe ich wie ein älteres Ehepaar an der Tür rüttelt und entgeistert durch die Scheiben blickt. Denen geht es genauso wie uns.

Ich laufe die paar Schritte zurück und zeige ihnen den Trick. Die beiden sind Amerikaner und kannten den tückischen Mechanismus auch nicht. Erleichtert erklären sie, ich habe ihnen den Tag gerettet.

»You're welcome!«

Inzwischen fegt ein eisiger Wind durch die Straßen und wir entscheiden uns rasch für das »Café de Paris« auf der farbenfrohen Rue Saint Louis.

In dem schmalen Eingang steht eine junge Frau unter einem Heizstrahler und wirbt Kunden an. Die Wärme ist verlockend und wir tauchen gerne in die Pariser Bistro-Atmosphäre ein. Der vordere Raum ist bereits überfüllt, also bringt man uns in einen Nebenraum. Der Platz am Fenster ist wunderhübsch und ich bin froh den dicken Mantel ausziehen zu können.

Wir müssen eine ganze Weile auf das Essen warten und der Raum kommt mir immer frischer vor. Schließlich ziehe ich meinen Schal wieder an, dann folgt der Mantel. Als die Bedienung kommt, frage ich, wo denn hier die Heizung sei. Gar keine Heizung, meint sie achselzuckend, man heize erst ein, wenn genügend Leute im Raum seien, so wie vorne, sonst lohne es sich nicht.

Aha. Wir essen dick in Mantel, Schal und Mütze eingemummelt. Wenigstens ist das Essen köstlich. Es lebe die französische Küche!

Ein bisschen spazieren wir dann noch durch den Parc de L'Esplanade und an einer hohen Mauer entlang bis zum Parlament. Als wir restlos durchgefroren sind, beschließen wir unseren Tag in Québec zu beenden.

An der Place d'Armes sehen wir schon etliche Taxen stehen. Ich möchte mir gerne ein Taxi aussuchen, aber mein Mann hält mich zurück. »Man nimmt immer das Erste in der Reihe«, erklärt er streng. »Überall auf der Welt!«, fügt er hinzu, als ich zu bedenken gebe, dass in Kanada vielleicht andere Bräuche herrschen.

Na gut. Das haben wir jetzt davon! Im ersten Taxi fläzt ein Mann sich auf dem Fahrersitz, während er auf dem Beifahrersitz wohl gerade den kompletten Inhalt seines Kleiderschrankes ausgeleert hat.

Gnädig macht er wenigstens die Rückbank mit einem Griff frei und wirft seine Kapuzenjacke zum Rest der Garderobe auf den Vordersitz.

»Da steig ich nicht ein!«, zische ich meinen Mann an.

»Da wird uns nichts übrig bleiben«, knurrt er zurück.

Der Fahrer tut erst mal so, als müsse er gaaanz angestrengt überlegen, ob er den Ort »Saint-Augustin-de-Demaures« überhaupt schon einmal gehört hat. Und damit man auch sieht, wie intensiv er nachdenkt, kratzt er sich demonstrativ eine Weile am Kopf.

Das passt mir sehr gut in den Kram.

»Sie kennen den Ort nicht?«, stelle ich forsch fest. »Kein Problem für uns, dann nehmen wir einfach das nächste Taxi Sie können schließlich nicht die ganze Umgebung kennen!«

So schnell hat dieser Taxifahrer noch nie sein Gedächtnis wiedergefunden. »Ah, Saint-Augustin, ja, ja, jetzt weiß ich es wieder ganz genau!«, grinst er mich breit an.

Dann dreht er seinen CD-Spieler mit Karibikmusik auf volle Lautstärke und startet den Motor.

Es fängt an zu Piepsen. Ein hohes, unangenehmes, lautes *Bing-Bing-Bing-Bing*. Irgendwo im Ultraschallbereich.

»Was ist denn das?«, frage ich ziemlich genervt.

Der Mann reiht sich in den dichten Verkehr ein, während er sich im Takt der Musik mit der rechten Hand auf die Schenkel schlägt.

»Was?«, fragt er und schlägt jetzt mit der anderen Hand rhythmisch aufs Lenkrad. »Na, dieses Bing-Bing-Bing-Bing«, sage ich und zeige vage in Richtung Fahrersitz.

»Das ist der Sicherheitsgurt«, feixt der Typ mich frech im Rückspiegel an.

»Würden sie den Fehler bitte beheben?«, antworte ich dem Rückspiegel kühl.

»Nein!«, sagt der Mann unmissverständlich. »Ich schnalle den Gurt niemals an. Deswegen klingelt es ja. Das ist gar kein Fehler und daher kann ich ihn auch nicht beheben!«

Dabei deutet er auch noch demonstrativ auf seinen beachtlichen Leibesumfang und meint die Fronten seien jetzt geklärt.

»Dann möchte ich jetzt so-fort aussteigen«, entgegne ich resolut, packe meine Tasche und greife nach dem Türöffner.

Mein Mann stöhnt. Der Fahrer auch. Aber ich werde mich keinesfalls die nächste halbe Stunde von Bing-Bing-Bings und überlauter Karibikmusik zudröhnen lassen.

Der Taxifahrer braucht nur den Bruchteil einer Sekunde um meinen entschlossenen Ausdruck im Rückspiegel richtig zu deuten. Dann verrenkt er sich wie Houdini auf seinem Sitz, beugt sich so gut es geht über das Lenkrad und zieht den Gurt hinter seinem Rücken zum Gurtschloss, wo er nach einigem Prusten und Stöhnen endlich klickend einrastet.

Das Bing-Bing-Bing-Bing verstummt auf magische Weise.

»Voilà! Geht doch!«, stelle ich trocken fest.

»Ich habe dir gesagt, dass das ein Kotzbrocken ist!«, raune ich meinem Mann zu.

Der Widerling fährt inzwischen so bockig, mit entsprechend scharfen Einstiegen auf die Bremse, dass Georg gar nichts mehr erwidern kann. Er lehnt sich ziemlich bleich in seine Ecke. So geht es einem, der nie Beifahrer ist, wenn er hinten sitzt. Und dann noch bei so einer Fahrweise.

Was soll ich sagen: ich hab's ja geahnt. Hätten wir nur das zweite Taxi genommen!

Der Taxifahrer veranstaltet ein einwandfreies Kräftemessen. Dass er nachgeben musste, hat wohl stark am Ego gekratzt. Leider hat er nun das Messer am Griff, denn hier auf dem Highway würden wir wohl kaum eine Transportalternative finden.

Egal, dann ändere ich eben meine Taktik.

Zuckersüß frage ich, ob diese wunderschöne Musik aus seiner Heimat stamme. Ärgern kann er uns ja nur, wenn uns die Beschallung stört.

»Ja«, meint der Fahrer verunsichert. Er komme aus Haiti.

»Oh, was für ein schönes Land. Dann haben sie sicher Heimweh und hören deswegen so gerne Musik?«, frage ich freundlich.

Ja, Heimweh. Und er liebe die Musik. »Diese Melodien sind ja auch ganz außerordentlich stimmungsvoll«, meine ich anerkennend und mache mir derweil um meinen kreide-bleichen Mann ziemliche Sorgen. Und siehe da: Plötzlich wird das Volumen auf eine erträgliche Lautstärke gedrosselt und auch der Fahrstil wird um einiges zahmer.

Selbst wenn man sich nicht besonders mag, sind ein paar freundliche Worte hilfreich für die Völkerverständigung.

Der Mann macht uns vor dem Campingplatz sogar noch die Tür auf und wünscht uns einen schönen Abend.

Tadoussac

Der Campingplatz liegt still und verträumt unter einem blassblauen Himmel, als wir aufbrechen. Unsere Nachbarn haben gestern Abend noch den Trailer an ihren Pickup gekoppelt und sind bereits fort.

Die glutroten Ahornbäume schimmern geheimnisvoll im morgendlichen Tau, als wir langsam auf dem leicht angefrorenen Rasen wenden und als Letzte den Platz verlassen.

Beim Frühstück haben wir noch kurz den Kanadaführer durchgeblättert und die Landkarte gecheckt. Nachdem wir jetzt schon so weit gekommen sind, möchten wir unbedingt noch einen Abstecher in die Vereinigten Staaten machen.

Um auf die andere Seite des Lorenzstromes zu gelangen, gibt es zwei Möglichkeiten:

Wir können über den nahegelegenen »Pont de Québec« fahren, bei dem übrigens vor genau hundert Jahren ein Einhängeträger einstürzte, dessen Trümmer noch heute auf dem Grund des Flusses liegen, oder ein Stück nach Norden fahren und mit der Fähre übersetzen.

Es ist nicht die Sorge vor einem Einsturz, der sich übrigens lange vor der Fertigstellung der Brücke ereignete, die uns für die zweite Lösung entscheiden lässt. Nein, es ist ein kleiner Absatz in unserem schlauen Buch, der die Stromschnellen des Canyon Sainte-Anne erwähnt. Dort scheint uns ein grandioser Wasserfall zu erwarten.

Ich kann mir nicht helfen. Das Wort *Wasserfall* übt immer und immer wieder eine magische Anziehungskraft auf mich aus.

Heute müssten wir - laut Campingführer - in Baie-Saint-Paul übernachten können. Das sind etwa hundertzwanzig Kilometer, die auch mit einem ausgedehnten Wanderstopp gut zu schaffen sind. Und übersetzen können wir dann morgen mit der Fähre in Saint-Siméon.

Nun denn: »Hit the road, George!«

Ich freue mich nach dem Tag in der Stadt wieder auf Natur pur.

Wir folgen dem Highway 440 und überqueren den Saint-Charles Fluss. Als ich mich in der Bucht von Beauport noch einmal umdrehe, verschwimmen die Umrisse des Château Frontenac gerade im Morgendunst.

Wie filigrane Vögel die ihre Schwingen ausbreiten, um sich in den graublauen Himmel zu erheben, schieben sich die hohen Straßenlaternen der Autobahn vor die immer blasser werdende Silhouette der Stadt.

Völlig unerwartet taucht links von uns der Montmorency-Wasserfall auf. Absolut spektakulär stürzt das Wasser ganz dicht neben der Autobahn dreiundachtzig Meter in die Tiefe. Wir fahren so langsam wie möglich, denn man kann hier natürlich schlecht anhalten. Klein wie Spielfiguren wirken die Menschen, die auf der Hängebrücke direkt über der Sturzkante stehen und das hoch aufschäumende Wildwasser bewundern.

Bedauernd blicke ich ihnen nach.

Das kommt davon, wenn man sich nicht ausreichend über die Gegend informiert. Es ist zwar herrlich einfach loszufahren, aber manchmal verpasst man auch etwas ganz Besonderes.

Was wir nicht völlig verpassen, ist die Pilgerkirche der Heiligen Anna.

Sie war die Großmutter Jesu, eine Verwandte, an die selten gedacht wird, und wurde 1876 zur Schutzpatronin der Provinz Québec erhoben. Ein seltsamer Gedanke, dass Jesus eine Kindheit mit seinen Eltern und Großeltern gelebt und erlebt hat, ein ganz normales Leben vor seinem späteren großen Auftritt auf der Bühne der Welt.

Wir bestaunen die 1922 durch einen Großbrand zerstörte, und dann wieder aufgebaute Basilika lieber nur von außen, denn wenn ich eine solche Kirche betrete, kann ich nie einfach nur einen Blick hineinwerfen. Ich bleibe hier stehen und dort stehen, und aus wenigen Minuten wird plötzlich eine Stunde oder mehr.

Das romanisch anmutende Bauwerk aus grauem Stein ist imposant. Eine wunderschöne Fensterrose ziert die Fassade über dem Portal. Im Inneren soll sich eine der schönsten Repliken der *Pietà* von Michelangelo befinden.

Das erinnert mich an meine Reise in den Süden Indiens nach Kerala.

Bei einer Bootsfahrt durch die »Backwaters« tauchten sie plötzlich überall auf, wie Perlen auf eine unsichtbare Kette gefädelt: blendend weiße, gigantische Repliken der *Pietà*.

Als ich dem Bootsführer damals schmunzelnd zu verstehen gab, dass wir in Europa, genauer gesagt in einer Stadt namens Rom, auch eine solche Statue besitzen, nur nicht ganz so groß, platzte der Mann fast vor Nationalstolz. »Yes, Maam, bigger, bigger!«, strahlte er übers ganze Gesicht während er mit einer ausladenden Geste eine riesige Figur in die Luft malte.

So, jetzt aber nichts wie los.

Wir brauchen noch eine gute Viertelstunde, denn der Canyon ist nicht besonders gut ausgeschildert. Auf einer großen Autobahnkreuzung entdecken wir schließlich die Ausfahrt zum Boulevard Sainte-Anne, der uns dann schnurgerade zum Ziel führt.

Inmitten der rotgoldenen Pracht des Waldes ist der geräumige Parkplatz noch fast leer.

Auf dem Weg zum Eingang begrüßt uns ein überdimensionaler Buntspecht, der eifrig an einem toten Baumstamm pickt. Ihm gegenüber hebt ein weißblauer Riesenvogel gerade zum Flug an.

Beide sind aus Holz geschnitzt, was uns nicht mehr wundert, denn wir haben ja inzwischen festgestellt, dass auch in Kanada wilde Tiere eher abgeschieden leben. Selbst der große Elch, der uns wenig später über den Weg läuft, dreht uns leicht misstrauisch den hölzernen Kopf entgegen.

Durch und durch lebendig und echt sind aber der wunderbare Forst und das Rauschen des Flusses in der Ferne.

Wir folgen dem laubbedeckten Pfad und gelangen schon bald an eine Holzbrücke mit einem Maschendrahtgeländer. Von der Mitte aus kann man beobachten wie sich das Wasser in sanften Wirbeln sammelt um dann an verwitterten, aus uraltem Gestein gewachsenen Felsbrocken vorbei in die Tiefe zu stürzen. Wie zerfurchte Alligatoren blicken die grauen Kolosse stumm dem tosenden Wasser nach.

Wir können die Dramatik des Falls vorerst nur erahnen. Hoch sprüht die Gischt über die Sturzkante, während die Luft von einem allumfassenden Brausen erfüllt ist.

Auf der anderen Seite folgen wir wieder dem Pfad und können linker Hand an den steilen Einschnitten erkennen, wie tief sich das Wasser über Jahrtausende durch den Fels gegraben hat.

Und dann öffnet sich der Blick auf den Wasserfall in seiner ganzen Schönheit und Länge.

Erst in einem schmalen, sprudelnden Band, dann breit und wild stürzt er über das kantige nassgraue Urgestein.

Eine Weile lassen wir gebannt dieses gewaltige Schauspiel auf uns wirken.

Winzigen Käfern gleich klettert eine Gruppe von Menschen mit bunten Helmen auf dem Kopf neben dem tosenden Wasser die Klippe hoch.

Dann wenden wir uns ab und folgen wieder dem Weg durch den Wald.

Plötzlich meine ich, zwischen den Bäumen einen Wolf auszumachen. Vorsichtig folgen wir dem Pfad noch ein Stück weiter um eine Biegung, und als wir die Baumstämme umrunden, blicken uns die sanften hellblauen Augen eines alten Huskys an. Der Hund liegt hinter einer Holzhütte, in der man die Ausrüstung für eine »Zipline« ausleihen kann.

Sanft und freundlich spreche ich den Hund an, der nur müde mit dem Schwanz wedelt. Warum kam es mir gerade so unwahrscheinlich vor, einem Wolf begegnen zu können? Ist es so, dass überall dort wo sich der Mensch verbreitet hat, kein Platz mehr für freie, wilde Tiere ist?

Ich hoffe so sehr, dass es noch nicht zu spät ist, um zu lernen uns diese Welt gemeinsam zu teilen. Wir können doch nicht alles töten, was anders lebt und fühlt als wir. Die Erde ist unsere Heimat und das gefährlichste aller Lebewesen sind eindeutig wir Menschen, nicht nur auf festem Boden, sondern längst auch schon im und auf dem Meer.

Im Gegensatz zu den Tieren sind viele Menschen auf der Jagd hinterlistig und brutal. Doch dann gibt es auch wieder unzählige Menschen die sich voller Rücksicht und Mitgefühl für ein Miteinander in der Natur, in den Wäldern und Ozeanen, einsetzen. Wir könnten so viel von der Fähigkeit der Tiere lernen, sich ihrem Lebensraum anzupassen und ihn schonend zu behandeln.

Leider hinterlässt das Böse meist die eindrucksvolleren, intensiveren und vor allem blutigeren Spuren. Wir sind schon eine seltsame Spezies.

Ja, das alles geht mir durch den Kopf, während ich dem Hund über die Schnauze streichle. Kein Wunder, dass mein Mann immer sagt »Mit deinem Kopf möchte ich nicht leben müssen. Der arbeitet vierundzwanzig Stunden am Tag auf Hochtouren ...«

Als wir die Hütte umrunden, sehen wir eine Hängebrücke, die sich über die Schlucht zieht. Schon die sieht recht abenteuerlich aus, ist aber ein Klacks gegen die »Zipline«, eine haarsträubende Möglichkeit, den Canyon auf straff gespannten Stahlseilen zu überqueren.

Was mich betrifft, mir ist schon auf der Brücke mulmig genug. Konzentriert blicke ich immer geradeaus, während ich vorsichtig auf den schaukelnden Planken zur gegenüberliegenden Seite tripple.

Schwindelnde Höhen sind nicht meine Stärke und wir stehen hier gute sechzig Meter über dem Fluss, der tief unten übrigens wieder sanft wie ein Lämmchen dahinfließt.

Mein Mann geht später noch zum Spaß über eine Hängebrücke, deren Boden mehr oder weniger nur aus einem Metallgitter besteht.

Ich folge ihm und finde es gar nicht spaßig, als ich nach wenigen Metern durch die Füße hindurch in den Abgrund sehen kann. Ganz rasch trete ich mit wackeligen Knien den Rückzug an. Das waren genug tiefe Einblicke für heute.

Beim Aufstieg kommen wir mitten im Wald an einer Baustelle vorbei. Es handelt sich um ein hydroelektrisches Bauvorhaben, das *Hydro-Canyon Rivière Saint-Anne*. Hier soll Strom produziert werden. Sicher eine Notwendigkeit für das Allgemeinwohl, doch ein tiefer Einschnitt, fast eine Wunde in diesem zauberhaften Stück Natur.

Nun geht es steil bergan über eine gut angelegte Holztreppe.

Von einer Aussichtsplattform können wir noch einmal den reißenden Wasserfall bewundern, der hier durch eine Schneise in dem verwitterten Gestein stürzt und in gelblich weißem Schaum über hohe Stufen und Kanten springt, um sich dann in einer schmalen Rinne unseren Blicken zu entziehen. Geheimnisvoll wie Obsidian leuchten die tiefschwarzen, spitzen Felsvorsprünge im dichten Sprühnebel.

Wir lassen eine grandiose Naturkulisse hinter uns.

Immer wenn ich so etwas Zauberhaftes und Einzigartiges bewundern darf, gehe ich mit einem seltsamen Gefühl von Verlust und Bedauern weg, wohl wissend, dass kein

Geschehnis nach mir fragt, sondern einfach weiterhin existiert: Tag und Nacht, Jahr für Jahr.

So stürzen auch die Niagarafälle unablässig in die Tiefe, an die zweitausendachthundert Kubikmeter Wasser jede Sekunde, egal ob jemand sie beobachtet oder nicht. Es ist ein bisschen, wie wenn man versucht, sich die Unendlichkeit des Universums vorzustellen: ein berauschender Gedanke …

Das Restaurant im Eingangsbereich ist nicht besonders gemütlich, daher trinken wir unseren Kaffee im Wohnmobil. Dabei blättere ich den Führer durch.

Mit einem kurzen, knappen Vermerk werden die »Sept-Chutes« erwähnt. Ganz in der Nähe. Sieben Wasserfälle, die könnten wir uns noch ansehen, bevor wir uns wieder auf den Weg hinunter zum Lorenzstrom machen.

Gesagt, getan brechen wir nach St.-Ferréol-les-Neiges auf. Von dort aus soll ein Weg direkt zu den Wasserfällen führen.

Zuerst müssen wir aber ein Stück zurückfahren, denn wir müssen jetzt auf die Rückseite der Sainte-Anne-Schlucht gelangen.

Die Avenue Royale führt uns durch den schön begrünten Ortskern von Beaupré. Die bunten Holzhäuser sind ganz unterschiedlich gebaut. Erstaunlich viele Villen und Gewerbeflächen werden zum Kauf angeboten. Gefühlt jedes zweite Haus ist »for sale«. Das erzeugt eine ganz seltsame Stimmung, als würde der Ort verlassen oder aufgegeben.

Nach dem Ortsende folgen die Häuser noch endlos lang wie ein schmales Band der Hauptstraße.

In Saint Ferréol erreichen wir schließlich eine Abzweigung zum »Chemin des Sept Chutes«.

Das hört sich gut an.

Wir parken am Wegrand und gehen auf ein breites geschlossenes Eisengitter zu. Nichts. Kein Hinweis, kein Schild, nur der Straßenname deutet auf die Wasserfälle. Und eine emotionslose Hinweistafel mit der Aufschrift »Complexe Hydro-Électrique«, was ja immerhin Wasserkraft voraussetzt.

Das Sträßchen sieht auf unserer Landkarte ziemlich lang aus, daher ist uns das Risiko über den Zaun zu steigen, und nach einer Weile wieder an einer Absperrung zu landen, zu groß.

Wir sehen uns um. Nirgends ein Lebenszeichen. Die Häuser drängen sich zwar dicht am Straßenrand, aber man sieht niemanden. Kein Lachen, keine spielenden Kinder, alles ist still.

Langsam fahren wir weiter und prüfen, ob vielleicht eine der nächsten Seitenstraßen zu den »Chutes« führt. Negativ.

Wir sind direkt überrascht, plötzlich zwei Männer in einer Einfahrt miteinander reden zu sehen.

Georg hält am Straßenrand und ich steige aus, um zu fragen, wie wir zu den Wasserfällen gelangen können.

Die Männer stehen ins Gespräch vertieft vor einem Pickup, als sich unversehens hinter einem der beiden ein riesenhafter Schatten mit breitem, glänzendem Rücken loslöst.

Im Pferdegalopp rast der schwarze Dobermann laut bellend auf mich zu. Ich kann nicht einmal schauen, ob er vielleicht mit dem Schwanz wedelt.

Geistesgegenwärtig setze ich ein Knie auf den Boden und strecke dem Ungetüm beide Hände entgegen. Das Einzige, was ich noch denken kann, ist, dass es sich nicht einmal hier - in diesem abgelegenen Ort der gerade komplett ausverkauft wird - gut machen würde, wenn eine Touristin von einem Hund zerfleischt würde. Dann ist das Ungetüm auch schon da, bremst ab und reibt begeistert seine feuchte Schnauze in meine etwas zittrigen Handflächen.

»Na du Süßer«, murmle ich und kraule die Bestie hinter den Ohren, was mit einem zärtlichen Nasenstups erwidert wird.

Ich klopfe mir die Knie ab, während das schwarze Monster mich zu seinem völlig teilnahmslosen Herrchen begleitet. Fest drückt es sich an meine Seite und streichelnd kann ich endlich mein Anliegen vorbringen.

»Wo finden wir bitte einen Weg, der zu den Wasserfällen führt?«

»Da hinten«, deutet einer der Männer auf den Weg mit dem abgeschlossenen Eisengatter.

»Da kommen wir gerade her, aber das Tor ist zu«, sage ich.

»Ja, die Wasserfälle sind geschlossen«, lautet die lapidare Antwort.

»Bis wann?«

»Für immer.«

»Warum?«

Achselzucken. Die Männer interessieren sich offenbar nicht für solche Lappalien.

Ich vermute, dass die Schließung dem Tourismus nicht gerade zuträglich war, denn ringsum sieht alles ziemlich verrammelt aus. Mehr ist aus den zugeknöpften Typen allerdings nicht herauszubringen.

Der Dobermann bringt mich noch bis zur Grundstücksgrenze. Braver Hund, der weiß, was sich gehört.

Also dann: auf nach Baie Saint-Paul.

Von den Anhöhen von Charlevoix haben wir während der Fahrt immer wieder wunderbare Ausblicke auf den Lorenzstrom mit seinen vielen kleinen Buchten und grünen, nur leicht vom Herbst gestreiften Wäldern.

In Baie-Saint-Paul folgen wir eine ganze Weile dem Boulevard Monseigneur de Laval, auf dem auch irgendwo unser Campingplatz sein soll.

In der Ferne blitzen kurz die spitzen Türme der Kathedrale auf, dann fahren wir bergab durch ein Industriegebiet.

Aufmerksam achten wir auf alle Hinweisschilder und Einfahrten, denn unser Navi kommt hier mit den Hausnummern etwas durcheinander. Mehrmals heißt es, wir haben das Ziel erreicht, aber es stimmt nicht. Die Dame ist wieder einmal überfordert.

Am Ortsausgang drehen wir um und halten vor einer Bäckerei mit Restaurant. Das Parken ist schwierig, da das Lokal zur Mittagszeit gut besucht ist, aber man erlaubt uns, den großen Wagen hinter das Gebäude in eine Ecke zu quetschen.

Wir sind sehr hungrig, und guten Mutes wollen wir es wieder einmal mit der kanadischen Küche versuchen.

Auf einer Theke stehen Körbe mit Vollkornbroten, Brioches und duftendem Gebäck. Der Laden heißt ja auch treffend »A Chacun Son Pain - Jedem sein Brot«.

Außerdem werden Produkte aus der Region angeboten und man kann kleine Mittagsmenus bestellen. Hier scheint man noch selbst zu kochen. Also, selbst kochen natürlich die Köche - hoffentlich - nicht man selbst.

Ein großer Holzofen steht hinter dem Tresen, an dem man die fertigen Teller abholt. Damit kann man sich dann an einen der schlichten Tische zu den anderen Gästen setzen. Die Stimmung ist fröhlich und familiär und wir fühlen uns sofort wohl.

Und - ja, man kocht selbst.

Das macht es zwar nicht sooo viel besser, aber die Suppe ist gut, und das »Paté« schmeckt akzeptabel, was auch schon gut ist.

Nach dem Essen kaufen wir noch zwei Stück Apfelstrudel zum Mitnehmen und ein Sarazenerbrot, bei dem auf jeden Fall der Name verführerisch klingt.

Ein großer Bonus ist auch, dass man an der Brottheke frisch gemahlenen Bohnenkaffee kaufen kann. Wir lassen uns ein Tütchen davon abfüllen.

Dann gehen wir noch in den gegenüberliegenden IGA Supermarkt um unsere stark geschrumpften Vorräte wieder aufzufüllen und entdecken dabei ein Spirituosengeschäft, das

SAQ, wo ich gerne noch eine Flasche von dem Rotwein aus Niagara kaufen würde.

Als ich den Laden betrete, besticht er durch elegant präsentierte internationale Weine.

Wie in Landestracht gekleidete Würdenträger stehen die Flaschen aus dem Piemont, der Toskana, Sizilien und Venezien in den Regalen. Ich sehe teure französische Weine, teure italienische Weine, aber nirgends finde ich den »Open« aus Niagara. Ehrlich gesagt kann ich nicht einmal die Region Ontario entdecken.

Wie ein Museumsdirektor, der um seine Exponate besorgt ist, behält mich einer der Angestellten, seit ich das Geschäft betreten habe, streng im Auge.

Der Mann atmet sichtlich auf, als ich meine eigenständige Suche aufgebe und beantwortet auch bereitwilligst meine Frage nach dem »Open Cabernet Sauvignon«.

Man habe in Québec nicht die löbliche Angewohnheit der Nachbarn aus Ontario, den eigenen Produkten die gebührende Achtung und Wertschätzung entgegenzubringen und daher bevorzuge man hier durchwegs ausländische Weine. Der Preis spiele dabei keine Rolle. Er könne mir also gerne einen geschmacklich ähnlichen Wein aus der Toskana empfehlen.

Nein, ich glaube das Risiko, dass uns der Wein dann nicht schmeckt, ist mir für stolze vierzig Dollar die Flasche zu groß. Wir trinken gerne mal ein Gläschen Rotwein abends am Lagerfeuer, aber das muss dann doch nicht sein.

Ich verneine also dankend und frage den Verkäufer, ob er mir stattdessen mit einer Auskunft helfen könne.

Das kann er und der Mann freut sich sichtlich, einmal nicht nur über Wein sprechen zu müssen.

Ausführlich erklärt er mir den Weg zum Campingplatz »Le Genévrier«, der ihm bestens bekannt ist.

Wir sollen der Straße so lange folgen bis wir zu einer großen Kuh kommen und dann nach etwa fünfhundert

Metern links abbiegen. Zwei kleine Seen am Straßenrand seien wegweisend.

»Wie kann ich sicher sein, dass die Kuh heute auch wirklich dort steht?«, frage ich schelmisch.

Der Mann lacht herzhaft.

»Es ist zwar eine lebensgroße Kuh, aber sie ist nicht echt, nur eine Reklamefigur. Sie steht vor einem Käseladen mit Milchprodukten aus der Region.«

Vergessen ist die geschäftsbedingte Arroganz. Der Verkäufer bringt mich noch zur Tür und schüttelt mir zum Abschied freundschaftlich die Hand.

Free-range-eggs, Dosenminestrone, Butter — fast immer gesalzen — und Käse. Im Supermarkt decken wir uns wieder mit Vorräten ein, und nachdem wir alles verstaut haben fahren wir erneut den Boulevard stadtauswärts. Tatsächlich haben wir vorhin zu früh gewendet, und ich winke im Vorbeifahren der schwarz-weiß gescheckten Kuh, die uns jetzt den Weg zeigt.

Das Camp schließt zwar erst Ende Oktober, aber es wirkt schon ziemlich ausgestorben. Die Eingangs- und Aufenthaltshalle ist riesig und zeugt von zahlreichen Besuchern während der Sommermonate.

Wir bekommen einen schönen Platz unter herbstlich bunten Bäumen zugewiesen und ich darf aus einem Korb mit hunderten von Zettelchen einen beliebigen Internetcode fischen. Auf meine Frage, ob wir auch zwei haben dürfen, drückt mir die Rezeptionistin gleich mehrere in die Hand. Aber selbstverständlich!

Wir parken ein, und während Georg sich auf dem großen Areal ein bisschen umsieht, probiere ich die Internetverbindung aus.

Ich nehme einen der Codes in die Hand und werfe einen flüchtigen Blick auf die übrigen Zettel. Auf jedem steht die identische alphanumerische Kombination. Na toll, die Dame am Empfang muss gedacht haben ich sammle Papierstückchen ...

Als Erstes suche ich über Google Informationen über die »Sept Chutes«. Es wundert mich, dass unser Ost-Kanada Führer diese Wasserfälle als sehenswert empfiehlt, wo man sie doch in Wahrheit gar nicht erreichen kann.

Tatsächlich finde ich auch im Internet mehrere Seiten, die den »Parc Régional des Sept-Chutes« erwähnen.

Offizielle Öffnungszeiten: von Mai bis November. Seltsam.

Nirgends wird darauf hingewiesen, dass das Tor verschlossen ist und es auch sonst keinen Zugang gibt. Zumindest nicht, soweit wir das heute feststellen konnten.

Ich begebe mich mit der *Google Street View* noch einmal virtuell zurück zur Avenue Royale, Ecke Route des Sept Chutes, und staune nicht schlecht: Auf einmal steht dort ein Schild mit einem stilisierten Wasserfall und der Aufschrift »Les Sept Chutes«.

Ich habe nur das Schild mit dem Elektrizitätswerk in Erinnerung.

Jetzt fahre ich mit dem Kursor weiter zum – ich sehe und staune - weit offen stehenden Gatter. Daneben steht eine große Tafel:

»Sept Chutes - Bienvenue! Welcome! Entrance 1km«.

Haben wir das heute früh übersehen?

Ich überprüfe die Position noch einmal. Es ist ganz eindeutig die Zufahrt, in der wir gestanden haben und es handelt sich auch um dasselbe Tor – nur, dass es hier im Internet so einladend offensteht.

Jetzt zweifle ich langsam an unserer Wahrnehmung vom heutigen Vormittag. Waren wir wirklich so zerstreut?

Ich drehe mich vor dem Gatter virtuell wieder um und gehe zurück zur Avenue Royale, aber – ja was ist denn hier los? Das Schild mit dem Wasserfall ist weg. Eine Lücke klafft in dem eisernen Rahmen. Leer. *Rien*. Nichts. Und daneben hängt das blaue Schild mit dem »Komplexe Hydro-Électrique«.

Was ist denn das für ein Spuk? Wer hat das Schild gerade hinter meinem – zugegebenermaßen virtuellen - Rücken entfernt?

Jetzt drehe mich wieder zum Tor und – ich traue meinen Augen nicht mehr – jemand hat es geschlossen. Nicht nur. Wer auch immer das war, hat auch die große Willkommenstafel entfernt, an deren Stelle jetzt nur eine kahle Stelle im Rasen geblieben ist. Zumindest ist das ein Zeichen, dass die Tafel dort wirklich aufgestellt war.

Das Ganze ist schon ein wenig unheimlich. Ich gehe vor und die Schilder tauchen auf - ich fahre zurück, und alles ist leer und das Gatter verschlossen.

Dieses Geheimnis muss unbedingt gelüftet werden! Also begebe ich mich auf die Suche nach den verschollenen Schildern.

Wie ein Internetdetektiv beobachte ich jedes kleine Detail und drehe mich wieder und wieder um, während das Tor geduldig auf- und zugeht.

Dann fällt mir etwas ins Auge: Ganz oben links ist ein Kästchen, das unter anderem besagt, wann das Bild aufgenommen wurde. Wenn das Tor offen ist, steht da *Street View August 2012*. Wenn das Tor geschlossen ist und die Schilder durch Geisterhand entfernt wurden, steht plötzlich *Street View Juli 2016* über dem Bild. Die unsichtbaren Täter waren also nicht heute Vormittag am Werk: Sie hatten vier Jahre Zeit!

Mein Mann kommt gerade ahnungslos herein.

»Watson, wir können den Fall Geisterschilder abschließen«, sage ich und lehne mich zufrieden zurück. »Das Rätsel ist gelöst.«

Auf einem Prospekt in der Empfangshalle habe ich gelesen, dass Baie-Saint-Paul eine wahrhaftige Kunst- und Künstlerstadt sein soll.

»Une Ville d'Art«.

Es ist erst halb fünf, also bleibt uns noch ein bisschen Zeit, bevor es dunkel wird.

Auf dem Weg in die Innenstadt fahren wir an sehr hübschen Holzhäusern vorbei. Auch hier sind erstaunlich viele Verkaufsschilder an den Holzsäulen der Vordächer oder an den Zäunen der kleinen Gärtchen angebracht. Im Zentrum werden die Bauten immer eleganter und die Straßen werden deutlich breiter. Ein Parkplatz in der Nähe des Krankenhauses steht fast leer. Hier stellen wir dankbar unser sperriges Wohnmobil ab und gehen zu Fuß weiter.

Der Ort bezaubert uns sofort.

Die berauschenden Farben des Herbstes, die umliegenden Berge, der Rivière du Gouffre und nicht zuletzt der Sankt-Lorenz-Strom sind bestimmt eine unerschöpfliche Quelle der Inspiration für Maler und Zeichner. Aber auch der Ort selbst hat etwas Gemütliches, Romantisches und zugleich Farbenfrohes.

An einer Kreuzung treffen wir als Erstes auf die Galerie Yvon Desgagnés. Gegenüber blitzen die spitzen Türme der Kirche in der Abendsonne zwischen den gelichteten Bäumen hindurch.

Vor dem Eingang laden interessante, aus hellgrauem Stein geformte Skulpturen und - in starkem Kontrast – quietschbunte hohe Figuren zum Eintreten ein.

Als Zeichnerin habe ich oft mit Galerien zu tun, und schaue mich innen daher sehr interessiert um. Hier herrscht eine ganz andere Atmosphäre als beispielsweise in einer deutschen Galerie.

Die Bilder hängen eng an eng kunterbunt zusammengestellt, und wirken dennoch sehr ansprechend und individuell präsentiert. Noch erstaunlicher für mich ist, dass Kunst ungeniert als Handelsware angeboten wird. Die Preise sind nicht »auf Anfrage«, oder dezent in einem Faltblatt versteckt, nein, sie stehen groß neben den einzelnen Werken. Man bietet den kunstinteressierten Besuchern sogar die Möglichkeit der Ratenzahlung an, wenn das begehrte Stück gerade nicht ins Haushaltsbudget passen sollte.

Dieser lockere Umgang mit dem Wert von Kunstwerken ist für mich ganz neu, und ich finde ihn sehr sozial und vor allem unkompliziert. Jeder soll sich an schönen Dingen freuen können, egal wie wohlhabend er ist.

Als mein Blick auf die Öffnungszeiten fällt, gehen wir rasch weiter. Baie-Saint-Paul hat etwa fünfundzwanzig Kunstgalerien, die alle um 17:30 Uhr schließen. Das ist nicht vergleichbar mit einem südländischen Abendbummel. Hier herrschen knallharte Geschäftszeiten.

Uns bleibt noch eine halbe Stunde, als wir die Rue Saint-Baptiste hinunterschlendern. Hier stehen die meisten Galerien, untergebracht in wunderhübschen, zierlichen Holzvillen mit kleinen Erkern, schmalen weißlackierten Balustraden und farbig gestrichenen Wänden.

Wir betreten eine der ersten und sind überrascht von der großen Vielfalt an Gemälden.

Man hat das Gefühl sich in einem sehr liebevoll ausgestatteten Privathaus zu befinden. Die Galeristin stellt uns einige der Bilder vor. Sie sind alle von Künstlern aus der Gegend gemalt worden, entweder aus der umliegenden Region Charlevoix oder aus der Provinz Québec. Auch hier kann man die Bezahlung auf Raten verteilen.

Wir bedanken uns für die reizende Führung und gehen noch ein Stück die Straße entlang.

Einige Galerien schließen bereits.

Über den zartblauen Himmel ziehen kleine rosa Wolken wie Schleier aus durchbrochener Spitze und verleihen der nahenden Dämmerung einen ganz besonderen Schimmer.

Die Lampen an den bunt bemalten Eingängen verbreiten ein sanftes, warmes Licht und die Gemälde schimmern geheimnisvoll in den Schaufenstern.

Zart wie Schmetterlinge hängen vereinzelt noch rosarote Blätter an den knotigen Ästen rankender Pflanzen, während das von der Herbstsonne gebleichte Laub sich in kleinen luftigen Kissen am Boden sammelt.

In die von Schönheit und Kunst durchtränkte Abendstimmung mischt sich ein Gefühl von Vergänglichkeit, von Abschied und Nostalgie.

Langsam schlendern wir zurück zum Kirchplatz, denn wir wollen noch einen Blick auf den nahegelegenen »Rivière du Gouffre« werfen.

Als wir auf dem Pont Leclerc über dem dunkel dahinfließenden Wasser stehen, rattert unter uns gerade eine große Lokomotive durch die Ufermauer …

Riesige Elche durchqueren den niedrigen Fluss, während Wildgänse über ihren Köpfen hinwegziehen und ein kleiner Schneehase aus dem Schilf hoppelt.

Schlittenhunde ziehen einen Holzschlitten, eine Eisläuferin dreht Pirouetten und ein Pferd zieht ein Fass durch den Schnee, während ein Angler am Ufer einen Fisch aus dem Wasser zieht. Auf einem blumenreichen sommerlichen Feld grasen Kühe und Schafe einträchtig nebeneinander.

Ein Maler hat seine Staffelei vor der Kirche aufgebaut und hält das Geschehen in leuchtenden Farben fest, während ein Lastenkahn mit seinen Waren auf dem Lorenzstrom vorbeizieht.

Ja, eine gigantische Wandmalerei bedeckt die lange Ufermauer bis hin zu den ersten Büschen. Das Fresco wurde im Sommer 2003 von drei Künstlern aus Charlevoix angefertigt, und hat zum Thema »Von gestern bis heute«.

Die Maler haben alle Szenen in die vier Jahreszeiten eingebettet und erzählen mit ihren frischen und lebhaften Bildern Geschichten aus ihrer Heimat.

Man könnte noch unzählige Details entdecken, aber es wird langsam dunkel.

Neben dem Kirchplatz kommen wir an etlichen Restaurants vorbei. Alle sehen sie einladend und gemütlich aus. Vielleicht kommen wir ja endlich in den Genuss wirklich guter kanadischer Küche, der französische Einfluss muss doch hier überall zu spüren sein.

Wir entscheiden uns für ein Lokal mit hübschen Sprossenfenstern und kleinen, gemütlichen Erkern. Ein Schild lädt zum »Festival des Moules« ein.

Wir essen in Deutschland nur äußerst selten Muscheln, und nach der kargen Kost der letzten Tage freuen wir uns jetzt auf ein ganz besonderes Abendessen.

Die Bedienung erklärt uns das Sonderangebot zum Festival: Man zahlt einen Pauschalpreis von zweiundzwanzig Dollar pro Person und kann dafür Miesmuscheln mit verschiedenen Saucen so oft nachbestellen, wie man möchte. Dazu gibt es ein Körbchen Pommes Frites.

Das klingt gut.

Es gibt ungefähr zehn verschiedene Saucen. Ich wähle Sahne-Lauch, mein Mann wählt die marokkanische Variante.

Kurz darauf stehen zwei Töpfe mit den dampfenden Gerichten vor uns. Wir rücken die Pommes und das Brotkörbchen eng zusammen, denn die quadratischen Tische sind sehr klein. Dann probieren wir die schwarz glänzenden Miesmuscheln, die absolut köstlich aussehen.

»Urteile nie nach dem äußeren Schein …«, murmle ich ernüchtert, nachdem ich ein paar Muscheln gekostet habe.

Die Sauce schmeckt wie Wasser mit einer vagen Andeutung von Sahne. Georg bietet mir grinsend an, seine orientalische Variante zu probieren. Seine Sauce schmeckt wie Wasser, allerdings leicht rötlich gefärbt, mit einem ebenso vagen Hauch von Tomate …

Wir müssen laut lachen. Die armen Muscheln. Das war wohl wieder nichts mit der französich-kanadischen Gourmetküche.

Wir probieren zwei weitere Varianten und es zeigt sich gleich: Der Koch bleibt sich treu. Es gibt eben nichts Besseres als was Gutes. Warum also den Geschmack unnötig verändern?

Wir geben uns geschlagen und bitten um die Rechnung.

Als ich mit der Kreditkarte zahlen möchte, weist mich die Kellnerin auf das Trinkgeld hin. Selbstverständlich gebe ich das mit ein, und erhöhe den Rechnungsbetrag um fünf Dollar. Damit komme ich aber gar nicht gut an. Die junge Frau zeigt energisch auf die Rechnung, und da steht tatsächlich, man empfehle ein Trinkgeld von neuneinhalb Dollar.

»Sie können mir auch zwanzig Dollar Trinkgeld empfehlen«, meine ich ziemlich ungehalten, und ziehe meine Jacke an. So etwas ist uns ja noch nie passiert.

Am Campingplatz blättern wir interessehalber unseren Führer nach einer Trinkgeldregelung durch und werden tatsächlich fündig: Das Grundgehalt der Bedienungen scheint hier so niedrig zu sein, dass sie auf ein Trinkgeld angewiesen sind. Und so wie es aussieht, sind zehn Dollar sogar im unteren Bereich.

Jetzt tut mir meine schroffe Reaktion im Nachhinein natürlich leid.

Unsere nächste Etappe legen wir auch gleich fest: Von Saint-Siméon können wir morgen den Sankt-Lorenz-Strom mit der Fähre überqueren, und in Rivière-du-Loup werden wir dann weitersehen.

Wir starten also früh und folgen der Route du Fleuve die Küste entlang bis La Malbaie. Als wir die Brücke über der Rivière Malbaie überqueren, können wir einen Blick auf die Kirche und die breite Bucht am Lorenzstrom erhaschen.

Einige Angler stehen bewegungslos im knietiefen Wasser. In diesem Fluss werden Lachse geangelt.

An der Kreuzung leitet uns ein grünes Straßenschild wieder auf den Highway 138 und signalisiert uns: 33 Kilometer bis St.-Siméon und – nur 72 Kilometer bis Tadoussac!

»Ta-dous-sac«.

Der Name klingt für mich so geheimnisvoll, so märchenhaft, dass ich ihn leise vor mir her singe.

»O nein, vergiss es«, durchkreuzt mein Mann gleich meine verborgenen Gedanken. »Das ist viel zu weit. Wir wollen doch heute noch Rivière-du-Loup erreichen und haben für die Nacht noch gar keine Unterkunft!«

Während einer Fahrt durch sanfte Hügel begleitet uns der Lorenzstrom mit seinen herrlichen Ausblicken. Kleine Schaumkronen tauchen auf und verschwinden wie Herden verspielter Robben. Wir sind auch an einer Werbetafel mit einer großen Walschwanzflosse vorbeigefahren. In Tadoussac kann man demnach »Whales Watching« machen.

Wir erreichen die Fähre in St.-Simeon bereits um elf Uhr.

Der riesige Parkplatz ist leer und das Gebäude neben der Anlegestelle wirkt dunkel und verlassen. Das beeindruckt mich inzwischen nicht mehr, denn ich habe den Trick mit dem Knopf an der Klinke nun wirklich raus.

Und die Tür geht nicht nur auf, es kommt mir auch gleich ein sehr freundlicher Angestellter der *Ferry* durch die große Halle entgegen.

»Wir würden gerne mit unserem Wohnmobil übersetzen«, erkläre ich und frage nach den Abfahrtszeiten.

»Wir fahren um halb zwei und um halb sechs.«

Ich überlege fieberhaft - das »Whales Watching« geht mir gar nicht aus dem Kopf.

»Wie lange bräuchten wir denn von hier bis Tadoussac?«, frage ich den Mann.

»Eine gute halbe Stunde«, meint er und legt den Kopf schief. »Und rausfahren tun die noch, das weiß ich ganz sicher denn ich war gestern dort«, lächelt er verständnisvoll. »Nur die Uhrzeiten weiß ich nicht auswendig. Aber bis fünf Uhr sollten sie es schaffen!«

Genau das wollte ich noch wissen.

Im Laufschritt eile ich zurück zum Auto.

»Wir sollten es wagen!«, rufe ich außer Atem. »Hit the road, George, es geht auf nach Tadoussac!«

Georg freut sich jetzt auch. Das Abenteuer bringt unseren heutigen Plan ja nur ein paar Stunden durcheinander. Und am Abend werden wir weitersehen.

Der Wind hat deutlich zugelegt und unter einer tiefen grauen Wolkendecke liegt bald die Baie Sainte-Catherine vor uns.

Dick mit Algen und Schlick überzogene Steine ragen wie hunderte von Robbenköpfen aus dem sehr niedrig wirkenden Wasser.

Pferde stehen friedlich am Straßenrand und zupfen an dem strohgelben, steppenartigen Ufergras. An ein paar bunten Holzhäuschen vorbei gelangen wir in den Ort, wo uns eine hübsche weiß- und blaugestrichene Holzkirche willkommen heißt.

Sonst begrüßt uns niemand. Genau genommen sehen wir keine Menschenseele weit und breit.

Ich habe in der Eile versäumt zu fragen, wo die Schiffe für das »Whales Watching« abfahren und die Angebote auf den unzähligen Werbetafeln verunsichern uns jetzt noch zusätzlich. Überall scheint es kleine Veranstalter zu geben die Touristen auf eine Tour mitnehmen.

Wir halten an und gehen die paar Schritte zum Ufer.

Die umliegenden Restaurants sind bereits alle geschlossen.

Die See sieht aus, als wäre Ebbe, mit breiten schlammigen Sandbänken zwischen den seichten Wasserlachen. Im Wasser tummeln sich glatte Felsrücken wie steinerne Buckelwale. Ich bin fasziniert von den vielen Grau- und Blautönen in diesem seltsamen, von Steinen übersäten Gewässer.

Kaum zu glauben, dass wenige Meter nach den letzten Sandstreifen riesige Meeressäuger in die Tiefe tauchen können.

In dieser Bucht soll im Jahr 1603 ein historisches Treffen zwischen Samuel de Champlain und den Vertretern von drei »Indian Nations« stattgefunden haben, bei dem ein Zugang des Sankt-Lorenz-Stroms für französische Forscher ausgehandelt wurde.

Jene geheimnisvolle Zusammenkunft passt wunderbar in die heutige, wahrlich gespenstische Stimmung: ein bleigrauer Wasserspiegel über dem sich, wie Brigantinen die mit gesetzten Segeln Fahrt aufnehmen, tief hängende bauchige Wolken blähen.

Herrn de Champlain, der einige Jahre später, am 3. Juli 1608, Québec gründete, sind wir ja bereits in der dortigen Altstadt begegnet.

Bonjour Monsieur, so trifft man sich ganz unerwartet an einem stürmischen Herbsttag an der Mündung des Flusses Saguenay wieder …

Tadoussac ist übrigens eine der wenigen europäischen Siedlungen in Nordamerika, die vor Québec City gegründet wurden. Im Jahr 1600 wurde hier der erste französische Handelsposten in Neufrankreich gegründet. Man darf raten, mit was gehandelt wurde: mit Pelzen und Fellen. Und natürlich wurde die Bucht in kürzester Zeit auch ein Zentrum des Walfangs.

Der künftige Wohlstand wurde auch hier, wie so oft auf der Welt, auf Totschlag und Ausbeutung aufgebaut.

Endlich machen wir am Ende der Bucht ein Schild aus, das auf einen Parkplatz in einem Kilometer verweist. In der Ferne erkennen wir im Nebel ein Haus mit einem roten Dach und so etwas wie eine Anlegestelle.

Rasch steigen wir wieder ins Auto. Wir müssen hinne machen, da wir ja die Abfahrtzeiten nicht kennen.

Es fängt an zu regnen.

Auf dem roten Dach des Tickethäuschens steht in großen weißen Lettern »Croisières – Baleines – Fjord – Zodiac«.

Im Verkaufsraum ist es schön warm und neben den Tickets gibt es auch Souvenirs wie Kalender, Schlüsselanhänger, T-Shirts und – Plüschwale.

Nach einem kurzen Rundumblick auf die Regale frage ich, ob wir heute noch an einer »Whales-Watching«-Fahrt teilnehmen können.

Ja, wir können um 13:15 Uhr fahren, und zwar auf einem Schiff mit einer großen Kabine mit Panoramafenstern. Treffpunkt pünktlich am Kai.

Ich bin ziemlich erleichtert, dass wir nicht mit einem der *Zodiacs* fahren müssen. Durch das regennasse Fenster kann ich beobachten, wie sich eine Gruppe junger Leute fröhlich lachend unter einer Zeltpagode für die Tour mit dem Schlauchboot umzieht. Ich friere schon beim bloßen Anblick.

Unsere Karten kosten hundertsechzig Dollar, der Parkplatz zehn Dollar extra. Die Fahrt wird ungefähr dreieinhalb Stunden dauern.

Das wird sehr knapp, aber irgendwie werden wir für die Nacht schon eine Lösung finden. Schließlich haben wir ja zum Glück ein Wohnmobil.

Die Frau am Schalter weist mich noch darauf hin, dass man um diese Jahreszeit nicht mehr sehr viele Wale antrifft, weil sie im Winter in wärmere Gewässer wandern.

Wir freuen uns trotzdem auf eine Fahrt über den Sankt-Lorenz-Strom.

Ein Parkwächter geleitet uns noch zum Busparkplatz auf der anderen Straßenseite, wo wir mit unserem dicken Fahrzeug besser halten können.

Zufrieden alles so gut geschafft zu haben, machen wir uns eine Suppe warm. Eine richtig gute Dosensuppe, bei der man weiß, was man hat.

Zornig peitscht der Regen jetzt gegen die Frontscheibe. Mit einem Blick nach draußen verordne ich uns zusätzlich einen heißen Kaffee. Den werden wir brauchen.

Während wir essen, fahren in kurzen Abständen immer wieder dutzende von Autos auf der Hauptstraße an uns vorbei. Das muss dem Rhythmus der Fähre über die »Rivière Saguenay« entsprechen, die quasi als Brücke für den Highway 138 fungiert.

Zuerst gelangt man nur in den Ortskern von Tadoussac, aber danach könnte man auf dem Highway noch die Wenigkeit von achthundertfünfzig Kilometern bis nach Kegaska zurücklegen. Immer die Küste entlang.

Eine solche Fahrt stelle ich mir wunderschön vor, vielleicht mit etwas besserem Wetter.

Verträumt fahre ich die Strecke mit dem Finger auf der Landkarte nach.

Der Sankt-Lorenz-Strom wird breiter und breiter und öffnet sich schließlich mit dem St.-Lorenz-Golf zum nordatlantischen Ozean.

»Nicht heute!«, mahnt mein Mann streng. »Baie-Sainte-Catherine muss für dieses Mal reichen. Wir können nicht noch weiter nach Norden fahren, denn wir müssen langsam an die Rückfahrt denken. Es bleiben uns nur noch neun Tage, um wieder nach Toronto zu gelangen.«

Irgendwie Schade …

Nach dem Spülen erinnere ich mich an die schönen Plüschwale, die ich im Souvenirshop gesehen habe. So etwas habe ich bisher noch nirgends gesehen. Und es gab ganz viele verschiedene Walarten. Nach der Überfahrt möchte ich sie mir noch einmal näher ansehen … Da fällt mir ein, dass der Laden bis dahin wahrscheinlich längst geschlossen hat, denn unser Schiff ist ja das letzte für heute. Also müsste ich jetzt gleich hingehen.

Georg ist entsetzt. Er hält das für Quatsch, denn schließlich ist inzwischen schon ein Uhr vorbei. In Windeseile ziehe ich mich für die Überfahrt so warm wie möglich an und laufe vor.

Der Shop hat noch auf und ich strebe zielsicher auf die Wale zu. Sie sind wunderhübsch gemacht, alle Arten sind vertreten und die Auswahl fällt mir wirklich schwer.

Ich halte gerade einen Beluga, einen Buckelwal und einen Finnwal in der Hand, als mein Mann wütend an die Scheibe klopft und auf die Anlegestelle deutet. Der Zeitdruck macht mir die Wahl nicht gerade leichter. Jetzt kommt er auch noch rein und faucht mich an, ob ich wohl meine das Schiff würde auf mich warten. Dann stapft er empört zum Kai. Die AML Zéphyr legt gerade an.

Alles was recht ist, so kann ich keine Entscheidung treffen: Dann müssen eben alle drei mit, das hat Georg jetzt davon.

Rasch zahle ich und stopfe die drei Wale in meinen Rucksack. Dann geht es im Laufschritt zum Schiff. Und natürlich dauert es noch eine ganze Weile, bis die gerade angekommenen Passagiere erst einmal über die lange Laufplanke von Bord gehen …

Trotz des Regens stellen wir uns gleich an die Reling.

Die meisten Leute haben sich in die beheizte Kabine begeben, aber da ist noch genügend Platz, wir können uns jederzeit wieder aufwärmen.

Unser »Parkwächter« macht die Leinen los, das Schiff legt ab.

Der Saguenay Fjord ist viel breiter als wir dachten und ich genieße das Gefühl auf offener See zu sein, inmitten einer rauen, uns unbekannten Natur, als eine schrille Stimme mich jäh aus dieser Idylle reißt.

Über ein Mikrofon ertönt eine laute Ansage vom Dach des Schiffes. Man heißt uns willkommen im »Parc Marin du Saguenay-Saint-Laurent«. Auf Englisch und auf Französisch.

So, und jetzt hoffe ich, dass wieder Stille einkehrt. Nichts als das Rauschen der Wellen und das Pfeifen des Windes.

Dieser fromme Wunsch zerplatzt wie eine Seifenblase.

Die ohrenzerreißende Stimme brüllt weiter drauflos und beschreibt uns alles, was wir gerade sehen. Und was wir mit etwas Glück sehen werden. Und, dass man in dieser geschützten Natur den Tieren mit großem Respekt begegnen soll.

Also, das Geschrei durch den Lautsprecher hört man bestimmt bis tief ins Wasser ...

Ich ziehe die Kapuze weit über die Ohren, aber man entkommt diesem Organ einfach nicht. Hoffentlich ist der Vortrag bald zu Ende.

Ich konzentriere all meine Sinne auf den Fluss, auf die Schaumkronen hinter denen ich Wale und Robben vermute und auf den regenverhangenen Horizont.

Nach einer Weile kommen wir an einem malerischen rotweißen Leuchtturm vorbei und kurz darauf entdecken wir auch das Schlauchboot, das ganz ruhig vor sich hindümpelt.

Und dann schäumt das Wasser ganz unerwartet vor uns auf: Dutzende von runden, glatten Köpfen ragen plötzlich aus den sprudelnden bleigrauen Wellen auf.

Ich halte den Atem an. Es ist einfach wunderbar, wie die riesigen schwarzgrauen Robben spielend vor uns auf- und abtauchen.

Wie eine elektrische Kreissäge kräht die gesichtslose Stimme indes über uns: »Schauen sie nur, auf fünf Uhr, auf drei Uhr, sehen sie nach rechts, sehen sie nach links, und jetzt geradeaus ...«

Ja das sehen wir auch selbst, lassen sie uns das doch genießen, lassen sie die Bilder für sich sprechen, sie bedürfen keiner detaillierten Erklärung ...

Ich bin hin- und hergerissen zwischen dem wunderbaren Naturschauspiel und der unangemessenen, dissonanten Art, mit der wir Menschen uns hier breitmachen.

Ich dachte, wir würden nur beobachten. »Whales Watching« still und leise, so, dass die Tiere uns kaum wahrnehmen, höchstens wie einen flüchtigen Schatten der in gebührendem Abstand kurz ihren Lebensraum betritt, um dann ganz unauffällig wieder zu verschwinden. Aber jetzt fühle ich mich nicht mehr als Gast, sondern eher als Eindringling.

Nicht weit von uns ziehen zwei lange Frachtschiffe vorbei. Möwen ziehen kreischend ihre Kreise über dem Zodiac, immer mehr Robben tauchen rings um unser Schiff auf und - alles und alle übertönend - trötet unsere Fremdenführerin unbeirrt in ihr Mikrofon.

Zweisprachig, damit es nie langweilig wird.

Hier ist was los! Aber vielleicht ist es heute gar nicht so schlimm?

O weh: Wie muss es hier erst im Sommer sein, wenn viele Touristenschiffe und unzählige Schlauchboote sich auf relativ engem Raum drängen, vermutlich alle mit Lautsprechern bewaffnet. Das dürfte für die Tiere, die hier nun einmal zu Hause sind, kein Spaß sein.

Die Schiffsschrauben, die Außenbordmotoren, die Megafone – all das muss für die Meeressäuger sehr anstrengend sein. Und doch ist es kein Vergleich zu den Bedingungen in den »Tanks«, in denen Orkas und andere große Meeresbewohner in überdimensionalen Badewannen gehalten werden - zum Vergnügen der Menschen.

Und hier in der Saguenay-Bucht werden sie natürlich nicht gejagt, denn der *Marine Park* ist ein Artenschutzgebiet. Sofern man dieses laute Eindringen in einen sensiblen Lebensraum als Artenschutz bezeichnen darf ...

Ich versuche, die Berieselung durch den Lautsprecher auszublenden und mich auf die Wasseroberfläche zu konzentrieren.

Und da ist er, der erste Wal! Ein langer schwarzer Rücken mit einer kleinen Rückenflosse taucht in einiger Entfernung auf und verschwindet gleich wieder.

»Auf drei Uhr! Schauen sie nur, schauen sie nur, auf drei Uhr!« schmettert die Ansagerin.

176

Der Wal – der Flosse nach zu urteilen ein Finnwal oder ein Zwergwal – taucht noch ein paar Mal auf, und dann haben wir ihn erfolgreich verscheucht.

Die Robben hingegen begleiten uns noch eine ganze Weile, bis sie auf einmal abdrehen und sich auch davonmachen.

Der Regen prasselt aufs Deck und die wenigen Leute, die an der Reling stehen geblieben sind gehen rasch in die Kabine.

Das Schiff dreht jetzt langsam um und auch wir setzen uns endlich in die warme Stube.

Eine letzte Ansage besagt, dass wir wegen des Unwetters die Rundfahrt um eine Stunde abkürzen müssen. Sorry.

Den Tieren zuliebe bin ich eigentlich froh. Ich hatte mir das ganz anders vorgestellt.

Auch steigt jetzt unsere Chance, die letzte Fähre in Saint-Siméon noch zu erreichen.

Kurz vor Tadoussac tuckern wir noch an dem beeindruckenden historischen *Hotel Tadoussac* vorbei. Mit seinem langen von weißen Gauben durchbrochenen roten Dach ist es wunderschön. Hier wurde in den 80ern der Film »Hotel New Hampshire« mit Jodie Foster gedreht. Was wieder einmal zeigt, dass Filme es mit der Geografie nicht so ernst nehmen.

Als wir anlegen, ist das Fahrkartenhaus bereits dunkel und abgeschlossen. Zufrieden streichle ich meine drei Wale und setze sie im Wohnmobil neben den kleinen Schwarzbären aus Ottawa.

Georg schüttelt lachend den Kopf.

Um viertel nach fünf erreichen wir Saint-Siméon.

Es warten schon einige Fahrzeuge, aber für Wohnmobile ist eine extra Spur vorgesehen und wir sind heute die Einzigen.

Dann geht alles ganz rasch und zum zweiten Mal innerhalb weniger Stunden befinden wir uns mitten auf dem Sankt-Lorenz-Strom.

Die Wolkenberge reißen auf und wir stehen an der Reling, zwei winzige Kreaturen vor Himmel und Wasser, und dürfen an einem der spektakulärsten Schauspiele teilhaben, die wir je gesehen haben.

Die Sonne geht mit einer so unglaublichen Farbgewalt unter, als würde sie nie wieder aufgehen wollen.

Eine Supernova aus Magenta, Scharlach, Zinnober und Karminrot, eine kosmische Explosion, ein Sprühnebel aus Rosa und Orange leuchtet vor uns am abendlichen Himmel. Und unter glühenden rubinroten Schwaden zieht sich ein schmaler goldener Streifen über den gesamten noch tiefschwarzen Horizont.

Still lassen wir dieses Wunder auf uns wirken, erstaunt, dass nicht alle Passagiere an Deck stehen, um diesen berauschenden Anblick für immer mitzunehmen.

Aber unsere Mitfahrer sehen das eher gelassen und räkeln sich auf den Sitzen in der Kabine, mehr interessiert am Werbefernsehen als an dem lichtdurchfluteten Abendhimmel.

Als nur noch ein zartvioletter Schimmer über dem Wasser schwebt, gehen auch wir hinein.

Eine gute Stunde später legen wir in Rivière-du Loup an.

Es wird jetzt rasch dunkel, und als wir in den Ort fahren, ist es bereits schwarze Nacht.

Wir können in unseren Broschüren keinen Campground in der Gegend finden und haben es versäumt, eine halbwegs vernünftige Planung für die Nacht aufzustellen.

Ursprünglich wollten wir ja schon mittags übersetzen.

Jetzt kann uns nur noch die Walmart-App auf dem Handy retten.

Man hat uns bei der Autovermietung versichert, dass man in Kanada in Notfällen jederzeit auf dem Parkplatz eines

Walmart Einkaufszentrums übernachten dürfe. Das werde stillschweigend geduldet.

Also probieren wir das - notgedrungen - heute aus.

Das Navi führt uns sicher durch den Außenbezirk der Kleinstadt und auf einen großen, fast leer stehenden Parkplatz im Gewerbegebiet.

Tatsächlich entdecken wir in der letzten Reihe der Parkstände zwei weitere Wohnmobile, die sich bereits häuslich neben dem Walmartgebäude niedergelassen haben.

Das macht uns Mut und wir gesellen uns bereitwillig dazu.

Ich wache sehr früh auf. Nicht zuletzt, weil das Wohnmobil neben uns bereits den Motor angelassen hat und ich mir mit einem Schlag nicht mehr so sicher bin, ob man sich beim Parken vor der Walmart sehr belieb macht. Ein Blick aus dem Fenster zeigt mir zwar einen beruhigend still daliegenden Parkplatz, trotzdem möchte ich so rasch wie möglich weiterfahren.

Während ich Kaffeewasser aufstelle, fährt auch das zweite Wohnmobil neben uns langsam vom Hof.

Das von Hand gebackene Sarazenerbrot aus dem »Á Chacun son Pain« entpuppt sich als ziemlich schwammig. Für dieses geschmacksneutrale Etwas ist der fantasievolle Name fast eine Verschwendung. Und auch der Name der Bäckerei – *Jedem sein Brot* – hört sich im Nachhinein eher wie eine verhüllte Drohung an.

Wir werden uns wohl in Zukunft wieder mit dem guten alten Toastbrot abfinden. Das ist zwar im Rohzustand ungenießbar, aber wir waren so schlau für drei Euro extra einen Toaster zu mieten und diese Entscheidung hat sich wirklich gelohnt.

Der Himmel ist zartrosa, als wir wenig später eine Anhöhe hinauffahren. Von hier oben haben wir einen wunderbaren Blick auf den unter den ersten Sonnenstrahlen funkelnden Hafen und auf das opalisierende Band des Sankt-Lorenz-Stroms.

Ein zauberhafter, fast durchsichtiger Vollmond schwebt über dem Fluss.

Als wir die Route Transcanadienne erreichen, erstrahlen nicht nur die Bäume in einem warmen Rot, auch die Felsen am Wegrand glühen in einem tiefen Goldorange, während die Sonne immer höher steigt.

Nicht weit von hier befindet sich der Témiscouatasee, an dem ein großer Nationalpark liegt. Hier soll es auch noch einen offenen Campingplatz geben, eine schöne Gelegenheit für uns wieder einen Wandertag einzulegen.

Als ich am Eingang des Campings an der Tür klopfe, macht mir die verschlafene Besitzerin im Morgenmantel auf. Sie entschuldigt sich für ihre unkonventionelle Aufmachung, aber sie habe keine neuen Gäste mehr erwartet. Selbstverständlich können wir hier übernachten.

Ich frage, wie man denn am besten zum Nationalpark, der sich auf der anderen Seite des Sees befindet, gelangen könne, aber das scheint um diese Jahreszeit nicht ganz leicht zu sein. Danach richtet sich natürlich auch, ob wir hierbleiben.

»Erkundigen sie sich im Ort erst einmal, ob die Fähre überhaupt noch in Betrieb ist«, rät mir die Frau und drückt mir einige Prospekte über die Gegend in die Hand. Wir verbleiben so, dass wir jederzeit ohne Anmeldung wiederkommen können, falls wir den Tag hier verbringen sollten.

Nicht weit vom *Camping Cabano* steht ein McDonald's und wir beschließen, erst einmal zu frühstücken und dabei die Prospekte zu studieren.

An der Kasse bekommen wir neben dem Kaffee ein kleines Monopolyspiel aus Papier in die Hand gedrückt. Das sei ein Gewinnspiel, erklärt die Kassiererin augenzwinkernd. Sie zählt noch einige Heftchen mit verdeckten Aufklebern ab und drückt uns dann verschwörerisch die Daumen.

Eher gelangweilt entfalten wir den Spielplan auf unserem Tisch und sind gleich umso mehr überrascht: Auf den bunten Feldern finden wir den Flughafen von Toronto, die Niagarafälle, den Parc Provincial Algonquin, den Canal Rideau aus Ottawa und das Château Frontenac aus Québec. Wir staunen selbst, wie viele der gelben, blauen und grünen Straßen uns inzwischen schon so gut bekannt sind. Noch vor wenigen Wochen hätten uns all diese Orte nichts gesagt.

Aber es kommt noch besser. Ich habe einen Aufkleber abgezogen, auf dem steht, dass ich einen Kaffee und ein Gebäck gewonnen habe. Ich vermute natürlich, dass man für einen Gewinn erst einmal den kompletten Monopolyplan voller Sticker kleben muss. Aber nein. An der Theke versichert man mir, dass die Gewinne sofort fällig sind und schon steht ein Tablett mit Kaffee, Zucker, Milch und einem Törtchen vor mir. Das ist wirklich sehr nett und wir freuen uns über die gänzlich unerwartete Einladung.

Am Tisch gegenüber sitzt eine fröhliche Gesellschaft bei Kaffee und Kartenspiel. Es sind alles ältere Männer und Frauen (ja, ja, ich weiß, was heißt jetzt schon wieder »älter«? Sagen wir einmal gute zehn Jahre älter als wir …), die so vertraut miteinander umgehen, dass sie sich hier offensichtlich gewohnheitsmäßig treffen.

Gerne würde ich sie fragen, ob sie im Ort wohnen oder zu den festen Gästen eines Campingplatzes gehören aber, in Erinnerung an den Indianer am Lake Nipissing, fürchte ich zu indiskret zu sein.

Gleich nebenan tanken wir den Wagen noch auf und erkundigen uns beim Tankwart nach der Fähre zum Nationalpark.

»Immer den See entlang«, meint er freundlich. »Kann man gar nicht verfehlen.«

Das hört sich so harmlos an …

Prompt geraten wir in einen Wirrwarr von verschiedenen Highways, Ausfahrten und Unterführungen und sind froh, als wir endlich auf die 232er-Straße gelangen, die zum Lac Témiscouata führt.

Wir fahren eine sehr lange Strecke am Ufer entlang, können aber nirgends eine Fähre entdecken. Als wir schon umdrehen wollen, sehen wir endlich ein Hinweisschild: zum *Parc National* immer geradeaus.

Jetzt fahren wir durch ein Waldstück in dem wir uns einen Wanderweg erhoffen.

Nichts. Nach einer Weile kommt wieder ein Schild: Lac Anais. Hier scheint es einen Wanderweg zu geben. Wir biegen also auf den von Laub bedeckten Schotterweg ein und folgen auch diesem eine ganze Weile. Die Bäume ringsum sind schon fast kahl.

Endlich gelangen wir ans Ende der Waldstraße und stehen vor zwei Holzschuppen. Es scheint sich um einen Anglerverein zu handeln, obwohl der ganze Platz wirkt, als sei die Welt hier mit Brettern zugenagelt worden. Der Anaissee funkelt in einem fast unwirklichen Azurblau in der strahlenden Vormittagssonne. Gelbes Schilfgras wächst bis weit ins Wasser hinein. Alles sieht aus, als wäre schon ewig niemand mehr da gewesen, aber Angler lieben ja die Einsamkeit und die Stille.

Wir fahren den langen Weg zurück und finden jetzt auch endlich den eigentlichen Ort Témiscouata. Vorhin sind wir knapp vor dem Ort falsch abgebogen.

Am Ufer stehen das erste Mal keine Verbotsschilder.

Kein *very private* - kein *keep out*. Überall hat man die Möglichkeit am See spazieren zu gehen.

Die ersten weiß gestrichenen Holzhäuser empfangen uns mit lebensgroßen grünen Hexen, Vampiren, Totenköpfen und ausgehöhlten Kürbissen.

Menschen sehen wir keine, aber auf einer Gartenbank sitzen zwei heitere Vogelscheuchen inmitten von dicken Strohbüscheln und unterhalten sich lebhaft über dieses und jenes.

Dann wird es ernster.

An nahezu jedem Haus steckt ein Verkaufsschild: »Maison à vendre«

Hier scheinen nicht mehr viele Menschen zu wohnen und es sieht so aus, als seien die vergnügten Vogelscheuchen die einzigen Nachbarn weit und breit.

Die Atmosphäre ist ziemlich bedrückend und stumm fahren wir an einem lang gezogenen Motel vorbei vor dem nur noch ein Auto steht.

Auch die Uferstraße wirkt einsam und trist. Überall wuchert Unkraut.

Im Schritttempo folgen wir der Rue de la Plage und jetzt entdecken wir sie endlich: die »Navette Royal« - die Fähre zum Nationalpark.

Wir parken und sehen uns die Sache aus der Nähe an, denn Menschen sind auch hier weit und breit nicht zu sehen. Sieht so aus als seien gerade alle damit beschäftigt, ihre Häuser zu verkaufen.

Die »Navette« schaukelt mutterseelenallein im seichten Wasser, angeleint wie ein braver Hund, der geduldig auf sein Herrchen wartet.

Am Boden liegt ein heruntergerissenes rotes Schild mit der Aufschrift »Défense de passer«.

Rote Schilder haben immer etwas Striktes, Kategorisches an sich, selbst wenn sie ziemlich verbeult auf den Holzplanken liegen.

Ein freundlicheres blaues Schild gibt uns schließlich die ersehnte Auskunft: Von 9:00 Uhr bis 17:45 geht es hin und her, aber nur von Juni bis September. Das ist nicht gerade lang.

Wir sehen uns um und entdecken etwas weiter weg einen Schaukasten, in dem ein DIN-A4 Blatt in einer Plastikhülle steckt. Aha. Hier wird darauf hingewiesen, dass die letzte Überfahrt am fünften September stattgefunden hat. Und man freue sich schon auf die nächste Saison. Die Tatsache, dass man die Saison dieses Jahr um einen Monat abgekürzt hat, deutet nicht gerade auf einen regen Betrieb hin. Was ist hier los? Das erklärt zwar, warum so viele Häuser verkauft werden, aber es stimmt uns auch traurig. Es ist, als würde das Städtchen komplett aufgegeben. Selbst der Parkplatz vor dem *Intermarché* ist verwaist, obwohl heute Montag ist.

Was ist passiert?

Jedes der Häuser, die da so still und blass auf einen neuen Besitzer warten, erzählt seine ganz einzigartige und berührende Geschichte …

Es zieht uns weiter.

Wir breiten unsere Landkarte aus und beschließen, dem Trans-Canada-Highway bis zur Grenze in Houlton zu folgen. Das sind zweihundertfünfzig Kilometer. Und nachdem wir für heute genug im Wald und am See umhergeirrt sind, freuen wir uns jetzt auf eine schöne, abwechslungsreiche Fahrt.

Im Nachbarort Notre-Dame-du-Lac stoßen wir auf eine weitere Fähre. Von hier aus kann man über den sehr langen und schmalen Lac Témiscouata nach Saint-Juste-du-Lac übersetzen. Natürlich nur, wenn man viel Glück hat. Das Terminal Maritime sieht zwar recht groß aus, aber die Fähre ist ausgeflogen, das gelbe Eisengitter zum Anlegesteg ist verriegelt und ein Schild verkündet lapidar: »Saison Terminée!«

»Hit the Road, George! Auf geht's in die Vereinigten Staaten von Amerika!«

Von der Autobahn hat man einen herrlichen Weitblick über Hügel und Felder und linker Hand begleitet uns der See noch eine ganze Weile. Dann überschreiten wir die Grenze zu New Brunswick und folgen dem Madawaska River. Wieder so ein Name, der durch seinen geheimnisvollen Klang zum Träumen verleitet.

Der Highway führt uns durch Edmundston, wo wir viele große Schornsteine rauchen sehen. Hier fließt der Madawaska in den Saint John River in dem wieder einmal, mit unzähligen Ecken und Kanten, die Grenze zwischen den

USA und Kanada verläuft. Mal gehört dem einen etwas mehr Wasser, mal dem anderen.

Auch in Saint-André sind die Parkplätze vor den Industriegebäuden voll. Hier ist Leben. Kurz darauf weist ein Straßenschild auf eine Ausfahrt nach »Grand Falls« hin.

Ein Mittagsstopp wäre uns jetzt willkommen und der Ortsname hört sich vielversprechend an. Also folgen wir dem Chemin Madawaska ins Zentrum. Hier ist alles eher flach und wir fragen uns gerade, wo hier ein großes Gefälle entstehen könnte, als sich unter einer Brücke links von uns eine große Felsenbucht öffnet. Das Gefälle kommt gar nicht von einer Anhöhe, nein, wir sind schon oben: Die Falls beginnen hier.

Nach wenigen Metern biegen wir in das ausgeschilderte Malobiannah Touristenzentrum ein und sind nicht nur überrascht, sondern auch zutiefst fasziniert von dem Schauspiel, das vor unseren Augen liegt.

Auf einem langen, luftigen Metallgeländer sitzen vier Möwen reglos hintereinander, als würden sie mit dem Silber der Gitterstäbe und dem hellen Grau der rauen Felswände verschmelzen wollen.

Nur ein schmaler Wasserlauf fällt schäumend in eine tiefer gelegene Gumpe, wo er rasch verstummt. Doch die ganze breite, ausladende Felsformation selbst ist eine einzige, monumentale Kaskade aus Stein, erstarrte Bewegung, ein lebhaftes Bild und doch wie festgefroren.

Wollte man mit einem weichen Bleistift einen Wasserfall zeichnen mit all seinen Stufen, Sprüngen, Narben und Rissen dann müsste so ein Bild entstehen. Ein Stück Erdgeschichte.

Ein Messingschild erklärt uns, dass hier im Frühjahr jede Sekunde sechstausend Kubikmeter Wasser in die Tiefe stürzen. Die Sturzkante ist nur etwas über zwanzig Meter hoch, das ist nicht viel. Aber die Breite dieser natürlichen Arena macht das Ganze so beeindruckend.

Nach der Schneeschmelze muss hier die reinste Urgewalt toben. Und tatsächlich haben die Indianer den Fluss früher »Chicanekapeag – den großen Zerstörer« genannt.

Jetzt macht sich *NB Power*, das staatliche Energieversorgungsunternehmen von New Brunswick, die zerstörerische Gewalt des Saint John River zunutze. Im Sommer wird fast das gesamte Wasser in das Kraftwerk geleitet.

Wir gehen zur Touristeninfo, um etwas mehr zu erfahren, aber der imposante, moderne Bau wirkt ziemlich dunkel. Der Trick mit dem Knopf an der Klinke funktioniert auch nicht.

Ein winziger Zettel gibt Auskunft: seit dem sechsten Oktober hat das Büro geschlossen.

Wir dachten, der weltberühmte Indian Summer sei ein Grund für Hochsaison und -betrieb im Osten Kanadas, aber das Gegenteil scheint der Fall zu sein.

Als wir den Parkplatz verlassen, fahren wir an einer riesigen Holzstatue vorbei. Die Dame sieht aus wie eine etwas in die Jahre gekommene indianische Hausfrau, die ein Paddel wie einen überdimensionalen Kochlöffel in der einen Hand schwingt und mit der anderen martialisch grüßt.

Also indianische Kunst habe ich mir schöner vorgestellt.

Jetzt wäre ein warmes Mittagessen schön, denn wir sind ja schon eine ganze Weile unterwegs.

Auf dem Weg hierher, direkt über dem Wasserfall, haben wir ein Restaurant gesehen. Da werden wir unser Glück probieren.

Vor dem »Hill Top Restaurant« sind fast alle Parkplätze belegt und wir quetschen uns mit unserem Monstrum auf den letzten Platz knapp über dem Abgrund. Ich weise Georg inzwischen schon ganz routiniert mit einstudierten Handbewegungen ein. Die vielen Besucher werten wir als ein positives Zeichen und treten mit freudiger Erwartung ein.

Eine Hochzeitsgesellschaft füllt die Gaststube, aber wir dürfen uns in einen Nebenraum setzen und zu essen sei auch noch genug da.

Der Nebenraum entpuppt sich als Volltreffer. Wir haben einen wunderbaren Blick über die Grand Falls und es ist herrlich warm.

Zur Feier des Tages stoßen wir mit einem Glas Rotwein, der leicht, trocken und überraschend gut ist, an.

Georgs *Bouillabaisse* hingegen, die vom Kellner wärmstens empfohlen wurde, ist eine blasse Angelegenheit. Wenn man in Italien aufgewachsen ist, wo eine *Zuppa di Pesce* oder ein *Cacciucco alla Livornese* ein Traum von Duft, Farben und Geschmack ist, muss man es hier in Kanada irgendwann aufgeben, etwas Vergleichbares zu finden.

»Dazu hätte ich auch Mineralwasser trinken können«, mault mein Mann enttäuscht.

Ich habe vorsichtshalber eine Pizza bestellt, in der irrigen Meinung man könne da nicht allzu viel falsch machen.

Man kann.

Die Pizza schmeckt wie ein großer, harter Keks und ist, sage und schreibe, mit Tomatenketchup bedeckt auf dem bunte Gemüsestückchen schwimmen. Ich muss das mal kurz wiederholen: mit Tomatenketchup …

Trotzdem habe ich das dumpfe Gefühl, von uns beiden die bessere Wahl getroffen zu haben. Und ich möchte ganz klar feststellen: Das hier ist kein Fast-Food-Restaurant. Tja, die kanadische Küche und wir – irgendwie kommen wir nicht zusammen.

Den Kaffee trinken wir lieber »zu Hause« und breiten bei der Gelegenheit noch einmal die Landkarte aus.

Nach Houlton brauchen wir noch gute eineinhalb Stunden. Dann könnten wir entweder Richtung Meer fahren oder zum Baxter State Park.

Am besten wir entscheiden uns, wenn wir in den Vereinigten Staaten sind.

Mit einem letzten Blick auf die einzigartigen Grand Falls starten wir wieder los.

Die Landschaft längs des Highways ist lieblich, flach und eintönig.

Oft begleitet uns der Saint John River ganz nah und sein Wasser blitzt tiefblau in der Sonne. Die Wälder in dieser Gegend sind noch ganz grün.

Bei Woodstock gelangen wir auf den Highway 95 und kurz vor der Grenze kommt noch einmal eine riesige *Tourist Info*. Dort würden wir uns gerne Broschüren über mögliche Ziele und Unterkünfte holen.

Als wir einbiegen, ist die Zufahrt mit einer großen Schranke geschlossen. Wir steigen aus und laufen die steile Auffahrt zu Fuß hoch, in der Hoffnung dennoch draußen Prospekte vorzufinden, aber außer einem wunderschönen Ausblick über das umliegend Land empfängt uns nur das x-te Schild mit der Aufschrift »Closed for Season«.

Ja, ja: »Kanada ist abgeschlossen und der Schlüssel abgebrochen, si-so-su und raus bist du …«

In Houlton ist nichts los. Genau genommen sind wir im Moment sogar die einzigen Einreisenden und das verschafft uns die uneingeschränkte Aufmerksamkeit der Grenzpolizistinnen.

Die erste junge Dame in Uniform, der wir begegnen, empfängt uns an der Schranke mit einem strahlenden Willkommenslächeln, nimmt uns die Pässe ab und weist uns in eine Parkbucht ein. Wir sollen uns umgehend im Büro einfinden, wo wir unsere Papiere wiederbekommen werden.

Innen erwartet uns eine sehr grimmig dreinschauende Lady. Sie mustert uns kritisch mit Röntgenaugen und gibt uns gleich das Gefühl etwas verbrochen zu haben, obwohl wir uns völlig unschuldig fühlen.

Good Cop - bad Cop? So etwas kennen wir doch aus amerikanischen Krimis.

Als Erstes werden uns elektronisch die Fingerabdrücke genommen: von allen Fingern. Georg ist begeistert. Er findet es gut, dass man ordentlich prüft, wer ins Land kommt. Geduldig halten wir jede Fingerspitze in den Scanner. Dann müssen wir ein Formular ausfüllen, um eine Aufenthaltsgenehmigung von drei Monaten zu erhalten. Auch das bewältigen wir mit Auszeichnung.

Aber jetzt wird's kompliziert. Die strenge Grenzpolizistin will wissen, was unser heutiges Ziel ist. Genau genommen will sie wissen, wo wir übernachten werden. Und ich bin einfach zu ehrlich.

»Eigentlich haben wir kein festes Ziel«, plappere ich in meinem ganz und gar nicht oxfordgeprüften Englisch drauflos. »Wir haben schon deshalb keinen Plan, weil die Tourist-Info vor der Grenze geschlossen war und wir somit kein Verzeichnis der umliegenden Campgrounds bekommen konnten. Aber wir wollen über die Berge und dann Richtung Montreal zurück nach Kanada fahren ...«

Die Miene der Beamtin verdüstert sich mit jedem meiner Worte merklich. »Über die Berge - das ist weit. Wo genau über die Berge?«, meckert sie über den Tresen.

»Na über die Berge eben, die Appalachians oder die White Mountains zum Beispiel ...«

Ich glaube, ich verspiele gerade ziemlich leichtfertig unsere Einreise nach Amerika.

Was tun?

»Ich brauche ein ein-deu-ti-ges Ziel für den heutigen Abend«, knurrt die Polizistin mich an. Ihre Kollegin strahlt mich indessen aus dem Hintergrund wie der wahre Sonnenschein an.

Da fällt mir – wenigstens halbwegs - ein Name ein, den ich auf der Landkarte gelesen habe.

»Milli-irgendwas«, stammle ich also.

»In Milli-und-ich-weiß-nicht-mehr-genau-wie-es-weiter-heißt würden wir heute gerne übernachten, und wenn sie mir eine Landkarte zeigen, fällt mir auch bestimmt der Name wieder ein.«

Jetzt eilt mir endlich die *Good-Cop* zu Hilfe und breitet eine Faltkarte vor uns aus. Mein Finger wandert den Highway 95 entlang:

»Hier ist es: Millinocket!«

Na geht doch! Die beiden nicken zufrieden, das Ziel wird schriftlich festgehalten, wir bekommen unsere Pässe mit der Ermahnung unseren Einreisezettel bei der Ausreise unbedingt bei einem Grenzpolizisten wieder abzugeben zurück und – sind frei.

Uff! Ich bin froh, dass ich uns nicht um Kopf und Kragen geredet habe. Wir starten den Motor und fahren los. Jetzt brauche ich dringend eine Cola - ja, ja so schnell wird man amerikanisch! Man muss sich eben in neuen Ländern den Lebensgewohnheiten anpassen ...

Bei der ersten Tankstelle in den Vereinigten Staaten steht auch eine große *Tourist-Info*. Und sie ist offen: »open all year«. Yeaahhh!

Die Angestellten helfen uns sehr freundlich bei der Suche nach einem Campingplatz. Der nächste liegt – so ein Zufall aber auch! – bei Millinocket. Und er hat auf. Ich liebe dieses Land!

In dem kleinen Park vor dem Informationsbüro steht ein unübersehbares blaues Schild:

»Breathe easy, you're in Maine.«

Wie gesagt, mein Englisch lässt zu wünschen übrig. Ich übersetzte frei mit: Sie können jetzt aufatmen, sie sind in Maine.

»Also, so schlimm ist Kanada nun auch wieder nicht, auch wenn im Oktober fast alles geschlossen ist«, meine ich etwas erstaunt.

Doch dann lese ich noch das Kleingedruckte darunter: »All indoor public places are smoke-free.«

Ach, sooo war das mit dem Atmen gemeint …

Seit halb sieben sind wir nun schon unterwegs und haben bereits über dreihundert Kilometer zurückgelegt. Jetzt müssen wir noch einmal gute hundert Kilometer bis zum *Katahdin Shadows Campground* fahren, dann haben wir eine recht beachtliche Etappe geschafft.

Die Sonne geht bereits unter, und nachdem wir eine authentische eisgekühlte amerikanische Coke gekauft haben, machen wir uns auch schon wieder auf den Weg.

Ein silberner Vollmond erhellt die Kreuzung, als wir vom Highway in die Route 157 nach Medway einbiegen. Ein Schild weist uns den Weg zum Campingplatz.

Das Büro ist schon geschlossen, aber man kann ganz unbürokratisch einen Umschlag mit fünfundzwanzig Dollar in einen gepanzerten Briefkasten am Eingang werfen. Das Wasser ist bereits abgedreht, aber jeder verfügbare Platz hat einen Stromanschluss. Wir suchen uns einen Stellplatz ganz nah bei den Gemeinschaftsräumen aus, denn in der Dunkelheit können wir uns auf dem fremden Platz schlecht orientieren. Die Duschräume sind ansprechend und schön warm, heißes Wasser ist genügend vorhanden.

Der Tag endet gut.

Als ich frühmorgens aus dem Auto steigen will, steht mein Mann vor der Tür und warnt mich mit dem Zeigefinger auf den Lippen.

»Schschscht, das weiße Kaninchen!«

Wer der älteren Generation angehört und noch dazu Monty-Python-Fan ist, kennt »Die Ritter der Kokosnuss«. Mit diesen verbindet uns allerdings bisher nur eine ständige Suche – in unserem Fall nicht nach dem Gral, sondern nach einem Campingplatz - und vielleicht auch noch die Reise durch abenteuerliche Gebiete. Und nun: das weiße Kaninchen. Ja, jetzt sehe ich das Untier auch …

»Gib mir Deckung«, raune ich meinem Mann zu.

»Mit was?«, fragt er pflichtschuldig.

»Gib mir einfach Deckung«, antworte ich exakt nach Drehbuch und betrachte schmunzelnd den niedlichen weißen Nager. Neugierig schnuppert das Häschen an meinen Schuhspitzen, als schon ein zweites daher hoppelt. Und noch eins. Und wieder eines. Grau, weiß, gefleckt, mit hellen oder dunklen Ohren, überall hoppeln Häschen auf dem Rasen und unter den hohen Bäumen. Und wir haben Glück: keine jähzornigen, blutrünstigen Ungeheuer. Die kleinen Pelzknäuel sind absolut zahm und knuddelig.

Eine Gruppe Senioren steht vor einer Holzhütte und unterhält sich. Ich wende mich an sie mit der Frage, ob man hier in der Umgebung schön wandern kann und alle sind sich sofort einig, dass der Baxter State Park einen Abstecher wert ist. Besonders hervorgehoben wird der wunderbare Blick auf den Mount Katahdin. *Amazing.* Den könne man vom New England Outdoor Center, gleich am Anfang der Baxter Park Road, sehr gut sehen.

In Begleitung meiner fröhlichen Kaninchenschar gehe ich zurück zum Wohnmobil und koche unseren ersten Kaffee in den U.S.A.

Überall flattern Fahnen mit Stars and Stripes an den Gebäuden - irgendwie cool. Erstaunlicherweise steht hier sogar eine Propangas-Füllstation direkt im Hof. Das nenne ich Service! Dieses Land gefällt mir immer besser - *Yeaaahh!*

Als wir durch East Millinocket fahren, merken wir gleich, dass der Wahlkampf in vollem Gang ist. Neben einem weißen Schild mit der Aufschrift »Christ Divine Mercy« und einem gelben »National Park No!«, sprießen dutzende von roten, blauen und bunten Wahlkampfschildern wie

Krokusse in jedem Vorgarten und auf jeder begrünten Verkehrsinsel. »Clinton Kaine«, »Emily Cain«, »Brett Barber«, »Trump Pence«: Hier tummeln sich alle ganz friedlich und einträchtig in der Morgensonne.

Auf dem Weg zum Outdoor Center zieht uns der Indian Summer erneut in seinen Bann.

Am Wegrand glühen die Blätter wieder in tiefem Rot und strahlendem Goldocker, leuchtende Inseln im dunklen Grün der Kiefern.

Auch hier sehen wir am Straßenrand unzählige Namensschilder die auf im Wald verborgene Häuser hinweisen.

Das Outdoor Center erweist sich als ziemlich *private*.

Wir dachten, wir würden von hier aus ein bisschen am Millinocket Lake spazieren gehen können, gelangen aber nur zu einem bereits geschlossenen Camp, in dem während der Saison Aktivitäten wie Rafting und verschiedene Sportarten für zahlende Gruppen angeboten werden.

Der Zugang zum See ist auch versperrt. Allerdings kommt der Betreiber des Camps gerade mit seinem schwarzen Pickup an, und erlaubt uns netterweise kurz durch eine Art Hof zum Seeufer zu gehen.

Hier liegen noch Kanus und Paddel an einem Holzsteg und an einem Rohr hängen Rettungswesten und Taucheranzüge zum Trocknen. Die Saison ist wohl gestern erst zu Ende gegangen.

Der Berg, den wir nun auf der anderen Seite des Sees erblicken ist, wenn man aus den bayerischen Alpen kommt, nicht ganz so *amazing* wie erwartet. Eher ein rundliches Berglein.

Wir verlassen das Camp, und beschließen zurückzufahren. Es bleibt uns nur noch eine Woche und wir wollen nicht mehr zu sehr von der Luftlinie nach Montréal abdriften.

Einzig der »North Woods Trading Post« an der Hauptstraße lockt uns noch mit seinem abenteuerlichen Namen und mit einer alten Tankstelle, die aussieht, als sei gerade ein Krieg zu Ende gegangen. »Ice-Beer-Wine-Soda-Breakfast«, steht in riesigen Buchstaben auf dem Werbeschild.

Leider berichtigt ein mit Tesafilm an die Ladentür geklebter, handgeschriebener Zettel das umgehend wieder: *closed*. Und die drei großen, grob geschnitzten Elche unter der Reklametafel lassen vermuten, dass es auch in diesem Wald nicht allzu viele Tiere gibt.

Stumm sehen sie aus ihren hölzernen Augen zu, wie wir uns enttäuscht wieder ins Wohnmobil schwingen.

Bevor wir uns für die nächste Strecke entscheiden, stelle ich aber noch einen Kaffee auf: Ich wollte schon immer einmal an einem alten amerikanischen *Trading Post* Kaffee trinken.

Millinocket ist nicht nur eine politische Hochburg, es ist auch eine Halloweenhochburg.

Ja, beides ist irgendwie gruselig - natürlich aus verschiedenen Blickwinkeln. Das heißt, sooo verschieden jetzt auch wieder nicht. Beide arbeiten mit Tricks. Und mit Angstmacherei. Und mit den Gespenstern der Vergangenheit. Und mit Drohungen. Und mit einem schadenfrohen, etwas zwielichtigen Grinsen auf der Maske. Und ... gut, das führt jetzt zu weit, ich schau mal lieber wieder auf die Straße.

Vor jeder Haustüre, in jedem Garten, vor der kleinsten Scheune verkünden kleine bunte Schilder auf Erdspießen die Meinung ihrer Besitzer. Hier wird nicht mit vorgehaltener Hand über die eigene politische Neigung oder über die Partei, die man zu wählen gedenkt, gesprochen. Nein, hier wird alles frei von der Leber laut und deutlich heraus posaunt. Und wo am Boden fleißig Wahlkampf gemacht wird, hängen oben Gerippe, Gespenster, Hexen und Geister in Lebensgröße – wenn man das so nennen darf – von den Balustraden und Balkonen.

Wir beschließen nicht mehr auf dem Highway, sondern ein Stück über Land zu fahren und setzen uns als Ziel den nächsten Nationalpark, den »White Mountain National Forest«.

In der Broschüre über Maine, die uns in der Touristeninfo an der Grenze geschenkt wurde, steht, dass die Wälder hier berühmt für ihre Schönheit und für die zahlreichen Wanderwege sind.

Wir bedauern jetzt schon nur einen winzigen Teil davon ansehen zu können, aber uns bleiben nur noch fünf Tage bis zum Rückflug und der Weg nach Toronto ist noch ganz schön weit.

Als wir an den Twin Lakes vorbei durch den wunderbar herbstlich schimmernden Wald in Richtung Brownville fahren, sprießen die Trump-Schilder wieder wie bunte Pilze aus dem Boden. Die Bewohner der hinter dichten Bäumen verborgenen Anwesen sind, was ihre politischen Ansichten betrifft, auch hier überaus mitteilsam.

Zwischen Brownville und Dover-Foxcroft ändert sich die Atmosphäre dann deutlich. Entlang der Hauptstraße stehen zwar viele hübsche, meist hell gestrichene Holzhäuser, aber die meisten Anwesen sehen aus, als hätten sie schon bessere Zeiten gesehen und der Lack wirkt, als hätte ein starker Wind an der Farbe genagt und immer wieder kleine Fetzen abgerissen.

Am erstaunlichsten für uns ist aber, dass die Menschen einen beachtlichen Teil ihres Mobiliars in den Garten stellen. Tische, Stühle, Bänke, Sofas und Nippes jeder Art stehen herum, als wäre alles liebevoll über Generationen zusammengetragen und draußen vergessen worden. Das geblümte Sofa, aus dem die Füllung neugierig hervorlugt, muss schon der Großvater an die Hauswand gestellt haben.

Wir fahren an einem Garten vorbei der aussieht, als habe man gerade das komplette Kinderzimmer aus dem Fenster geschüttelt. Bälle, Plüschtiere, Kinderstühle, Regale und Fahrräder liegen kreuz und quer auf der Wiese.

Und wieder fehlen uns die Menschen zu dieser etwas bizarren Kulisse. Keine spielenden Kinder auf dem Rasen, keine Hausfrauen die Wäsche aufhängen. Alles wirkt recht still.

Vielleicht kommt ja erst nach Feierabend Leben in die Dörfer.

Immer am »Pleasant River« entlang gelangen wir in das Örtchen Milo.

Coburn's Family Restaurant am Ortseingang hat leider schon geschlossen. Das Problem ist: Wenn man im Sommer kommt und überall noch der Bär groovt, gibt es halt keinen Indian Summer. Aber seinetwegen sind wir hier, und obwohl wir inzwischen schon sehr viele verriegelte Türen in Kauf genommen haben, haben wir es noch nie bereut.

Etliche Häuser entlang der Hauptstraße stehen zum Verkauf. Erstaunlicherweise kann ein Haus noch so vernachlässigt wirken, der in der Einfahrt geparkte, obligatorische Pickup sieht immer tadellos gepflegt aus, auf Hochglanz poliert und gut in Schuss.

Auch hier liegen überall dicke, freundliche Kürbisse auf den Eingangsstufen und bringen Farbe und Behaglichkeit in die gewittergeladene Stimmung.

Ja, und dann - dann kommt ES.

Ich schreie hell auf vor Begeisterung.

Auf der Main Street zieht ein Haus an uns vorüber, das eigentlich nur der Fantasie eines völlig ausgeflippten, extravaganten Regisseurs entsprungen sein kann.

Das Haus ist, im Gegensatz zu den meisten Holzhäusern hier, zweistöckig. Rundum lugen Erker und Winkel heraus, wie bei einem zu groß geratenen Hexenhaus, und im Garten sitzt, als sei er gerade Grimms Märchen entsprungen, ein beißbärtiger alter Mann auf einem zerschlissenen Sofa.

Auf dem Grundstück sieht es aus, als wäre die Inneneinrichtung gerade bei offenen Fenstern explodiert. Es gibt auf den Balkonen, Nischen, Treppchen, Brüstungen und Vordächern nicht den kleinsten Fleck, auf dem nicht irgendetwas hängt, steht, klebt, steckt, baumelt oder abgestellt wurde. Ganze Generationen müssen hart gearbeitet haben, um dieses Desaster zur Vollkommenheit zu bringen.

Ich bin restlos entzückt.

»Das Haus der Wunder!«, entfährt es mir.

Ich finde, der Name ist mehr als gerechtfertigt für dieses Juwel aus einer anderen Welt - einer Welt, in der die Begriffe Ordnung, Symmetrie oder gar Wohnlichkeit völlig neu definiert, nein, ganz neu erfunden werden müssen.

Ich bin so begeistert von diesem surrealen Durcheinander, das selbst einen großen Meister wie Dalí inspiriert hätte, dass ich Georg bitte kurz umzudrehen, um noch einmal einen Blick darauf werfen zu können. Lachend erfüllt er mir den Wunsch und schon auf der Umkehrspur kann ich sehen, dass der kauzige Alte uns missmutig über die Straße hinweg beäugt.

O weh, ich habe überhaupt nicht daran gedacht, dass unser Wohnmobil ziemlich auffällig ist. Als wir einen U-Turn machen und ein zweites Mal an unserem »Haus der Wunder« vorbeifahren, möchte ich dieses wundervolle Gesamtkunstwerk auch noch in einem Foto festhalten. Aber der Alte hat uns bereits im Visier und springt laut schimpfend und wild mit den Armen rudernd von seinem Sofa auf, als hätten sich die Federn in einen Schleudersitz verwandelt.

Ich kann dem Mann ja schlecht aus dem Fenster zurufen, dass ich von seinem Haus regelrecht fasziniert bin. Vom malerischen Aspekt her natürlich. Oder mehr noch, dass es eine wahre Quelle der Inspiration ist. Genau genommen fühlen wir uns gerade wie Kinder, die auf frischer Tat beim Apfelklauen erwischt wurden.

Den alten Stühlen, Puppen, Kochtöpfen, Kühlschränken und sonstigen Möbeln und Gerätschaften zum Trotz, parkt in der Einfahrt ein blitzsauberer dunkelgrüner Pickup.

Was wenn der wie das Rumpelstilzchen umherhüpfende biestige Alte sich in sein Auto schwingt und uns nachfährt? Bei dem Gedanken wird mir richtig mulmig.

»Erinnerst du dich an Easy Rider?«, frage ich meinen Mann kleinlaut, während er merklich aufs Gaspedal drückt.

»Pickup, verschrobene Typen, fiese Laune, Gewehr in der Armbeuge …«

»Sicher«, entgegnet er trocken und schaltet einen Gang rauf.

»Wir sind hier in Amerika«, schmücke ich meine Überlegungen besorgt weiter aus. »Hier hat fast jeder einen Waffenschein und ich glaube, der hier würde sein Gewehr ohne große Bedenken benutzen!«

»Ja«, räumt Georg mit besorgter Miene ein, »vielleicht haben wir es mit dem Zurückfahren auch ein bisschen übertrieben.«

»Hmmm«, brumme ich nur und schau mich immer wieder um. »Mit ein bisschen Glück schießt er uns nur die Reifen platt …«

Zugegeben - wir waren ziemlich dreist. Ein bisschen unverschämt … Aber es hat auch unglaublich viel Spaß gemacht.

Ich muss grinsen und nach kurzer Suche auf dem iPhone drehe ich die Musik auf volle Lautstärke:

»Get your motor runnin'
Head out on the highway
Looking for adventure
In whatever comes our way …
Born to be waa-a-a-haaild, born to be waa-a-a-haaild …«

Lachend singen wir den Song laut mit Steppenwolf um die Wette. Und zum Glück folgt uns kein grüner Pickup und bald fahren wir heil und unbeschadet in Dover-Foxcroft ein.

Am Ortseingang liegt ein riesiges Sägewerk, das »Pleasant River Lumber«.

Hunderte, möglicherweise tausende von Baumstämmen lagern hier in hohen Haufen aufeinandergeschichtet. Das Areal ist sehr weitläufig, man erkennt einzelne Lastwagen in der Ferne und vor dem Bürogebäude stehen etliche Pickups. Holz ist natürlich der wesentliche Baustoff für alle Häuser in der Region, was die beeindruckende Größe der Firma erklärt.

»Work Safe« steht in großen Lettern auf einer riesigen grauen Halle. Ein schöner Wunsch. Ich muss gleich an die vielen hinkenden Kanadier denken, die ich ganz spontan dem Berufszweig »Holzfäller« zugeordnet hatte.

Im Ort stehen etliche Häuser zum Verkauf, leer, fast ein wenig ratlos. Ab und zu baumelt auch ein einsames Gespenst an einer Brüstung und die munteren orangefarbenen Kürbisköpfe schaffen es immer wieder, gute Laune zu verbreiten.

Wir überqueren den Piscataquis River und schlängeln uns durch kleinere Dörfer in Richtung Weißer Berg.

In unserem Büchlein haben wir inzwischen einen Campingplatz ausgemacht, der noch geöffnet hat. Er liegt in dem Ort Hanover, kurz vor dem »White Mountain National Forest«, eine Strecke, die wir heute noch gut schaffen können.

Inzwischen sind wir richtig hungrig. Wir fahren durch eine sanfte, grüne Landschaft. Der Himmel hat sich verdunkelt und graue Schleier hängen über den Feldern. Ab und zu sehen wir in der Ferne ein Haus oder eine kleine Farm. Dann kommt die Rettung: Vor einem lang gestreckten dunkelroten Holzgebäude steht ein einladendes Schild: »Stutzman's Farm Stand & Brick Oven Cafe«. Genau das Richtige für zwei müde Reisende.

Der große Parkplatz ist leer, aber die Tür zum Restaurant steht offen. Rechts und links türmen sich hunderte pralle Kürbisse und schimmern wie Lampions in der nieselgrauen Umgebung.

Innen ist alles hell und freundlich. Durch einen Laden mit ländlichen Produkten gelangt man in ein gemütliches Restaurant, das von der Decke bis zum Boden mit Holz ausgestattet ist. Hier gefällt es uns richtig gut. Allerdings wird unsere Vorfreude gleich getrübt, als wir sehen, dass eine ältere Frau gerade energisch über den Tresen wischt.

»Sorry«, heute ist das Restaurant geschlossen, eröffnet sie uns strahlend. Einmal die Woche werde alles geputzt und auf Vordermann gebracht.

»Tomorrow«, tröstet sie uns, als sie unsere enttäuschte Miene sieht. Aber im Hofladen gebe es immer frische Produkte aus der Region. Gemüse, Obst, Kuchen und ihr selbst gemachtes Brot, das ganz besonders lecker sei.

Schade, unser Mittagessen hatten wir uns gerade noch ganz anders vorgestellt, denn dieses Lokal ist sehr gemütlich.

»*Tomorrow* passt bei uns leider gar nicht«, antworten wir leicht geknickt.

Die Regale im Laden muten auf den ersten Blick etwas steril an, aber es gibt roten und weißen Wein, rote und weiße Kartoffeln und kleine Körbe mit »Indian Corn«. Das sind sehr kunstvoll gemaserte Maiskolben, mit schwarzen, grauen und braunen Körnern. Ein Brot und Butter nehmen wir schließlich gerne mit.

Die alte Lady an der Kasse erzählt uns, dass der Familienbetrieb normalerweise voller Leben sei, die Leute kämen auch von weit her, und das Restaurant sei allgemein ein sehr beliebter Treffpunkt für die Menschen aus der Gegend. Ja, das können wir uns gut vorstellen.

»Maybe next year«, seufze ich.

Mit knurrendem Magen geht's wieder los, in der schwachen Hoffnung einen weiteren Landgasthof zu finden.

Dieser fromme Wunsch geht natürlich nicht in Erfüllung. Die Landstraße zieht sich dahin, grüne Wiesen und Felder wechseln sich ab, kleine Wasserläufe säumen den Weg, und dann – ja dann kommt »Harmony«.

Der Weiler wirkt auf uns wie aus einer anderen Welt, aus einem weit entfernten Universum. Die Harmonie entsteht hier durch den Stillstand, das Anhalten, das Verbleiben in einer separaten, zeitlich verschobenen Wirklichkeit.

Wir halten auf dem weitläufigen Parkplatz des *General Store* an der Hauptstraße, um Getränke und etwas zu Essen zu kaufen. Brot haben wir ja bereits.

Zwischen den schlammigen Pfützen, die sich im aufgerissenen Asphalt gebildet haben, parken einige Pickups. Wir folgen dem lang gezogenen Holzbau und betreten das trübe Innere des Ladens.

Augenblicklich sind wir in eine ganz seltsame Atmosphäre gehüllt, als würde sich ein schummriger Schleier über uns senken. Auf den ersten Blick gibt es so ziemlich alles, was das Herz begehrt: ein richtiger Gemischtwarenladen.

Die wackeligen Regale sind dicht an dicht mit allen erdenklichen Dingen vollgestopft, von Nahrungsmitteln, Spielsachen und Schulheften bis hin zu Elektroartikeln, Eisenwaren, Gartengeräten und Anglerbedarf. Wenn man in den Tiefen der Regalbretter gräbt, kann man hier sicher noch alte Motherboards finden, Windows 98 Disketten, kleine Transistorradios oder dicke rosarote Himbeerbonbons und Pfefferminzbruch.

Es ist ein Ort in dem man sich einen John Wayne, Zigarette im Mundwinkel und ein Fläschchen Bier in der Hand lässig an ein Regal gelehnt, vorstellen könnte. Na ja, ganz so lässig auch wieder nicht, denn die Regale wirken nicht besonders stabil, obwohl sie schon seit der Gründerzeit hier stehen müssen. Aber das Gefühl, dass hier alles leicht schwankt, liegt auch noch an etwas anderem: Der Boden ist schief.

Diesen kleinen Mangel hat man sehr raffiniert mit etlichen Teppichbodenstücken ausgeglichen, und da das wohl nicht so richtig funktioniert hat, hat man eben noch mehr Teppichboden zerschnitten und angestückelt. Aber viel ist nicht immer gut: Der Boden ist immer noch schief, nur anders schief als vorher, vermutlich aber noch schiefer.

Ich gehe also leicht schräg die Regale entlang, eine Schutzhaltung wie man sie auf einem Schiff bei hohem

Seegang annimmt, und wanke durch den Verkaufsraum. Mir ist schwindlig. Draußen braut sich ja auch ein Unwetter zusammen, da ist heute wohl besonders hoher Wellengang.

In der Luft hängt ein undefinierbarer Geruch nach Keller und Kräutern. Wir erweitern unsere Vorräte um ein Stück Käse und treten wieder in die reale Welt hinaus.

Das Wohnmobil erweist sich wieder einmal als ein Segen. Wir kochen auf dem Parkplatz einen guten Kaffee und essen ein belegtes Brot. Die Überlebensration.

Als wir wieder starten, ist auch der Indian Summer, unser treuer Begleiter, wieder da. Glühend rote Ahornbäume säumen die Straße und erfüllen den wolkenverhangenen Tag mit ihrem magischen Leuchten.

In Cornville müssen wir plötzlich anhalten.

Ein Schulbus steht auf der gegenüberliegenden Straßenseite und ein seitlich herausgefahrenes Stoppschild blinkt auf. In solchen Fällen müssen alle Autos auf beiden Seiten sofort stehen bleiben. Eine wunderbare Sicherheitsmaßnahme, denn Kinder können den Verkehr auf beiden Seiten der Straße oftmals gar nicht schnell genug einschätzen und laufen beim Überqueren der Fahrbahn große Gefahr übersehen zu werden.

Der Knirps, der jetzt würdevoll aussteigt, hat nicht die geringste Eile. Er schlüpft in die Träger seines Schulranzens und rückt ihn sich auf dem Rücken zurecht. Dann geht er aufreizend langsam über die Straße, hält mitten auf der Fahrbahn inne, lässt wohlwollend den Blick über die wartenden Fahrzeuge gleiten, hebt zum Busfahrer gewandt noch wie ein kleiner König die Hand zum Gruß und macht sich dann ganz gemütlich vom Acker. Die inzwischen deutlich angewachsene Autoschlange auf beiden Seiten wartet geduldig. Wir müssen laut lachen und winken dem Kleinen vergnügt nach.

Am Ortseingang von Skowhegan empfängt uns eine riesige Transportfirma, ein Zeichen, dass es hier Arbeit gibt.

Dann fahren wir an einem großen Friedhof vorbei. Leben und Tod, Licht und Schatten, eng verknüpft wie im echten Leben.

Im Zentrum parken wir an der Court Street.

Der Ort gefällt uns auf Anhieb, denn jedes Haus hat seinen ganz eigenen, individuellen Charakter. Manche Gebäude sind aus Stein, mit weiß umrandeten Bogenfenstern und liebevoll verzierten Simsen, mit Giebeln und zierlichen Balustraden auf den Dachterrassen. Andere wiederum sind streng und gradlinig aus rotem Ziegel erbaut. Dazwischen stehen in Pastellfarben gestrichene Holzhäuser mit kleinen Erkern und bunten Läden im Erdgeschoss.

Die ganze Innenstadt zeugt vom Wohlstand vergangener Zeiten. Ein bisschen wie ein amerikanisches Venedig, nur ohne Kanäle. Ja, alles scheint hier einer alten Zeit anzugehören, als hätte man die Stadt aufgegeben. Der Lack blättert ab – überall, gnadenlos.

Wenige Fußgänger schlendern durch die Straßen, das regnerische Wetter trägt sicher zu der melancholischen Stimmung bei.

Die »Skowhegan Downtown Art Gallery« wurde mit zwei Brettern zugenagelt. An der Außenwand kann man noch einem fröhlichen Indianer im Lendenschurz beim Fischen zusehen. Solche Bilder aus dem echten Leben gehören wohl auch schon lange der Vergangenheit an.

Früher haben die *Abenakis* hier im Kennebec River gefischt. Natürlich, bevor sie Mitte des 18. Jahrhunderts im Laufe des Anglo-Abenakischen Krieges massakriert oder vertrieben wurden. Oder beides.

Zum Gedenken wurde 1969 in der High Street Nr. 12 eine neunzehn Meter hohe Indianerstatue des Bildhauers Bernard Langlais aufgestellt, und den Indianern aus Maine gewidmet. Mit dem bedeutungsschweren Text: »The first people to use these lands in peaceful way«.

Ja, als die Indianer in die Territorialkriege zwischen Neuengland und Neufrankreich gerieten, war es mit dem Frieden aus. Der »Skowhegan Indian« sieht beklagenswert aus. Mit seinem traurig zum Himmel gerichteten Blick scheint er seine Götter zu fragen: »Warum?«

Wir Menschen stellen gern besinnliche Denkmäler auf, für das was wir zuvor gründlich zerstört oder vernichtet haben.

Schräg gegenüber holt uns zum Glück die Gegenwart wieder ein.

Ein Chevrolet-Buick Autohändler präsentiert unzählige Pickups und SUVs. Die bulligen Pickups begeistern uns immer wieder aufs Neue. Die robusten Fahrzeuge sind teilweise bereits mit abnehmbaren Schneeschaufeln ausgestattet und, ganz ehrlich, den kommenden Winter spürt man heute schon deutlich in der Luft. Es ist, als hätte der Schnee seinen ganz eigenen Duft. An dem großen Schild über dem Eingang können wir lesen, dass es diesen Autohändler schon seit 1911 gibt. Und das Geschäft läuft offensichtlich immer noch gut.

Wir gehen vor bis zum Fluss. Von einer schmalen Holzbrücke aus können wir das wunderschöne historische Gebäude der Central Maine Power Station bewundern. Neben dem alten Industriebau mit dem grünen Dach strömt das Wasser, weiße Gischt versprühend, in den Kennebec Fluss.

Als wir ein paar Schritte am Ufer entlang schlendern, stoßen wir ganz unerwartet auf die Schwester des Skowhegan-Indianers.

Die hölzerne Nixe stammt unverkennbar aus der Hand desselben Bildhauers und der schwermütige, verlustträchtige Blick der indianischen Meerjungfrau unterstreicht noch die nahe Verwandtschaft zwischen den beiden Skulpturen.

Aber wir müssen weiter, wenn wir noch bei Tageslicht zum Campingplatz gelangen wollen, denn wir haben noch gute eineinhalb Stunden Fahrt vor uns.

Als wir der Hauptstraße wieder folgen, amüsieren wir uns köstlich über die Ortsnamen: wir kommen durch Carthage, das ja eigentlich bei Tunis liegt, durch Mexico und Peru. Und Canton und West Paris liegen hier auch nicht sehr weit voneinander entfernt.

Ein kunterbunter internationaler Treff zieht sich wie eine Kette die Main Street entlang und überall leuchten kleine Seen und Wasserläufe durch das inzwischen regennasse, ockerfarbene Blattwerk.

Der Androscoggin River muss Hunderte kleine Zuläufe haben. Stattliche Holzhäuser und Villen flankieren die Hauptstraße. Wir kommen an großen Holzlagern und an Händlern für landwirtschaftliche Geräte und Traktoren vorbei.

In Rumford fahren wir über eine geschwungene, in dem typischen hell leuchtenden Eisenbahnbrückengrün gestrichene Stahlbrücke und erhaschen einen Blick auf die breit über die Felsen niedergehenden Rumford Falls. Das Wildwasser sammelt sich im Androscogging River Reservoir und fließt dann über eine beeindruckende, lang gezogene Wehr unter der Brücke hindurch und in den Fluss.

Das Wasser ist reich an Forellen, aber vor allen Dingen hat man sich seine reißende Kraft für die Holz verarbeitende Industrie zunutze gemacht. Ende des 19. Jahrhunderts wurde hier die erste Papierfabrik in Betrieb genommen und die Industrialisierung hat dieser Gegend auf lange Zeit Arbeit und Wohlstand gebracht.

Wasserfälle ziehen mich magisch an und zu gerne würde ich mir dieses spektakuläre Wildwasserbecken aus der Nähe ansehen, obwohl heute Nachmittag gar kein Stopp mehr geplant ist. Georg möchte jetzt lieber durchfahren, aber ich habe Glück: Wir haben fast kein Benzin mehr und gleich nach der Brücke kommt eine Tankstelle. Und da wir eh halten müssen, können wir auch noch die paar Schritte bis zum Wasser gehen und kurz den Blick auf die ausgewaschenen, urzeitlich anmutenden Felsformationen genießen.

Am Eingang zum Parkplatz empfängt uns ein überdimensionaler Holzfäller in rotblauer Arbeitskleidung. Der starre Riese hält eine schwere Axt in beiden Händen. Hier in Maine scheinen übergroße Skulpturen ja sehr beliebt zu sein.

Die Ägypter haben in alten Zeiten das Material für ihre gigantischen Pharaonenstatuen aus den Steinbrüchen von Assuan den Nil hinuntergeschifft. Hier in den dichten Wäldern von Maine benutzt man für alles Holz.

Der kleine See liegt relativ ruhig da, als wir ans Ufer treten, aber ausgebleichte, skelettartige Äste und entwurzelte Baumstämme zeugen von der Kraft, die hier wüten kann. Auch ein Warnschild besagt, dass der Wasserspiegel ganz unerwartet rasant ansteigen kann.

Ein verlockender Duft nach Essen schwebt plötzlich in der Luft. Wir haben ganz vergessen wie ausgehungert wir sind.

»Stuffed baked potatoes and homemade Apple Crisp«, steht auf dem Dach eines nahe gelegenen Kiosks. Die Apfeltaschen sind nicht nur knusprig, sondern auch »very famous«, wie uns die Verkäuferin stolz erklärt. Ja, dann nehmen wir natürlich eine doppelte Portion mit und freuen uns jetzt schon auf ein geruhsames Abendessen in Hanover. Der Himmel reißt wieder auf, als wir gegen sechs Uhr endlich ankommen. Das Stony Brook Office liegt direkt an der Hauptstraße und auf einem pinkfarbenen Schild mit im Kreis blinkenden Leuchtdioden flimmert die einladende Aufschrift »open«.

Innen gibt es einen kleinen Laden mit einem Lebensmitteleck und unzähligen Video Games. Der junge Mann am

Tresen erinnert uns auch prompt ganz stark an den Video-Verleiher in dem Film »Men in Black 2«. Ich erwarte jeden Moment ein: «Gentlemen, my name is Newton, I run the place ...«, was hier auch wunderbar herpassen würde, aber der Inhaber fragt uns beim Zahlen nur zuvorkommend, ob wir vielleicht ein Fernsehprogramm mitnehmen wollen. Falls wir heute Abend einen Film ansehen möchten ... Ha! Also doch »Men in Black«?

Wir verneinen natürlich, einen Fernseher haben wir ja nicht, aber ein Blick auf die prachtvollen Wohnwagen die hier noch vereinzelt stehen, sagt uns, dass so mancher bestimmt ein gut ausgestattetes Wohnzimmer im Fahrzeug hat.

Der Campingplatz zieht sich weit über sanfte Hügel. Unter den davonziehenden, bleifarbenen Wolken leuchten die Ahornbäume eines kleinen Wäldchens glutrot in der Abendsonne. Wir bekommen einen schönen Stellplatz in Hanglage zugeteilt. Fully hooked.

So, und jetzt gibt es endlich baked potatoes und crispy Apfelkuchen.

Mit einer Tagesstrecke von gut zweihundertsechzig Kilometern sind wir heute der kanadischen Grenze wieder ein ganzes Stück näher gerückt.

In den White Mountains

Wir stehen sehr früh auf und suchen alle unsere amerikanischen Münzen zusammen, um vor der Abfahrt noch die Wäsche zu waschen. Gestern mussten wir schmunzeln, als wir im Camp-Prospekt gelesen haben »exceptionally clean restrooms«, aber es stimmt tatsächlich. Alles ist picobello: schlicht und ein wenig altmodisch, aber irgendwie heimelig eingerichtet. Waschmaschinen und Trockner sind sehr funktionell übereinander aufgebaut und wir nutzen die Gelegenheit, dass wir allein sind, um wieder einmal unsere komplette Garderobe in Ordnung zu bringen. Es sind immer viele *coins* für die Waschgänge vonnöten und wir haben schon eine richtige Sammlung kanadischen Kleingelds in der Mittelkonsole angehäuft.

Während alle Maschinen für uns arbeiten, machen wir ein schönes Frühstück. Das selbst gebackene Brot der Ladies von der Stutzman's Farm entpuppt sich leider gleich als ziemlich serienmäßig. Gut oder schlecht, wie man's nimmt. Neutral käme wohl am ehesten hin. Egal. Wir müssen uns mit dem Brot hier einfach abfinden. Möglicherweise schmeckt ja amerikanischen Touristen unser würziges, kerniges Vollkornbrot in Deutschland auch nicht.

Und dann geht es wieder los.

Nach der langen Autofahrt vom gestrigen Tag freuen wir uns schon auf die White Mountains, in denen es unzählige Wanderwege geben soll.

Der Himmel leuchtet wieder Azurblau und die Blätter der immer lichter werdenden Ahornbäume wechseln langsam von einem tiefen Rot in ein samtiges Braun.

Wie ein warmer Teppich ruht der Indian Summer auf dem vorbeiziehenden Land.

Auf dem Weg über Bethel nach Gorham sehen wir immer wieder kleine Trödelmärkte am Straßenrand. »Antiques« nennen sich die offenen Läden mit ihrem kunterbunten Sammelsurium. Von verrosteten Bulleröfen bis hin zu alten Eimern und Kuchenformen steht da so manches Stück Familiengeschichte herum.

Unter der überdachten Veranda eines Holzhauses türmt sich Gerümpel bis zur Decke. Das schmiedeeiserne Kopfende eines Bettes plustert sich im Eingang wie ein Rad schlagender Pfau auf, sodass man kaum noch zu den verschwenderisch übereinandergestapelten Antiquitäten vordringen kann. Ein Open-Air-Gesamtkunstwerk: nur zum Ansehen, nicht zum Anfassen.

Der reichlich verzweigte Androscoggin River schlängelt sich in tausend Krümmungen und Schleifen am Rande des National Forest dahin.

Irgendwo zwischen Gilead und Shelburne haben wir die Grenze zwischen Maine und New Hampshire überquert, und als wir in Gorham ankommen steht glücklicherweise eine »Tourist Information« direkt an der Hauptstraße. Also parken wir am Straßenrand, um uns in dem kleinen Büro alle möglichen Infos über das neue Bundesland und die White Mountains zu holen.

Ein Schaukasten neben dem Eingang zeigt uns auf bunten Fotos und Faltblättern, was wir hier im Sommer alles verpasst haben.

Am 15. Oktober, also vor vier Tagen, war hier noch ein fabelhaftes *RiverFire*. Schade.

Und »WELCOME« steht in großen Lettern in der Vitrine. Auf der Eingangstüre des Informationsbüros allerdings steht, handgeschrieben und in weniger großen Buchstaben, »CLOSED, see you in the spring«.

Ja, ja, das kennen wir doch schon irgendwo her. Ein guter Termin - und auch noch so präzise.

Ab Mitte Oktober werden also auch in New Hampshire die Bürgersteige hochgeklappt.

Es lebe der Indian Summer! Der lässt sich nicht einfach stoppen und er bedarf zum Glück auch keiner menschlichen Organisation.

Ich will gerade kehrtmachen, als mein Blick auf einen schmalen blau-weiß-roten Altmaterial-Container fällt. Ich sage ganz bewusst nicht Abfalleimer und schon gar nicht Mülleimer.

Der Text darauf berührt uns zutiefst und offenbart uns gleichzeitig eine ganz neue Seite dieses Landes.

Wir hatten schon oft bemerkt, dass an fast jedem Haus die amerikanische Flagge im Wind flattert. Das ist so auffällig, dass ich schon einmal gedacht habe, Fahnenhersteller müsste man hier sein, das ist mit Sicherheit ein Selbstläufer. Und wie das bei einem blühenden Geschäft so ist, kurbelt der Verschleiß die Nachfrage an. Genau. Und hier kommt dieser Container ins Spiel der seine Aufgabe, wie sich herausstellt, mit Bravour meistert und dessen Beschriftung uns einen kleinen Einblick in die Mentalität und in die Heimatverbundenheit der Amerikaner verschafft:

»Please place your worn, tattered and unserviceable American Flags inside. They will be disposed of properly with dignity and pride!«

Ich übersetze frei: Hier werden eure abgenutzten Amerikanischen Fahnen in Würde und mit Stolz ordentlich entsorgt. Und ich möchte statt »entsorgt« fast andächtig flüstern »beerdigt«.

Etwas Derartiges habe ich in Europa noch nirgends gesehen. Und das, obwohl ich in Italien aufgewachsen bin, wo man auf den »Tricolore«, wie die *Bandiera Nazionale* heißt, sehr, sehr stolz ist.

In Bayern hat mir einmal ein Maurer, der gerade auf einem Stapel Ziegelsteinen Pause machte, ein fröhliches: »Verwurzelt mit der Heimaterde!«, zuggeprostet, als er um zehn Uhr morgens die erste Bierflasche aufhebelte. Jeder eben auf seine Art …

Als wir weiter durch den Ort fahren, kommen wir an mehreren Antiques-Läden vorbei. Ich bitte meinen Mann kurz anzuhalten, denn Mädchen schauen nun einmal gerne Kruscht und bunten Klimbim an. Und vogelwilde Antiquitäten stehen bei mir ganz oben auf der Liste.

Aber Georg fährt eiskalt an unzähligen völlig verwaisten Parkplätzen vorbei und nuschelt etwas von »ganz schlechten Parkmöglichkeiten«. Flohmärkte gehören nicht zu seiner Top-Ten-Liste. Als ich entrüstet auf die gefühlten Hundert leeren Parkstände hinweise an denen wir gerade vorbeigefahren sind, behauptet er tatsächlich ganz unschuldig, die habe er nicht gesehen.

Ich lasse mir fest versprechen, dass beim nächsten Antiquitätenhändler gehalten wird und kann meinem Mann deutlich den frommen Wunsch von der Stirn ablesen, dass keine mehr folgen mögen.

Inzwischen sind wir auf der White Mountain Road gelandet und passieren das große Schild »White Mountain National Forest«.

Die erste Parkmöglichkeit finden wir beim »Nineteen Mile Brook Trailhead«.

Hier sind zwar nicht so schöne Infoheftchen ausgelegt worden wie im Algonquin Park, aber eine Tafel erläutert weitgehend die Gegend und die Wanderpfade. Die neunzehn Meilen werden wir wohl nicht schaffen, aber wir laufen guter Dinge los um den hiesigen Wald ein bisschen zu erkunden. Der Weg führt zuerst an einem fast wasserleeren, von Steinen übersäten Flussbett entlang. Wie auf einem Elefantenpfad wälzen sich die grauen Riesen mit ihren von Rissen und Furchen durchzogenen Rücken vorsichtig das schmale Bachbett hinunter.

Ab und zu hört man durch die Bäume ein leises Plätschern und unsere Schritte werden von einem dichten, gelben Laubteppich gedämpft. Zwischen den bleigrauen Felsen am Rande des Waldwegs schimmert immer wieder Glimmerschiefer auf.

Die Bäume sind von einer elfenhaften Schönheit. Von den Birken löst sich die weiß gemaserte Rinde in breiten, sich hauchzart ringelnden Schlangenhäuten.

Sanft tänzeln die fallenden Blätter zu Boden.

Doch trotz der wunderbaren herbstlichen Stimmung wird uns der Weg nach einer Stunde zu eintönig und wir kehren um.

Wieder folgen wir der White Mountain Road und gelangen an ein lang gestrecktes Gebäude mit einem riesigen Parkplatz. Von hier aus kann man die Autotour auf den Mount Washington buchen.

An einer Seitenwand des Holzbaus prangt eine aus bunt bemalten Zweigen geflochtene amerikanische Flagge.

Auf einer weitläufigen Grünfläche stehen einladend Holzbänke und Tische und wir setzen uns kurz hin und genießen den Blick auf den berühmten Berg. Trotz seiner 1917 Meter Höhe wirkt er von hier aus eher rund und gemütlich. Als Teil der Appalachen, einem Kettengebirge das sich von Québec bis hin nach Alabama zieht, ist er geologisch gesehen mit geschätzten vierhundertachtzig Millionen Jahren uralt. Wenn man ihn so friedlich in der Herbstsonne stehen sieht, kann man sich gar nicht vorstellen, dass einem im Winter auf dem Gipfel ein eiskalter Wind um die Ohren pfeift. Bei -40 Grad und einer Windgeschwindigkeit von 120 km/h können da oben regelrechte Hurrikans wüten.

Eine Tour hinauf werden wir nicht machen, auch nicht mit der historischen Eisenbahn, denn unsere Zeit wird knapp und wir möchten uns lieber noch den einen oder anderen der unzähligen Wanderpfade die von der Hauptstraße abzweigen ansehen.

Als wir weiterfahren, sehe ich rechter Hand eine kleine Einbuchtung auf der mehrere Autos parken. Hier scheint es auf jeden Fall etwas Sehenswertes zu geben, denn im Park sind momentan nicht allzu viele Besucher unterwegs. Also versuchen wir umzukehren, was uns auch nach zwei Kilometern mit einem recht gewagten U-Turn gelingt.

Langsam nähern wir uns der Stelle wieder und schaffen es auch, die Zufahrt zum Parkplatz zu finden.

Ein Schild kündigt die »Glen Ellis Falls« an. Hört sich gut an, allerdings vermuten wir, dass man dorthin ein ganzes Stück laufen muss, denn es gibt ringsum keine nennenswerten Erhebungen, von denen ein Wasserfall herunterstürzen könnte. Doch die Sonne strahlt so warm durch die goldenen Birkenblätter, dass schon allein dieses wunderbar herbstlich leuchtende Waldstück ein paar Schritte wert ist.

Nach wenigen Metern gabelt sich der Weg und ich tendiere zum Kern des Waldes. Aber Georg bemerkt rechtzeitig einen kleinen Pfeil der auf einige grob gehauene, zu Stufen angeordnete Steine deutet, die im gleißenden Sonnenlicht an die alte *Via Appia Antica* in Rom erinnern. Das grobe Pflaster endet an einer dunklen Unterführung, die wohl unter der Hauptstraße verläuft. Drüben erschien uns die Landschaft eigentlich noch flacher als auf dieser Seite, dennoch gehen wir neugierig durch den engen Tunnel und kommen an einem sanft dahinplätschernden Bach heraus.

Auch hier keine Spur von einem Wasserfall, nicht einmal der Hauch von einem Gefälle.

Wir folgen dem schmalen, leicht abfallenden Uferweg. Tote, von Wind und Wetter ausgebleichte Baumstämme liegen über dem Flussbett. Wir lauschen angestrengt. Ja, ein schwaches Rauschen kündigt ein Wasserfällchen an. Wie Steinsauger klammern sich kurz darauf dünne Birkenstämme an die moosbewachsenen Felsbrocken neben einem kleinen, fröhlich schäumenden Wasserfall. Doch das Dröhnen wird lauter, das kann unmöglich alles gewesen sein. Der steinige Pfad geht jetzt in eine steile, von einem groben Holzgeländer flankierte Treppe über. Das Brausen und Tosen wird immer stärker und dann sehen wir nur noch weiße, spritzende Gischt die in ein tief unten gelegenes Becken donnert. Verkrüppelte, abgezehrte Kiefernäste beugen sich zaghaft über den felsigen Abgrund. Der abschüssige Weg öffnet immer neue Ausblicke auf das wild schäumende Wasser, das wie ein Brautschleier, der sich im Wind entfaltet, in die Tiefe stürzt.

Wir stellen uns auf eine kleine Aussichtsplattform und bestaunen andächtig das ungestüme Temperament dieses soeben noch so sanften Baches.

Millionen Tröpfchen tanzen ausgelassen in der kühlen Luft. Immer wieder versetzt mich die Natur hier ins Staunen. In Bayern oder in Norwegen stürzen die Wasserfälle, so wie es sich gehört, vom Berg ins Tal, von hohen Fels-formationen in die Tiefe. Hier erleben wir immer wieder dieses Wunder, dass das Wasser mehr oder weniger aus dem Stand in einen Abgrund fällt. Das war schon in Niagara so, als das Wasser auf Augenhöhe mit der Straße den Horseshoe herunterdonnerte und bei den Grand Falls waren wir genauso sprachlos, als sich völlig eben neben der Haupt-straße plötzlich ein breiter Wasserfall vor uns öffnete.

Ein weißes Schild auf einem Felsen erläutert, dass der Glen Ellis Fall hier fast zwanzig Meter in die Tiefe stürzt. Und, dass Wasser eine der bedeutendsten Ressourcen des White Mountain National Forest ist.

Ja, nicht nur hier: Überall bedeutet Wasser Leben.

Zurück am Parkplatz warnt uns ein kleines Schild »you're in bear country«. Und hier erklärt man uns endlich einmal einige Verhaltensregeln, was sicher nicht falsch ist, denn wir begegnen ja nicht sehr oft einem Bären.

Als der arme Bruno bei uns durch die Wälder streifte, wurde in den Medien immer nur zur Vorsicht gemahnt, aber nie konkret erklärt wie man sich verhält, wenn man wirklich einem Bären gegenübersteht.

Wir lernen also fürs Leben: Nie einen Bären fotografieren, er könnte das als Bedrohung auffassen. Bewegungslos stehen bleiben oder langsam rückwärtsgehen und dabei leise und beruhigend auf den Bären einreden. Nie laufen. Und nie auf einen Baum klettern – Bären klettern besser!

Und natürlich soll man Bären oder andere wilde Tiere nicht mit Essen anlocken, denn sonst nähern sie sich den Menschen wieder, statt sie zu meiden.

Nachdem sich aber in dem in goldgelb strahlenden Birkenwald gerade nicht einmal der Schatten eines Bären abzeichnet, fahren wir weiter.

Ein kleines Plakat auf der Pinkham Notch Road lädt zum »Pumpkin Festival« in Jackson ein. Das ist nicht mehr weit. Und wenn es was Gutes und Natürliches zu essen gibt, dann wohl auf einem Kürbisfest.

»Hit the road, George, das sehen wir uns an!«

Immer wieder flankieren Holzhäuser oder kleine Weiler die Straße. Bei manchen bin ich mir nicht sicher, ob sie sich auf *Antiques* verlegt haben oder ob sie ihren Garten ganz einfach vorübergehend als Müllhalde benutzen.

Unter einem strahlend blauen, fast sommerlichen Himmel fahren wir in Jackson ein. Auch hier wird, wie in den meisten Orten, Kunst ganz groß geschrieben, wie ein Plakat der Ellis River Art Studios verrät.

Das Festival können wir auf Anhieb nicht entdecken. Wir haben lange Holztische mit herbstlichen Auslagen und Kürbisspezialitäten aus der Region erwartet. Dazu etwas mehr Trubel. Die Besucher scheinen sich noch nicht zahlreich eingefunden zu haben.

Also parken wir und fragen in dem sehr hübsch und gemütlich aussehenden Jackson-Town Country Store, wo denn das Fest stattfindet.

Die drei jungen Frauen hinter der lang gestreckten Ladentheke wirken sehr erstaunt. Das Pumpkin Festival sei kein Fest in unserem Sinne, erklären sie dann lachend. Es bedeute nur, dass jeder Anwohner ganz besonders schöne Kürbisse vor die Haustür lege und am Ende des Festivals werde der Sieger, der schönste Pumpkin von Jackson, ausgewählt.

Und wie ist das mit dem Essen? Kein Essen. Niente. Nur gucken! Ein Fest nur für die Augen ...

Es ist Mittag und hungrig sehen wir uns in dem schlicht aber sehr nett eingerichteten Country Store um. Am Fenster steht eine Reihe melaminbeschichteter Tische, an denen man offensichtlich etwas essen kann.

Ja, man könne sich alles was man wünscht aus den Regalen holen und das Mittagessen selbst zusammenstellen oder aber Käse, Brot und selbst gemachte Wraps von der Theke holen, erklärt uns eine der Frauen.

Die Regale sind kunterbunt mit Chips, Cracker, Marmelade, Flakes, Wein, Bier und allen erdenklichen Schokoriegeln und Süßkram gefüllt.

Wir entscheiden uns für die Wraps die, je nach Füllung, verführerische Namen wir »Greek«, »Mexican« oder »Italian« haben.

Während wir aufs Essen warten, sehe ich mir die Regale genauer an.

Auch hier gibt es, wie in Harmony, von Kosmetikartikeln bis hin zu lustigen Souvenirs einfach alles. Nur die Atmosphäre ist wesentlich freundlicher und frischer. Auf den Weinflaschen kleben allerdings ziemlich eigenartige Etiketten. Auf dem »housewine« ist ein kindlich gezeichnetes Häuschen abgebildet, für Schokoladenliebhaber gibt es den schrägen »Chocolate Shop Red Wine with natural dark choclate flavor« und für die ganz Wilden gibt es den »Skeleton Wine« mit einem gruseligen Totenkopf auf pinkfarbenem Hintergrund. Dazu kann man passenden Totenkopfschmuck aus Silberimitat und Gothic-Accessoires erwerben.

Die freudige Erwartung auf das warme Mittagessen wird jäh zertrümmert, als uns zwei eiskalte, ziemlich blasse Wraps aufgetischt werden.

Fragend sehe ich die Frau an, die mir ein strahlendes »enjoy« hinwirft.

Wie *enjoy*? Entgeistert schaue ich auf das Kältepack. Wie kann man kaltes Bohnenmus, das auch noch in ein feucht-kaltes Teigblatt eingewickelt wurde, genießen? Beklommen frage ich, ob das Ganze nicht auch warm geht. »No«, heißt es lapidar. Ein Wrap werde immer kalt serviert. Also lege ich meine Hoffnung in die amerikanische Vorliebe für Fastfood: »Maybe hot French Fries?«, flehe ich erwartungsvoll.

»No French fries here, only sandwiches!«

Das war's also mit dem warmen Mittagessen. Und mit dem Kürbisfestival. Und überhaupt bin ich gerade, zumindest was das Essen betrifft, mit der Gesamtsituation unzufrieden. Sicher kann man sich die Speisen mit einem guten Tropfen wie dem Skeleton Wein auch schön saufen, aber mir ist gerade nicht danach.

Georg hat wie immer die Ruhe weg. Nicht, dass er von dem feuchten Lappen auf seinem Teller begeistert wäre, aber er isst mangels erfreulicherer Alternative einfach was auf den Tisch kommt. Ich verneige mich vor so viel spartanischer Gelassenheit.

Dann sehe ich mich noch einmal in dem netten Raum um. Drei junge Frauen stehen fröhlich ratschend an der Theke und es sieht ganz so aus, als gäbe es im Hintergrund auch eine Küche.

Unsere Teller sind aus Papier und das Besteck ist aus Plastik. Gespült wird also nicht. Gekocht aber definitiv auch nicht. Das mit dem Essen ist mir langsam ein Rätsel.

Nach dieser entmutigenden kulinarischen Erfahrung verlassen wir Jackson. Mit dem Finger auf der Landkarte ziehen wir einen kleinen Bogen durch die White Mountains und setzen uns ein Städtchen mit dem geschichtsträchtigen Namen »Bethlehem« als nächstes Ziel.

Leider bleiben uns nur noch sechs Tage bis zum Abflug, daher wollen wir die Bundesstaaten Vermont und New York jetzt ohne große Umwege durchqueren und bald wieder nach Kanada einreisen.

Wie eine weit geöffnete Zange mit dicken, herausragenden Stumpenzähnen drängt sich ein dicht besiedeltes, schmales Gebiet ab Jackson in den Nationalpark. Der Ellis River bildet ein Stück des Weges die natürliche Grenze zum Park.

Immer wieder weisen Schilder darauf hin, dass es auf der Hauptstraße bereits hunderte von Zusammenstößen mit Elchen gegeben hat. Kein Wunder, denn die Tiere können die imaginären von Menschenhand auf der Landkarte gezogenen Aussparungen und Abgrenzungen in den Wäldern ganz sicher nicht erkennen, und schon gar nicht begreifen. Man solle doch bitte vorsichtig fahren, lautet der fromme Wunsch auf den Warnschildern. Dieser wird aber nicht etwa von einer Geschwindigkeitsbegrenzung untermauert. Nein, nein, man baut vertrauensvoll auf das Verständnis und die Rücksichtnahme der Autofahrer.

Dass das nicht funktioniert, erfahren wir postwendend.

Die Autos rasen mit Affentempo an uns vorbei und über die rücksichtslose Fahrweise können wir nur staunen. Wir fahren, wie gewünscht, vorsichtig. Damit meine ich jetzt 80 km/h, also ein zumutbares Tempo auf einer Landstraße. Das stört einen der Raser so sehr, dass er abbremst, direkt vor unserer Nase einlenkt und uns zu einer Vollbremsung zwingt. Dann fährt er mit ganzen 40 Stundenkilometern vor uns her.

Ja, Hirnlose gibt es überall. So etwas passiert uns in Dubai, wo wir jedes Jahr einige Monate verbringen, sehr häufig. Man könnte meinen, dass der Frust des Alltags auf den Straßen abgeladen und aufgearbeitet wird. In Dubai wird man, wenn man die Spur wechseln will oder muss, gerne mal abgedrängt, in eine Ausfahrt oder eine Seitenstraße oder, wenn's gerade Spaß macht auch auf eine Verkehrsinsel.

Mein Mann kann fahrtechnisch inzwischen recht gut mit so einem Verhalten umgehen. Was nicht heißt, dass es ihn nicht ärgert. Aber solche fahrenden Idioten leben nun Mal von einem aktiven Publikum.

Würden wir jetzt laut Hupen oder Gas geben wäre das ein gefundenes Fressen für den unangenehmen Typen vor uns, also tuckern wir gemütlich mit fünfunddreißig Stundenkilometern hinter ihm her. So hat sich unser Störenfried das Spielchen aber nicht vorgestellt. Als er uns keine weitere Reaktion entlocken kann, langweilt er sich auch recht schnell, beschleunigt wie der Teufel und entschwindet auf der Überholspur.

Mit normaler Geschwindigkeit geht's nun an der sehr heimatlich klingenden Linderhof Straße und am gleichnamigen, auf rustikal getrimmten Linderhof Country Club vorbei. Dann biegen wir Richtung Bartlett ab.

Die Nachmittagssonne scheint strahlend in die Baumkronen und die Blätter glühen in einem goldenen Licht. In einer Lodge hier im Naturpark zu übernachten wäre natürlich auch schön.

Als wir den Saco River überqueren, sehe ich rechterhand eine »Covered Bridge«, eine wunderschöne Holzbrücke mit dicken Streben und einem roten Dach. Der Eingang ist mit bunten Fahnen geschmückt, die uns fröhlich flatternd zuwinken. Gleich daneben liegt der Parkplatz eines kleinen Hotels.

Dieses kleine Paradies würde ich mir sehr gerne näher ansehen und vielleicht können wir ja wirklich zur Abwechslung einmal in einem richtigen Haus übernachten.

Als ich das Covered Bridge House betrete, gelange ich zuerst in einen schmalen Flur. Die Tür zum Wohnzimmer steht offen. Hier scheint sich seit Großmutters Zeiten nichts verändert zu haben. Jede Ecke ist vollgestopft mit Bildern, Fotos, Erinnerungen und Nippes. Altmodische Möbel machen den Raum wunderbar gemütlich.

Ein weißhaariger Herr sitzt an einem Tisch und legt sehr konzentriert ein Puzzle. Der aufgeklappte Deckel verrät, dass das Bild am Ende alle Covered Bridges von New Hampshire zeigen soll.

Ich klopfe höflich an den Türrahmen. Der Mann sieht erstaunt auf und lächelt mich an. Ich vermute, den Besitzer des Hotels vor mir zu haben. Nein, er sei nur ein Gast, man müsse die Klingel im Eingang betätigen, dann käme die Dame des Hauses herunter.

Der alte Herr muss wohl ein Dauergast sein, sonst würde er sich nicht mit einem so langwierigen Puzzle beschäftigen. Angestrengt sucht er jetzt wieder nach einem passenden Teil.

»Sie sollten nicht auf den Plan schauen, sondern aus dem Fenster«, sage ich schmunzelnd. »Dort draußen haben sie die Covered Bridge in Natura, das ist viel besser und sie können live kontrollieren, ob ihr Bild auch stimmt.« »Yeah, I guess I should«, lacht er laut auf und hebt den Blick. Auf einem Beistelltisch steht ein halb volles Glas Rotwein. Vielleicht ist der Mann ja recht einsam.

»Maybe we see you later«, nicke ich ihm freundlich zu und mache mich auf die Suche nach der Klingel.

Nancy ist ganz reizend. Die Besitzerin kommt sogleich die schmale Treppe herunter und bietet uns ein Zimmer im ersten Stock an. Das nehmen wir sehr gerne. Als ich voller

Vorfreude den Zimmerschlüssel herumdrehe, betreten wir einen Old-English-Landgasthoftraum. Überall Konsolen, Deckchen und allerlei liebevoll zusammengestellte Erinnerungsstücke. Eine pastellfarbene Steppdecke voller roter und weißer Rosen liegt über dem Bett, das vor kleinen Kissen mit zarter Spitze und Bordüren regelrecht überquillt.

Durch das Sprossenfenster dringt die goldene Abendsonne durch das Blattwerk eines großen, herbstlich gefärbten Baumes ins Zimmer.

Wir fühlen uns in eine andere Zeit versetzt – und auf Anhieb wohl.

Nancy zeigt mir noch eine Kochnische im Erdgeschoss, wo man sich Kaffee und Tee machen darf und Gläser ausleihen kann. Frühstück gibt es morgen Früh bis neun Uhr.

Nachdem wir uns frisch gemacht haben besuchen wir den »Covered Bridge Gift Shoppe«.

Auf der ehrwürdigen 1790 erbauten Holzbrücke befindet sich ein kunterbunter Souvenirladen. Rechts und links stecken Fahnen in der Brüstung, die dem Ganzen das Aussehen einer alten Ritterburg verleihen.

Zwischen Vogelscheuchen aus Stroh kann man in Kinderbüchern, bunten Tüchern und Wimpeln stöbern.

Am Ende der Brücke steht der eigentliche Shop, reich angefüllt mit den verrücktesten Souvenirs. Ich wähle aus Hunderten von Gegenständen zwei Schnapsgläser aus, die in Elchköpfen mit einem riesigen, ausladenden Geweih stecken. Eine Dame, die mit mir an der Kasse steht, lacht laut auf, als sie sieht, was ich in der Hand halte.

»Must be!«, sage ich grinsend. So ein herrlicher Kitsch muss einfach sein.

Für unseren Abendspaziergang befolgen wir brav Nancys Anweisung, die neue Brücke auf der Hauptstraße zu überqueren und dann gleich links in den Wald abzubiegen.

Also, einfach ist das nicht.

Bullige Autos donnern mit einer Höllengeschwindigkeit über die Brücke, sehr nah am Rand und offensichtlich ohne Rücksicht auf Verluste. Die Leute fahren als hätten sie zu Hause etwas auf dem brennenden Herd stehen, als gäbe es kein Morgen. Heldenmütig folgen wir im Gänsemarsch dem Seitenstreifen, und sobald wir den Fluss überquert haben, steigen wir über die Leitplanke und laufen nun mit einem deutlich besseren Gefühl zwischen Planke und Waldrand weiter. Als wir in die beschriebene Straße einbiegen, hoffen wir, am Flussufer noch die letzten Sonnenstrahlen genießen zu können. Durch die bereits herbstlich lichten Bäume können wir den Saco River leise zwischen hellgrauen Steinen dahinplätschern sehen. Nur kommen wir wieder einmal nicht hin. Es gilt wie schon so oft: »no trespassing«. Und natürlich auch »Keep out!«

Seltsam, denn auf den ersten Blick befinden wir uns ja mitten im Naturschutzgebiet. Aber dann fällt mir wieder die zangenartige Aussparung auf der Karte ein. Ja, wir stehen auf einem der ganz dicht besiedelten Zacken. Keine Chance ans Ufer des Saco zu gelangen.

Trotzdem folgen wir der Straße durch den Wald noch eine Weile und genießen den milden Abend. Holzhäuser stehen rechts und links zwischen den Bäumen. Die meisten sind hübsch, klein wie Almhütten oder verspielt wie Hänsel-und-Gretel-Häuschen, andere richtig imposant mit mehreren Stockwerken, Terrassen und luxuriösen Einfahrten. Eines allerdings haben sie alle gemeinsam: Die Amerikanische Flagge ziert das Haus.

Es gibt zwar einige Restaurants entlang der Hauptstraße, aber wir trauen uns in der Dämmerung einfach nicht am Straßenrand zu laufen, daher kehren wir noch vor Einbruch der Dunkelheit zu unserem Hotel zurück.

Im Wohnwagen machen wir uns eine Minestrone warm, dazu gibt es ein Toastbrot: Das ist wunderbar. Viel besser als unser heutiges Mittagessen.

Bevor wir aufs Zimmer gehen, schaue ich, ob der alte Herr noch allein im Wohnzimmer sitzt. Wir hätten ihm gerne noch kurz Gesellschaft geleistet, aber das Wohnzimmer liegt jetzt verlassen da. Das angefangene Puzzle liegt offen auf dem Tisch und wartet still vor sich hin.

Am frühen Morgen freuen wir uns auf ein richtig amerikanisches Frühstück.

In dem hellen, sonnigen Raum sitzen trotz der frühen Stunde schon einige Gäste. Mein alter Herr, den ich als einsamen Dauergast betrachtet hatte, sitzt zufrieden lächelnd mit einer sehr attraktiven, eleganten Dame vor einer Tasse Kaffee.

Wir grüßen freundlich in die Runde und kommen alle gleich ins Gespräch.

Das ältere Ehepaar kommt aus North Carolina und ist auf der Rückreise von Nova Scotia nach Durham.

»Und das Puzzle?«, frage ich ehrlich erstaunt.

»Oh«, lacht der North Caroliner schallend. »Das lag schon so auf dem Tisch, ich habe nur zum Spaß einige Teile eingefügt!«

»Wissen sie«, fügt seine Frau lächelnd hinzu, »seit mein Mann in Rente ist, bereisen wir die ganze Welt. Jetzt haben wir endlich Zeit.«

Die beiden schauen sich liebevoll über den Frühstückstisch an. Soweit zu dem armen, alten, einsamen Mann, dem wir noch ein bisschen Gesellschaft leisten wollten. Ja, oft trügt der Schein und die Dinge liegen ganz anders als man denkt.

Am Nachbartisch sitzt ein junges Ehepaar aus Texas. Sie haben die Kinder ausnahmsweise einmal bei den Großeltern gelassen und gönnen sich seit Langem die erste Woche Urlaub zu zweit. New Hampshire hat ihnen sehr gut gefallen. Die beiden strahlen sich glücklich an.

Wir unterhalten uns angeregt quer über die Tische und natürlich geht es bald nur noch um die anstehenden Präsidentschaftswahlen. Bei unseren amerikanischen Nachbarn regnet es »the best, the wrong one, the worst, good, bad …«, aber durch das relativ neutrale »the« im Englischen können wir nie heraushören ob damit Hillary Clinton oder Donald Trump gemeint ist. Namen werden nie genannt.

Ich traue mich nicht zu fragen: »Meinten sie gerade Clinton oder Trump?«, um nicht möglicherweise Benzin ins Feuer zu gießen. Und wir wollen uns auch nicht mit unseren keineswegs perfekten Englischkenntnissen auf das schwierige Terrain einer politischen Diskussion wagen. Also wenden wir uns sehr diplomatisch dem Frühstück zu.

Es gibt Pancakes mit Speck und Ahornsirup. Ich freue mich riesig, amerikanischer geht's ja nicht. Der Kaffee ist gut und auch wenn die Pancakes eher wie gebackene Wattepads schmecken, ist die Stimmung im Raum so nett, dass uns das gar nichts ausmacht.

Unter einem strahlend blauen Himmel brechen wir erneut auf und folgen dem Lauf des Saco Rivers, der uns aus der »Zange« hinausführt und wieder hinein in den »National Forest«.

Dieser Teil heißt »Crawford Notch State Park« und die Hauptstraße wird uns direkt nach Bethlehem führen.

Ein Schild am Wegrand kündigt das historische *Willey House* an. Auf dem Parkplatz, der an einem kleinen durch den Saco River gebildeten See liegt, halten wir an. Endlich kommen wir einmal bis zum Ufer. Die Bäume sind hier schon fast kahl. Wir überqueren eine schmale Brücke über dem Fluss und nutzen die Gelegenheit für einen Spaziergang durch den dichten, duftenden Laubteppich, der unter unseren Füßen trocken raschelt.

Auf der anderen Seite der Hauptstraße stehen mehrere niedrige Gebäude aus dunklem Holz. Die meisten der

Hütten mit den grün gerahmten Fenstern sind schon seit Mitte Oktober geschlossen, aber ein kleines Museum hat noch auf.

Das ursprüngliche Willey House wurde im neunzehnten Jahrhundert von einer Familie bewohnt, die auf tragische Weise bei einem Erdrutsch ums Leben kam.

Der Mount Willey wurde dann zum Gedenken an diese Tragödie nach ihnen benannt.

Im Museum steht seltsamerweise eine kleine Kanone vor einem Kamin aus grob gehauenen Steinen. Erinnerungsfotos schmücken die Wände. Auf einem roten Tuch liegen Gesteinsproben der Mineralien, die in diesen Bergen vorkommen: verschiedene Granitarten und Feldspat. Auch die Bäume mit ihren wunderschönen Blättern, die sich im Herbst so charakteristisch verfärben, werden beschrieben. Poster mit Schmetterlingen und Libellen erzählen von der Artenvielfalt in diesem Naturpark.

Wir betrachten eine ausgebreitete Landkarte, auf der die Ripley Falls eingezeichnet sind. Die Wasserfälle sind nicht weit von hier und ziehen mich – wie immer – magnetisch an. Mein Mann kann sich mehr für die Tatsache begeistern, dass man auf dem Weg dorthin ein Stück auf dem Appalachian Trail wandern muss. Ja, der Name strahlt wirklich die geheimnisvolle Magie alter Indianergeschichten aus.

Wir fahren also ein Stück zurück und finden auch recht schnell ein kleines Hinweisschild an der Abzweigung zur Willey-House-Station-Road.

Der Trail geht recht steil bergan und auch hier versinken wir regelrecht in weichem, trockenem Laub. Nach einer Weile überqueren wir Eisenbahnschienen, die eine schmale Schneise durch die rotbraunen Sträucher und Bäume ziehen. Das muss die »Conway Scenic Railroad« sein, auf der der Notch Train durch den Nationalpark fährt.

Weiter geht es durch den immer lichter werdenden Wald. Riesige Felsbrocken, scharfkantig und gesplittert, liegen im weichen Laub wie Überreste aus einer lange vergangenen, gefährlicheren Zeit.

Ein Baum trägt einen Wegweiser mit den vielen Wanderwegen, die man hier einschlagen kann. Arethusa Falls, Frankenstein Cliff und Zealand Hut: Es gibt hier unendlich viel zu sehen und zu erkunden. So schön es ist das Land einfach zu durchqueren, bedaure ich manchmal, dass wir nur vorbeihuschen, und nur einen Hauch, eine Winzigkeit jedes Parks, jeder Region mitnehmen können.

Unser Pfad ist schmal und naturbelassen und man muss aufpassen, ob unter dem Laub Wurzeln, Steine oder Löcher verborgen sind.

Man hört ein sanftes Rauschen, das schnell lauter und stärker wird und bald geben die Bäume den Blick auf eine Lichtung frei. Es ist wieder einmal der pure Wahnsinn. Hier sieht es aus, als hätte eine gewaltige Lawine eine Schneise in den Wald gefräst: Über ein breites, an die dreißig Meter hohes Felsplateau strömen die Ripley Falls hinunter in ein steiniges Becken.

Ich klettere vorsichtig über einige Felsbrocken nach unten und setze mich auf einen trockenen Stein. Von hier aus sieht es aus, als würde das Wasser einfach über eine glattgewaschene Felsplatte in die Tiefe rutschen. Und durch die starke Neigung des Plateaus fällt es nie senkrecht, sondern ergießt sich einfach plätschernd über den massigen Stein.

Eine Weile bleiben wir hier sitzen und genießen die fast prähistorisch anmutende Stimmung. Nichts deutet darauf hin, dass hier schon Menschen waren. Das Laub knistert, hin und wieder hört man eine Eichel mit leichtem Klacken zu Boden fallen, und steil über uns rinnt das Wasser über den blanken Fels.

Schließlich geben wir uns einen Ruck - wir müssen weiter.

Für heute Abend haben wir ja noch gar keinen Plan.

Von Bethlehem nach Lake Placid

»World Capital of Poets«, so steht es auf einem Schild vor der Stadt mit dem altehrwürdigen Namen »Bethlehem«.

Der Ort erobert unser Herz auf den ersten Blick.

Weite Grünflächen, wunderschöne Holzhäuser, eine teilweise extravagante Architektur und jede Menge *Antiques*.

Manche Häuser sind mit altmodischen Türmchen ausgestattet, andere dehnen sich über mehrere Etagen aus, wobei die oberen Stockwerke breiter als die unteren sind. Eine pfiffige Lösung um den Grundriss zu erweitern.

Wir kommen an einer alten Linoleumfabrik vorbei.

Linoleum … das Wort lasse ich mir auf der Zunge zergehen. Der Geruch von Kunststoff und Kindheit haftet an diesem seltsamen Wort, die Erinnerung an unser Handarbeitszimmer in der Grundschule. Linoleumschnitt. Eine mühsame Aufgabe für kleine Kinderhände, mit einem Spezialmesser ausgestattet, das nicht abrutschen durfte. Auch in der Küche meiner Großeltern lag ein beigegrün gemaserter Linoleumboden. Schön war er nicht, aber praktisch, weil man leicht drüber wischen konnte. Linoleum. Für mich ein fast vergessener Werkstoff. Natürlich bietet sich diese Gegend dafür an, denn einer der Hauptrohstoffe dafür ist Holzmehl.

Die Fabrik wirkt als sei sie schon sehr lange geschlossen. Jetzt beherbergt sie das *Visitors Center* und ein historisches Museum.

Nur allzu häufig wird aus den ehemaligen Arbeitsplätzen der Menschen ein Museum. Das stimmt mich immer traurig, denn Arbeit ist nun mal das echte Leben. In den Museen ist das Leben bereits vorbei.

Karl Valentin sagte schon so schön: »Heute ist die gute alte Zeit von Morgen … «

Und Bethlehem ist voller Erinnerungen an gute alte Zeiten.

Hier standen Ende des 19. Jahrhunderts viele prächtige, luxuriöse Hotels. Die gute Anbindung an die Eisenbahn machte es möglich. Scharen von Besuchern wurden mit den Zügen nach Bethlehem gebracht, das so wunderbar am Rand des »White Mountain National Forest« liegt, nicht weit vom Mount Washington und den unzähligen Wanderwegen und Sehenswürdigkeiten. Auch jetzt umgibt den Ort, der nur knapp dreitausend Einwohner zählt, noch das Flair von Wohlstand und natürlicher Schönheit.

Wir fahren ohne ein bestimmtes Ziel durch die Straßen und sehen uns neugierig die Häuser, Gärten und Parks an. Erst als wir an der »Indian Brook Trading Co.« vorbeifahren, muss ich unbedingt aussteigen.

Der Parkplatz vor dem alten, von Wind und Wetter ausgeblichenem Holzgebäude steht leer. Der ehemalige Laden sieht aus wie der Saloon in einem Sergio-Leone-Western. Voller Bewunderung umrunde ich das malerische Gebäude, bis mein Blick auf das Nachbargrundstück fällt.

Dort steht wahrhaftig der fantastischste aller Altwarenläden. Man könnte fast sagen, die Mutter aller *Antiques*. Wobei *stehen* weit untertrieben ist, denn das Geschäft ergießt sich über den ganzen geräumigen Hof eines Einfamilienhauses, plus etliche Hütten und natürlich den obligatorischen Pickup.

Kein Mensch weit und breit, als wir uns in dem bunten Sammelsurium umsehen, aber ein schwarzer Labrador kommt uns wedelnd entgegen. Wir schmusen ihn ausgiebig und loben ihn, weil er so gut aufpasst.

Der Er entpuppt sich als eine Sie.

»Samantha!«, ruft eine weibliche Stimme laut aus dem Haupthaus herüber. Ich gehe hinüber, um zu fragen, ob wir die Hütten alleine betreten dürfen.

»Aber natürlich«, lacht die Besitzerin in der offenen Haustür. »Lasst euch ruhig Zeit.«

Ein Blick in ihren Hausflur sagt mir, dass es dort genauso aussieht wie im Hof. Die Wände und die Konsolen sind vollgestopft mit Bildern und jedem erdenklichen Kruscht. Das muss natürlich alles vorsortiert werden. Entgegen dem ersten kunterbunten Eindruck ist uns nämlich bereits aufgefallen, dass im Detail tadellose Ordnung herrscht: Töpfe zu Töpfen, Krüge zu Krügen und Flaschen, Gläser ordentlich aufgestapelt nach Schnaps-, Wein-, Wasser- oder Limonade-Gläsern. Auch die Teller sind fein säuberlich geordnet. In einem Regal stehen alte Wasserkocher und Teekessel mit Hütchen.

Bei meinen Großeltern hat das Wasser auch durch so ein Hütchen gepfiffen, wenn es kochte. Stehlampen, Tischlampen, Lampenschirme, alles wurde sinngemäß und zweckmäßig zusammengestellt.

Mein Blick wandert über ein Stück amerikanische Vergangenheit. Auf den Flohmärkten und bei den Altwarenhändlern findet man die Geschichte der Menschen, der Individuen, der Familien.

Hohe Politik taucht hier bestenfalls im Porträt eines Präsidenten oder in einem Buch auf. Aber die Orden, die fein säuberlich in kleinen Kästchen liegen, die gehörten den Menschen selbst. Das sind Zeugnisse einzelner Schicksale.

Schälchen voller Münzen zeugen von Handel, von Kauf und Verkauf, vom Alltag. Hunderte von Autokennzeichen stapeln sich in Kisten. Jede Zulassung eine Geschichte, ein Kapitel Leben. Die erste Liebe, die erste Reise, das erste Kind. Tausend Geschichten für Tausend Kennzeichen. Wo sind die Autos dazu gelandet? Wo sind die Besitzer verstreut?

Zwischen weihnachtlichen Cola-Bechern sitzen zwei alte Teddybären. Die Kinder dazu sind wohl längst erwachsen. Ob sich ihre Träume wohl erfüllt haben? Oder ob sie manchmal noch an ihren alten Teddy denken? Ringsum flüstern Tausende Stimmen aus den Regalen. Man müsste ganz viel Zeit haben, um allen zuzuhören, um all die Küchen, die Wohnzimmer, die Kinderzimmer und die Garagen zu besuchen und den farbenfrohen Erzählungen und den alten Märchen zu lauschen.

Im Inneren der Schuppen ist das Gefühl in die tiefste Privatsphäre anderer Menschen einzutauchen noch viel intensiver. Dutzende Lampen hängen von der Decke und beleuchten die überfüllten Regale. Zarte Porzellantässchen, Teekannen, Gläser, Schalen und Schüsseln stehen fein säuberlich in den Schränken. Es ist wie in einer großen Wohngemeinschaft, jedes Stück leistet mit seiner Eigenart und seiner ganz persönlichen Schönheit einen Beitrag zum Gesamtbild. Und am Ende bildet das Ganze ein Kunstwerk, eine Installation, eine Schöpfung aus Emotionen, die sich aus den alltäglichen Gebrauchsgegenständen befreit haben und hier ein fast metaphysisches Dasein führen.

Ich empfinde es als großes Privileg diese Atmosphäre auf mich wirken lassen zu dürfen, denn das Zusammentragen all dieser Dinge muss Jahre, wenn nicht Jahrzehnte erfordert haben.

Am Ende nehme ich einen kleinen Gegenstand aus unserem Geburtsjahr mit, zur Erinnerung an diesen Laden mit seinem ganz besonderen Zauber.

Als ich an der Haustüre klopfe, um zu bezahlen, sage ich aus tiefstem Herzen: »it's so beautiful here, you have collected a piece of life and history!«

Die Frau strahlt über das ganze Gesicht. Sie öffnet die Tür ein Stück weiter und zeigt auf ihren Mann, der gerade irgendwelche Gegenstände auspackt. »Das ist unsere Welt, wir lieben das«, meint sie und umarmt das überfüllte Haus mit einer ausladenden Geste. »Wir sammeln nun seit fünfundzwanzig Jahren und es macht uns immer noch viel Spaß.«

Sam kommt an die Tür und wedelt uns an. Dieses Haus und seine drei Bewohner strahlen Glück aus allen Poren aus. Die beiden Eheleute haben ihren Traumberuf gefunden und genießen ihn in vollen Zügen und irgendwie glaube ich, dass sie nie in Rente gehen werden.

Dicke Wolken brauen sich am Himmel zusammen. Wir müssen weiter. Als nächstes Ziel setzen wir uns Burlington. In etwa zwei Stunden könnten wir dort sein und heute noch die Fähre erwischen, die uns über den Lake Champlain bringt.

»Hit the road, George!«, stupse ich meinen Mann fröhlich an und verstaue unser kleines Souvenir in einer Tasche.

Kurz nach Littleton führt uns eine Brücke über das Moore Reservoir, dessen Wasser sich wenig später mit dem Connecticut River vermischt. Hier in den Tiefen des Flusses verläuft jeder Biegung und jeder Schleife folgend wieder einmal eine Grenze, und dann heißt uns auch schon ein blaues Schild in Vermont willkommen.

Stattliche Bauernhöfe stehen rechts und links der Hauptstraße. Wir fahren durch hübsche kleine Orte. Überall herrscht reger Betrieb und Traktoren fahren durch die noch grünen Felder. Hier und da grasen Pferde unter dem bleigrauen noch regengeladenen Himmel.

Als wir durch Montpellier fahren, rufe ich plötzlich laut: »Fahnen!«

Tatsächlich sehen wir das erste Mal eine Fahnenfabrik.

»Flags and Banners«, flattert es von einer Fahne am Eingang. Die ganze Fassade des Holzhauses steckt voller Flaggen und Wimpeln. Wir haben uns schon oft gefragt, wie viele Fabriken es wohl in diesem Land geben muss, um die enorme Nachfrage zu befriedigen. Jetzt haben wir schon mal eine entdeckt.

Bis Richmond folgen wir dem Verlauf eines Flusses und zu meinem Entzücken überholen uns immer wieder in knalligen Farben bemalte Trucks mit blitzblank poliertem Chrom. Die gehören einfach zu meiner Vorstellung von Amerika.

Burlington ist nicht nur eine altehrwürdige Universitätsstadt, sondern auch ein bedeutender Hafen. Wir konnten ja bereits während der Fahrt sehen, wie wichtig in dieser Region die Landwirtschaft ist und am Lake Champlain spielte der Holzhandel, speziell mit Kanada, natürlich eine große Rolle. Die Universität wurde bereits 1791 als »Agricultural College« von Vermont gegründet. Diese Stadt ist quirlig und voller Leben. Wieder einmal bedauern wir ein bisschen, nur Durchreisende zu sein.

Über eine lange Brücke gelangen wir im strömenden Regen nach South Hero, das auf einer großen Insel im See liegt. Auch hier grasen überall Rinder friedlich auf den weiten Feldern.

Ein gelbes Warnschild am Straßenrand weist uns nicht auf Bären oder Elche, sondern auf Schildkröten hin. »Crossing Area«.

An einem Restaurant biegen wir ab nach Gordon Landing. Hier startet die Fähre nach Plattsburgh und wir werden bald wieder einmal auf dem Wasser eine Grenze überqueren.

Nachdem wir festgestellt haben, dass die Fähre alle zwanzig Minuten fährt, beschließen wir zu dem Restaurant, das von außen recht nett aussah, zurückzufahren, und unser Glück zum wiederholten Mal herauszufordern.

Hungrig betreten wir kurz darauf *McKees Island Pub*.

In dem schlichten aber gemütlichen Gastraum läuft der Fernseher und auf der Tageskarte steht ganz oben der »Burger of the Month«.

Den nehmen wir einvernehmlich - und werden belohnt. Wir sind keine Fast-Food-Spezialisten, und Hamburger essen wir eher selten, aber dies ist mit Abstand der beste Burger, den ich je gegessen habe. Mein Mann stimmt mir hochzufrieden zu. McKees bekommt von uns einen Stern verliehen und wir versichern der freundlichen Bedienung, dass dies eines unserer »favorite ever Restaurants« bleiben wird. Nur mit den *very good customers* wird es wohl nicht so ganz klappen, denn wir sind ja leider nur auf der Durchreise.

Regen und Sturm können uns kein bisschen erschüttern, als wir satt und durchgewärmt wieder am Hafen ankommen.

Man muss hier cash zahlen und das Geld auch noch passend abzählen. Manno. Aber zum Glück kriegen wir das hin. Die Überfahrt dauert nur eine Viertelstunde und wir bleiben im Auto sitzen, denn die Fahrzeuge stehen so dicht an dicht, dass uns ein Spaziergang an Deck sehr gewagt erscheint. Manche Fahrer lassen sogar den Motor laufen.

Auf dem Champlain See herrscht reges Treiben. Etliche Lastkähne kommen uns entgegen und irgendwo auf diesem regengepeitschten Wasser - für das Auge unsichtbar – verläuft die Grenze zum Staat New York.

Es dämmert bereits, als wir in Plattsburgh ganz grob die Richtung nach Cape Vincent am Sankt-Lorenz-Strom einschlagen.

Wir fahren durch weite Felder und herbstlich gefärbte, triefnasse Wälder. Einen Plan für die Nacht haben wir mangels einer Camping-Broschüre über New York immer noch nicht. Es ist schon ziemlich dunkel, als wir in Saranac Lake eine Abzweigung nach Lake Placid sehen. Das Städtchen ist so berühmt, da werden wir bestimmt eine Unterkunft finden.

Zwanzig Minuten lang fahren wir durch einen ziemlich dusteren Wald und manchmal fürchten wir fast wir hätten uns verfahren, aber dann taucht plötzlich der Ort mit seinem Olympiazentrum und dem weltbekannten Stadion vor uns auf.

Es gießt in Strömen, als wir die Hauptstraße entlangfahren und uns nach einem Hotel umsehen. Das »Adirondack Inn«

besticht nicht nur durch das sehr gemütlich wirkende Äußere, es hat auch den großen Vorteil direkt an der Hauptstraße zu liegen. Und wir haben Glück. An der Rezeption verspricht man uns ein schönes Zimmer und einen Parkplatz im Hinterhof, was für uns mit dem Wohnmobil einfach perfekt ist.

Als wir uns in den langen Gängen auf die Suche nach unserem Zimmer machen, laufen uns viele Kinder über den Weg. Das hier scheint ein beliebtes Familienhotel zu sein, denn aus allen Ecken und Enden ertönt Gelächter und das Trampeln kleiner Füße.

Unser Eckzimmer hat einen wunderbaren Blick auf das Olympic Speed Skating Oval, es ist schön warm und im Fernsehen läuft gerade ein recht witziger Schlagabtausch zwischen Donald Trump und Hillary Clinton. Zum ersten Mal erleben wir den Wahlkampf im echten Leben und nicht nur auf den vielen bunten Schildern entlang der Straßen. Wir machen es uns bequem und schauen gespannt die Live-Sendung an, denn das ist natürlich etwas ganz anderes als die emotionslose Berichterstattung aus dritter Hand in Deutschland.

Es handelt sich heute wohl um ein traditionelles Benefiz-Galadinner, bei dem sich die politischen Gegner in den Wahljahren mehr oder weniger humorvoll aneinander messen. Als Trump schmunzelnd in die überschaubare Runde sagt, dies sei wohl die größte Menschenansammlung, die Hillary dieses Jahr gesehen habe, müssen selbst wir laut lachen.

Ein Blick vom Balkon sagt mir, dass wir heute nicht mehr ausgehen werden. Draußen ist Land unter. Das Wasser schießt in Bächen die Einfahrt hinunter auf die Hauptstraße. In der Minibar finden wir Chips, Erdnüsse und eine Dose Bier. Besser als nichts.

Im Frühstücksraum geht es heiß her.

Die Kinder, meist Jungs im Grundschulalter, stecken heute früh in Sportklamotten und schnattern aufgeregt durcheinander. Jetzt wird uns klar, dass sich alle zu einem Eishockey-Turnier in Lake Placid eingefunden haben.

Um den allgemeinen Lärmpegel abzurunden, läuft auch noch ein großer Fernseher an der Wand. Interessiert werfe ich einen Blick auf die aktuelle Kochsendung, gespannt, was man der amerikanischen Hausfrau wohl so empfiehlt.

Unterstützt von einem Promi schüttet der Koch, den man an seinem belehrenden Ton erkennt, aus einer Papiertüte die bereits vorgemischten Zutaten für eine Chilisauce in einen Topf. Dazu gießt er etwas Wasser. Nach ausgiebigem Umrühren und viel Palaver folgen aus einem weiteren Päckchen undefinierbare, völlig atomisierte Gewürze. Wieder wird umgerührt. Ich halte mir entsetzt die Hand vor den Mund, denn jetzt rieseln blasse schinkenartige Würfel in das Gebräu, gefolgt von einer frisch geöffneten Dose Bohnen.

»Mmmmmm ...«, säuselt der Promi voller Vorfreude, als er einen Löffel der breiigen Masse gereicht bekommt. Er schluckt auch alles brav hinunter. »Oh-my-God!«, flüstere ich mitleidig. Der Mann ist entweder nichts Besseres gewöhnt oder er wurde sehr, sehr gut bezahlt.

Selbstgefällig strahlt der Koch in die Kamera. Er trägt ein T-Shirt mit einer ganz kleinen, mickrigen 3 auf der rechten Brusthälfte und einer ganz dicken, bauchigen 5 auf der linken. »Na das nenne ich mal einseitige Ernährung«, meint mein Mann trocken mit einem Blick auf den Fernsehkoch und trinkt seinen Kaffee aus.

Das Unwetter hat sich inzwischen beruhigt und wir schlendern die noch nasse Main Street hinauf. In den Grünanlagen am Mirror Lake stehen vereinzelt hohe goldgelbe Birken, der

Indian Summer begleitet uns treu auch durch die Vereinigten Staaten.

In der Auslage eines Kinderbekleidungsgeschäftes sitzen Bären, Elche und Waschbären - ganz andere Plüschtiere als bei uns. Eine nahegelegene Buchhandlung ist komplett auf Halloween eingestellt: Über Abhandlungen über Witchcraft, Witches und Tarot schweben schwarze Fledermäuse und an den Buchrücken krabbeln haarige Vogelspinnen hoch.

Viele Geschäfte auf der Hauptstraße sind in verspielten, romantischen Holzhäuschen untergebracht. Ein Hauch von Disneyland. Die ganze Stadt wirkt trotz des mausgrauen Himmels fröhlich und einladend.

Inzwischen strömen etliche Familien dem Stadion zu.

Die Jungs tragen ihre Siebensachen selbst. Das gefällt mir. Mütter und Väter gehen lässig nebenher, die leeren Hände an der Hosennaht, während die Kids ihre riesigen Sporttaschen, die Schläger und was sie sonst noch alles brauchen, tragen oder über die Schulter gehievt haben. Manchmal wirken die Knirpse kleiner als die Taschen, die sie auf dem Rücken schleppen. Aber offensichtlich würde es keinem der Kinder einfallen um Hilfe zu bitten, noch machen die Eltern Anstalten ihnen etwas abzunehmen. Das nenne ich, Kinder lebensfähig und zur Unabhängigkeit erziehen. Respekt.

Vor dem Stadion schauen wir dem Treiben noch eine Weile zu, und als auch der letzte Krümel in der Halle verschwindet, winken wir den Kindern nach und gehen langsam zurück zum Hotelparkplatz.

Im Wohnwagen breiten wir die Karte aus.

Cape Vincent erscheint uns nach wie vor ein gutes Ziel für den heutigen Tag. Dann werden wir sehen, ob wir über Wolfe Island nach Kingston übersetzen können.

»Hit the road, George, es geht zurück nach Kanada!«

In Saranac Lake setzt der Regen wieder ein.

Wir fahren durch eine seenreiche Gegend. Schon der Saranac selbst ist endlos verzweigt, dann kommt noch der Tupper Lake mit etlichen Weihern und kurz darauf der große Cranberry Lake.

In Harrisville überqueren wir einen Fluss mit einem wunderschönen Blick auf einen Naturpark am Wasser. Eine Mittagspause wäre nicht schlecht und wir halten spontan am Parkplatz des Village Inn.

Das ganze Umfeld sieht etwas vernachlässigt aus. Die »Bakery« am Eck muss schon seit vielen Jahren geschlossen sein, überall blättert der Lack ab und dennoch haben die alten Holzhäuser etwas Wildromantisches an sich. Als wir die Dorfkneipe betreten sitzen an einem der kleinen viereckigen Tische zwei Männer in blauer Arbeitskleidung, und essen gebackenen Fisch. Handwerker wissen in der Regel, wo man gut isst, also setzen wir uns guter Hoffnung an den Nachbartisch. Auf der Tageskarte stehen Burger und in Erinnerung an das köstliche Essen bei *McKee's* bestellen wir die - und dazu ein kleines Bier.

Das Bier schmeckt etwas seltsam. Wie Limonade, aber ohne Limonade. Ich nippe noch einmal daran, aber es bleibt undefinierbar. Die Burger allerdings verströmen einen so üblen Geruch nach ranzigem Fett, dass jeder mögliche Appetit im Keim erstickt wird. Georg probiert todesmutig ein Stückchen davon, aber er gibt mir sofort Recht, als er sieht, dass ich den Teller weit von mir geschoben habe. Natürlich nur so weit, wie es auf dem kleinen Tischchen eben ging.

Schweigend zahlen wir an der Theke und gehen rasch hinaus an die frische Luft.

Jetzt verstehe ich langsam, dass Ketten wie Tim Hortons so viel Erfolg haben. Die Qualität ist nicht berauschend aber - für Fastfood - beruhigend gleichbleibend und auf jeden Fall besser als in vielen Restaurants. Wenn ich dann noch an die aufschlussreiche Kochsendung heute Morgen denke, erklärt sich auch, warum hier so viele Menschen nicht kochen können. Für jemanden der in Italien aufgewachsen ist, ist das eine ganz fremdartige kulinarische Welt, nein, fast schon eine fremde Galaxie. Irgendwie außerirdisch.

In Italien ist man davon überzeugt, dass das Wesen der Menschen sich auch in ihrer regionalen Küche zeigt. Jede Gegend hat ihre Spezialitäten, ihre Gewürze, ihre Geheimrezepte nach alter Überlieferung und Tradition. Man schmeckt je nach Region die Berge, die Hügel, die Felder und das Meer in den leckeren Gerichten.

Vielleicht messen die Menschen hier ja dem Essen einfach nicht so eine große Bedeutung zu.

Wir kochen uns auf dem Parkplatz noch einen Kaffee, begleitet von einem schönen Toastbrot mit Butter. Geht doch.

Als wir uns wieder auf den Weg machen, begegnet uns eine kleine Pferdekutsche. Eine ganz in schwarz gekleidete Frau mit einem schwarzen Häubchen auf dem Kopf hält die Zügel. Das Wägelchen wirkt wie ein kleiner, zierlicher Planwagen aus einer anderen Epoche. Seit einige Gruppen von Amischen auf der Flucht vor den religiösen Verfolgungen in Europa im 18. Jahrhundert nach Nordamerika ausgewandert sind, hat sich diese Glaubensgemeinschaft hier kontinuierlich ausgebreitet und ständig neue Siedlungen gegründet. Wir fahren sogar an einem Straßenschild vorbei, das vor dem Kreuzen mit Pferdekutschen warnt. Darauf ist auch so ein kleiner Wagen abgebildet.

Von Harrisville führt eine Straße direkt nach Heuvelton, wo heute eine große Amish-Community lebt. Die ganze Gegend wird landwirtschaftlich genutzt, was den Amischen in ihrer streng konservativen Lebensweise sicher sehr entgegen kommt. Ich bewundere diese Menschen, die das Glück nicht in Reichtum und Besitz suchen. Sie halten durchaus den Kontakt mit der modernen Welt, denn sie handeln ja mit ihren Produkten, bleiben aber bei ihrer einfachen, traditionsbewussten und naturverbundenen Lebensweise.

Nach dem kleinen Ort Deferiet spielt unser Navi plötzlich verrückt. Es will uns nicht mehr auf direktem Weg zur Cape Vincent Ferry bringen. Eigensinnig fahren wir noch ein Stück weiter, aber immer wieder zeichnet uns das Navigationssystem einen Bogen über Depauville und Clayton an, als sei ein Grenzübergang über Wolfe Island gar nicht möglich. Auch wenn wir Kingston, die nächstgrößte Stadt auf der kanadischen Seite, eingeben, werden wir über Clayton geleitet.

Es regnet Katzen und Hunde wie man auf Englisch so schön sagt, und deswegen riskieren wir jetzt lieber keine unnötigen Umwege, sondern folgen dem empfohlenen Weg.

Bei Collins Landing türmt sich plötzlich wie eine filigrane Burg der erste Abschnitt der Thousand Islands Bridge im dichten Regenschleier vor uns auf. Die hellgrünen Stahlstreben leuchten zart und geheimnisvoll vor dem betongrauen Himmel, während unten ein wohlbekannter Freund, der Sankt-Lorenz-Strom, fließt.

Die Grenze verläuft auch hier natürlich wieder im Wasser und zwar auf – beziehungsweise unter – der nächsten Brücke.

Dem Grenzbeamten auf Hill Island überreichen wir, wie es uns von der strengen Lady in Houlton aufgetragen wurde, unseren Einreisezettel. Wir sind zurück in Kanada und es fühlt sich ein bisschen an, wie nach Hause kommen.

Schon nach wenigen Metern liegen Maine, New Hampshire, Vermont und New York weit zurück, als gehörten sie bereits der Vergangenheit an. Es ist erstaunlich, was so ein Grenzübertritt ausmacht.

Wir folgen der imposanten Thousand Islands Bridge. Segmentbogen-, Stahlbogen- und Hängebrücken wechseln sich mit schmalen zweispurigen Straßen auf der insgesamt fast dreizehn Kilometer langen Strecke ab.

Immer wieder verbinden hellgrün gestrichene Stahlbrücken wie die Rücken auftauchender Alligatoren die Inseln. Von Constance Island aus kann man zu der Insel mit dem trefflichen Namen Huckleberry Island hinüberblicken. Obwohl der Regen klatschend auf die Scheiben peitscht, können wir ringsum Dutzende weitere kleine Inseln ausmachen.

Geistesgegenwärtig ziehe ich den Ontario-Campground-Führer wieder aus dem Gepäcknetz. Hier müsste doch irgendwo eine Übernachtungsmöglichkeit sein.

Ja, tatsächlich hat der »Ivy-Lea«-Platz in nächster Nähe noch geöffnet.

Der Campingplatz ist leicht zu finden, aber als wir die offene Schranke passieren, liegt das Areal völlig menschenleer und verlassen vor uns. Dafür empfängt uns der Indian Summer bereits am Eingang noch einmal in all seiner Pracht. Ein einzelner wunderbarer, hochgewachsener Baum mit einer ausladenden glühendroten Blattkrone steht auf einer grasgrünen Lichtung. Ringsum verbergen sich die Stellplätze zwischen den schmalen Waldwegen.

Ein kleines Schild am Empfang besagt, dass man jederzeit bleiben darf und morgens ab halb acht im Büro für die Übernachtung bezahlen kann. Wie schon so oft läuft hier alles auf der Basis gegenseitigen Vertrauens. Das ist sehr schön.

Wir wählen einen Platz unter hohen, orangeroten Ahornbäumen aus, dann machen wir uns auf den Weg zum Fluss.

Wie Wanderer in einer Traumlandschaft bewegen wir uns plötzlich auf schmalen Pfaden zwischen den tropfnassen Bäumen. Der Regen hat nachgelassen. Schwarz schimmern die feuchten Baumstämme in der einsetzenden Dämmerung und verleihen dem schwindenden Laub leuchtende Konturen. Strahlend gelb heben sich die Blätter gegen das dunkle Holz ab, als könnten die kräftigen Äste den Fall bremsen und den nahenden Winter noch etwas zurückhalten.

Eine seltsame Magie durchdringt diesen Platz. Einsam verhallen unsere Schritte auf dem knirschenden Kies, als wären diese Wege nicht für Menschen bestimmt. Wir lösen uns auf in dieser tiefen Stille, als wären wir selbst nur aus Tropfen gemacht, werden ein Teil des Waldes, schmale Gestalten aus einer anderen Welt. Feuchter Nebel hüllt uns ein, als wir ans Flussufer gelangen. Ganz unverhofft erhaschen wir weit über uns, durch das Geflecht der Äste hindurch, wieder einen Blick auf die zartgrünen Eisenstreben der Brücke. Durchscheinend und ätherisch hebt sich die monumentale Konstruktion gegen den bleiernen Himmel ab.

Hier stehen wir, Reisende aus einer anderen, hektischen Welt, lauschen dem friedlichen Plätschern des Wassers und nehmen tief atmend den Duft des nassen Laubes, der feuchten Erde und der glitzernden Tropfen in uns auf.

Uns ist, als sei hier noch nie ein Mensch gewesen, wohl wissend, dass an diesem Ufer im Sommer ein reges Treiben herrschen muss. Regen und kühler Wind haben alles fortgetragen: das Lachen der Kinder, die Rufe, den Gesang, den Geruch von Holzkohle und gegrilltem Essen.

Kein Ball rollt mehr auf dem weichen Waldboden, kein verirrter Schrei hat sich in den kahl werdenden Ästen verfangen.

So muss sich der Garten Eden angefühlt haben.

Wie feingliedrige Balletttänzerinnen hängen durchscheinende zartrosa Blätter über uns an den Ästen, bereit sich beim geringsten Windhauch mit den leicht gebogenen, schmalen Schuhspitzen abzustoßen.

In verspielten Pirouetten schweben sie dann, von einem unsichtbaren Orchester begleitet, elegant zu Boden.

Bald wird der erste Herbststurm durch das Laub fahren und der Wald wird, in Magenta und Rubinrot gehüllt, seine letzte Vorstellung geben, eine Hommage an das Leben, bevor er in das lange Vergessen des schwarz-weißen Winters versinkt.

Traumverloren folgen wir den zauberhaften Bäumen bis zur Spitze einer kleinen Landzunge. Vor uns liegt Madawaska Island. In der zeitlosen Dämmerung kommt es mir vor wie in einem anderen Leben, dass wir am Madawaska River entlanggefahren sind. Témiscouata, Edmundston, … war das wirklich erst vor wenigen Tagen?

In der Schwärze der Nacht hören wir draußen noch lange den Wind rauschen. Das Wohnmobil ist mir inzwischen so vertraut, dass ich mich bemühen muss, mir im Dunklen vorzustellen, wo wir gerade sind. Es ist ein seltsames Gefühl, sich in einem Auto zuhause zu fühlen.

Wir sind immer noch die einzigen Besucher, als ich uns kurz nach sieben einen starken Kaffee koche. Nur ein bulliger Pickup inspiziert im Schritttempo das Gelände. Dem Fahrzeug nach zu urteilen, stelle ich mir am Steuer einen urigen Holzfällertypen vor. Nach dem Frühstück schlage ich den Weg zum Empfangsbüro ein, vor dem der Wagen inzwischen abgestellt wurde, um die Übernachtung zu bezahlen. Aber als ich das Office betrete, steht zu meiner Überraschung ein zartes Persönchen hinter dem Tresen und begrüßt mich lächelnd.

Julie strahlt, als ich versuche unsere tief empfundene Begeisterung für diesen wunderschönen Ort ins Englische zu fassen. Ja, sie liebt dieses Land auch. Leidenschaftlich erzählt sie mir gleich, dass fast jede Insel eine ganz besondere Geschichte hat. Hier haben sich wohlhabende Familien regelrechte Schlösser gebaut und, wie überall auf der Welt, gab es neben der Sonnenseite natürlich auch familiäre Tragöden. Julie zeigt mir einige Postkarten, damit ich mir die Tausend Inseln auch bei schönem Wetter vorstellen kann, denn inzwischen schüttet es draußen wieder aus Kannen.

Das erste Bild zeigt Boldt Castle, eine der Hauptattraktionen der Inseln. Herr Boldt wollte als Beweis der großen Liebe für seine Frau das schönste Wohnhaus in Nordamerika bauen. 1894 wurde mit den Arbeiten begonnen, doch als das Gebäude nach zehn langen Jahren fast vollendet war, starb seine Frau ganz unerwartet. Daraufhin wurden alle Arbeiten eingestellt und das Haus verfiel zu einer Ruine. Herr Boldt hat es nie wieder betreten.

Beide starren wir sehr ergriffen auf das Foto mit dem märchenhaften Schloss. Wir Mädchen leiden nun einmal sehr leicht bei solch romantischen Geschichten mit.

Spontan drückt mir die junge Frau die Postkarte in die Hand. »For you«, sagt sie schlicht. Als sie dann erfährt, dass wir aus Deutschland kommen, schenkt sie mir gleich noch eine Postkarte mit dem Bourne Castle, auch Singer Castle genannt. Ich schau wohl ein bisschen ratlos auf das Bild. »Singer Sewing Machine Company - die Nähmaschinen!«, hilft sie bereitwillig nach, damit es bei mir klingelt. Das beeindruckende Gebäude wurde Anfang des Zwanzigsten Jahrhunderts auf Dark Island gebaut und es wurde nicht nur fertiggestellt, sondern auch jahrzehntelang von der Familie Bourne bewohnt. Im Namen dieser Insel schwingt ein dunkler Hauch von Abenteuer mit, denn in diesem Gewirr von Wasserstraßen und Inseln muss man ja zwangsweise gleich an Schmuggler und Piraten denken.

Ob wir auch wussten, dass wir unser Wohnmobil direkt an der Smugglers Cove abgestellt haben? Nein, natürlich nicht. Ich bin fasziniert. Und Julie ist jetzt ganz in ihrem Element.

Es gebe unter den Tausend Inseln auch eine Smugglers Island, eine Deathdealer Island, eine Devils Oven Island, eine Bloodletter- und nicht zuletzt eine Whiskey Island.

Abenteuer, wohin man schaut. Ein wahrhaft zauberhaftes Stückchen Erde.

»Magic«, hauche ich entzückt.

Ja, lacht Julie mich an, das habe eine ihrer besten Freundinnen auch gesagt. Diese russische Freundin habe sie vor fünfzehn Jahren hier besucht und sich so sehr in die Gegend verliebt, dass sie nicht mehr heimgefahren sei. Jetzt lebe sie ganz in der Nähe. Glücklich.

Mit einem Prospekt der Rockport Boat Line und etlichen Postkarten in der Hand verabschiede ich mich von Julie.

Trotz des schlechten Wetters wollen wir unser Glück in Rockport versuchen. Vielleicht fährt heute ja noch ein Schiff durch die Inseln.

Der große Parkplatz ist vollkommen leer, als wir an der Anlegestelle ankommen. Trotzdem fragen wir am Ticket Office rein rhetorisch, aber höflich, ob wir unseren sperrigen Wagen hier parken dürfen. Mit einem kritischen Blick auf unser Wohnmobil nickt der Angestellte gnädig: »aber nur auf dem allerletzten Platz, ganz hinten am Rand!«

Was für ein Quatsch. Das halten wir in Anbetracht der gähnenden Leere und des strömenden Regens für maßlos übertrieben, ja fast ein wenig boshaft, aber bitte – wenn's Freude macht. Wir Deutschen sind halt einfach zu brav. Ein Italiener hätte sich ohne groß zu fragen mittenreingestellt. Auf den besten Platz natürlich.

Das Schiff fährt trotz der schlechten Witterung jede Stunde. Es bleibt also noch Zeit für einen heißen Kaffee vor dem feuchtkalten Ausflug. Und als wir dann gemütlich im Wagen an unserem Tischchen sitzen und aus dem Fenster gucken, können wir nur noch staunen.

Innerhalb von fünfzehn Minuten hat sich der Parkplatz mit Reisebussen gefüllt. Einer nach dem anderen trudelt jetzt ein und bald ist kein einziger Platz mehr frei. Null.

Alle Busse sind mit riesigen chinesischen Schriftzeichen bedruckt. Und aus jedem Bus steigt eine gefühlte Hundertschaft mit bunten Schirmchen bewaffneter Chinesen aus. Als wir zur Anlegestelle gehen, müssen wir tatsächlich aufpassen, dass man uns nicht die Augen aussticht, denn die asiatischen Touristen scheinen uns gar nicht wahrzunehmen und sie verteidigen ihre Stellung im Pulk notfalls auch mit den Schirmspitzen.

Ich schaue mich - dementsprechend vorsichtig - um.

China muss heute entvölkert sein. Und natürlich leben in den Vereinigten Staaten auch noch über drei Millionen Chinesen. In jedem Fall sind sie ein reisefreudiges Volk, denn wir haben sie bisher überall angetroffen, auf jedem Wanderweg, bei jeder Sehenswürdigkeit. In Niagara wie im Algonquin-Park oder am Lake Cyprus, überall kamen sie uns in Gruppen entgegen. Und am meisten ist uns diese Geschlossenheit aufgefallen, das Gefühl andere gar nicht auf dem Plan zu haben oder sie ostentativ zu ignorieren. Kein Nicken, kein Gruß, kein Lächeln wurde uns je erwidert.

Wir stellen uns also vorsichtshalber ganz hinten an, irgendwie werden wir schon alle auf dem Schiff Platz finden.

Ja, das sagt sich so leicht, aber schließlich ergattern wir einen einigermaßen windgeschützten Platz an Deck. Die Innenräume waren im Nu belegt. Alle Durchsagen werden auf Englisch, Französisch und Chinesisch gemacht.

Wobei hier an Bord – wie übrigens weltweit – Chinesisch bestimmt die Sprache mit den meisten Muttersprachlern ist. Wir sind also statistisch gesehen gut im Rennen.

Die kleine Kreuzfahrt wird eine nasskalte Angelegenheit.

Ich bin froh, dass wir auf Julies Postkarten sehen konnten, wie schön es hier sein kann.

Auf manchen Inseln kann man die Häuser zwischen den dichten Bäumen kaum ausmachen. Auf anderen, winzigen, steht nur ein einziges Haus, das die komplette Insel einnimmt.

Natürlich fahren wir auch an Boldt Castle vorbei. Schweigend betrachten wir die unzähligen Türmchen, die auf dem Haupthaus aus den Bäumen herausragen. Am Ufer steht eine kleine Trutzburg aus schlichten, grob gehauenen Steinen. Nachdem das Anwesen mit der traurigen Liebesgeschichte jahrzehntelang leer gestanden hatte, wurde Ende der 70er Jahre mit der Renovierung begonnen. Man könnte also einen Teil des Prunkbaus inzwischen besichtigen.

Als wir ziemlich durchnässt nach über einer halben Stunde Unterschlupf unter Deck suchen, sind in dem zuvor knallvollen Raum viele Plätze nur noch mit Plastiktüten belegt. Das erinnert mich stark an die Handtücher, die am Mittelmeer in den Hotels einsam auf den Lehnen liegen, wenn man sich nach einem freien Liegestuhl umsieht.

Resolut schieben wir zwei Tüten beiseite und setzen uns ans Fenster. Viel sieht man nicht, denn der Regen läuft in breiten Rinnsalen am Glas herunter. Das haben die Tütenbesitzer wohl auch gemerkt, denn die stehen inzwischen alle an Deck und kommen auch während der restlichen Fahrt nicht mehr herunter. Wir hingegen sind jetzt dankbar für ein bisschen Wärme.

Von Kingston nach Pickering

Unsere Richtung ist ab jetzt klar vorgegeben: Toronto.

Gemütlich folgen wir der Küstenstraße und erreichen nach einer knappen Stunde Kingston.

Auf dem LaSalle Causeway überqueren wir ein letztes Mal meinen geliebten Sankt-Lorenz-Strom, denn bald vermischt sich das Flusswasser mit dem Ontario See. Eine eisenbahngrün gestrichene Stahlbrücke bildet für dieses Ereignis ein würdiges kleines Abschiedstor. An gemütlichen zweistöckigen Stein- und Ziegelhäusern vorbei halten wir auf dem erstmöglichen Parkplatz an der Brock Street, um ein paar Schritte zu Fuß durch die Stadt zu gehen.

Zuerst schlendern wir über den Springer Market Square. Es gibt um diese Jahreszeit nur wenig Gemüse und Obst. Einige Körbchen mit Äpfeln stehen auf einem Handkarren, dafür aber jede Menge Kartoffeln und Kürbisse in allen Varianten.

Offensichtlich bietet man hier nur an, was die Erde gerade hervorbringt. Kein Überfluss, kein Luxus, kein Überangebot. Die Ressourcen werden geschont. Heute ist Samstag, da wird man auch nichts verschwenden und übers Wochenende wegwerfen wollen. Das gefällt uns.

Gleich hinter den Marktständen beherrscht die City Hall, ein sehr schöner, heller Kalksteinbau den Platz. Ein Stück weiter stoßen wir auf den »Tir Nan Og«, einen gemütlich eingerichteten Irish Pub, und beschließen spontan eine kleine Mittagspause einzulegen.

Zum Schluss machen wir noch einen kleinen Spaziergang an der Waterfront. Eine große, glänzend schwarze Lokomotive der *Canadian Pacific* erinnert an die Zeit, als in Kingston noch Lokomotiven und Schiffe gebaut wurden. Heute gibt es kaum noch Schwerindustrie, auch hier ist der

Tourismus zu einem der wichtigsten Wirtschaftssektoren geworden.

Auf uns wirkt die Stadt insgesamt ein wenig einsam und traurig, was natürlich nicht zuletzt durch die graue und kühle Jahreszeit verstärkt wird. Aber schließlich ist unser Ziel in den letzten Oktoberwochen nicht die Besichtigung von Städten und Sehenswürdigkeiten, sondern der Indian Summer. Und der hat uns wirklich noch nie enttäuscht.

Ja, und da ist er auch wieder.

Als wir dem Highway of Heroes folgen, strahlen die Bäume am Straßenrand erneut in all ihrer Pracht. Der Himmel reißt auf, ein kräftiger Wind vertreibt die Wolken im Handumdrehen und zwischen tiefgrünen Kiefern blitzt der Goldocker der Birken und das purpurne Rot der Ahornbäume auf.

Laut meinem schlauen Buch befindet sich im Darlington Provincial Park einer der zwei letzten offenen Campingplätze vor Toronto.

In Toronto City haben wir bereits zu Anfang unserer Reise ein Zimmer für morgen Nacht gebucht. Heute Abend müssen wir noch vor den Toren der Stadt unterkommen.

Als wir den Highway in Richtung Darlington verlassen, verfahren wir uns gefühlte Hundert Mal. Die Gegend besteht aus Baustellen.

Am Wochenende wird natürlich nicht gearbeitet, wir fahren immer wieder an Schranken, Umleitungen und Hindernissen aller Art vorbei und können nicht einmal jemanden nach dem Weg fragen. Alles ist ausgestorben.

So irren wir im Kreis zwischen einer Service Road, der Darlington Park Road und der Courtice Road hin und her und landen zum Schluss immer wieder an derselben Absperrung. Erst als wir schon ein bisschen am Verzweifeln sind, schaffen wir es irgendwie doch plötzlich auf einen Weg zu gelangen, der uns zum Eingang des Parks führt.

Erleichtert stellen wir den Wagen auf dem großen Parkplatz vor dem Campground ab. Kurz darauf werden wir allerdings von einem Schild höflich darauf hingewiesen, dass man bereits geschlossen habe. Parken strengstens verboten. Das darf ja nicht wahr sein.

»Wo war der zweite Campingplatz?«, fragt mein Mann müde.

»Irgendwo in Pickering«, antworte ich und breite die Landkarte aus.

»Das ist ein Vorort von Toronto. Kann nicht schwer sein, bestimmt leichter als diesen Park zu finden!«

»Wenn du das sagst«, meint Georg hoffnungsvoll und startet den Motor. »Dann lass uns unser Glück noch einmal versuchen!«

Also zurück durch ein Dutzend Baustellen, wobei wir die Auffahrt zum Highway - Gott sei Dank! - relativ leicht wiederfinden.

Pickering hört sich so niedlich an. Nach kleiner altenglischer Vorstadt. Ich stelle mir kleine Stadtvillen mit Erkern und grünen Gärten vor ... Es ist die Hölle.

Es mag schon sein, dass der »Ontario 401 Express« nur sieben oder acht Spuren – entgegen der gefühlten zwanzig - hat. Es mag auch durchaus sein, dass wir von Dubai – Sheikh Zayed Road – einiges gewöhnt sind und nicht gleich die Krise kriegen, aber das hier ist die Hölle.

»I'm on the highway to hell ...«, summt mein Mann mit einer guten Portion Galgenhumor vor sich hin.

Ich weiß nicht, ob ich es als tröstlich empfinden soll, aber sogar unser Navi gibt hier auf.

Ich habe die Adresse des Campingplatzes in Pickering eingegeben. Aber an den Ausfahrten, die alle fünfzig Meter etliche Spuren miteinander und untereinander, nacheinander und durcheinander verknoten und verbinden, macht es Tilt. Es ist wie bei einem alten Flippergerät, wenn man zu sehr an dem Kasten gewackelt hat, um die Kugeln in die richtige

Bahn zu leiten. Und wir sind in diesem Spiel die Kugeln, die zackig hin und her geballert werden.

»... On the highway to hell ...«, singt mein Mann.

»In zwanzig Metern rechts abbiegen, nein - bleiben sie rechts aber halten sie sich links – folgen sie hundert Meter der linken Spur - in fünfzig Metern rechts abbiegen ...«, quäkt die Frauenstimme aus dem Navi.

Also *was* jetzt?

Wir erwischen mit Ach und Krach die nächste Ausfahrt.

»... Wenn möglich, bitte wenden«, stammelt die weibliche Stimme hilflos. Es ist offensichtlich: Die Dame ist mit der Situation überfordert. Wir würgen sie ab. Gnadenlos.

Jetzt herrscht erst einmal Schicht im Schacht. Wir fahren eine große Schleife und probieren das Ganze nochmal.

Es ist hoffnungslos.

Pickering ... Aber Hallo!

Und jetzt? Tja, jetzt kann uns nur noch Herr Walmart helfen.

Ich klicke die App an und es scheint zu klappen. Ein Einkaufszentrum ist ganz in der Nähe, und diesmal finden wir uns auch zurecht, denn die Walmart-Schilder können wir schon von Weitem erkennen.

Ich hätte niemals gedacht, dass mir ein Einkaufszentrum einmal wie ein Ort der Zuflucht und der Ruhe erscheinen würde.

Hier ist es so.

Als der Wagen auf dem großen Parkplatz zum Stehen kommt, atmen wir erleichtert auf.

Dankbar für die Gastfreundschaft, gehen wir auch gleich bei Herrn Walton, bei Sam, fürs Abendessen einkaufen. Denn heute rühren wir uns nicht mehr vom Fleck. Ganz sicher.

Beim Essen sehen wir aus dem Fenster dem bunten Treiben zu. In diesem Vorort leben auffällig viele Afrikaner beziehungsweise Afro-Kanadier. Und natürlich Menschen aus allen Teilen der Welt.

Wie bei uns gehen alle nach der Arbeit noch schnell einkaufen und vor dem Eingangsbereich geht es zu wie in einem Taubenschlag.

Nach der romantischen Stille in den Thousand Islands kommt es uns vor, als seien wir von Null auf Hundert wieder in die moderne Welt katapultiert worden.

Pickering ...

Nach dem Frühstück sieht die Welt schon anders aus. Es ist Sonntag im wahrsten Sinne des Wortes, denn die Sonne scheint strahlend von einem azurblauen Himmel auf den einsamen Parkplatz.

Wir wollen auf gar keinen Fall wieder über den »Highway to hell« fahren, da sind wir uns einig. Also suchen wir nach ruhigen Nebenstraßen, auf denen wir ganz entspannt die Stadt erreichen können.

Die Kingston Road erweist sich als eine perfekte Wahl.

Durch gemütliche Vororte wie West Hill und Scarborough führt uns die Straße auf direktem Weg zum Woodbine Beach. Geht doch.

Der Ashbridges Bay Park liegt noch still und einsam in der frühen Morgensonne, als wir unter einem hohen Baum halten, um einen kleinen Spaziergang am Strand zu machen.

Hier und da stehen einladend die charakteristischen bunt bemalten kanadischen Holzstühle auf dem weichen Sand. Sie haben eine hohe, leicht aufgefächerte Lehne und der Sitz ist sehr tief. In Hellgrün, Rosa und Himmelblau sind uns die gemütlichen Liegestühle das erste Mal an Deck der *Chi-Cheemaun* in Tobermory aufgefallen.

Irgendwie kommt es mir so vor, als läge das schon Jahre zurück.

Der Ontariosee liegt golden glitzernd vor uns, und er wirkt so groß und weit als stünden wir am Ufer des Meeres.

Eine einsame Gestalt kommt uns mit sehr seltsamen Bewegungen entgegen. Der Mann sieht von Weitem aus, als würde er den Sand mit einer Sense mähen.

Gespannt beobachten wir was das werden soll. Als der vermeintliche Landschaftsgärtner nah genug ist, erkennen wir, dass er eine Art Metalldetektor in wellenartigen Bewegungen über den Sand zieht, um verloren gegangene

Münzen aufzuspüren. Menschen sind wirklich erfinderisch, wenn es ums Geld geht.

Jetzt treffen auch schon die ersten Hundebesitzer zum Morgenspaziergang ein, bevor bei dem herrlichen Wetter der sonntägliche Trubel einsetzt.

Für uns höchste Zeit in die Stadt zu fahren, bevor alle aufwachen.

Auf dem Lake Shore Boulevard erwartet uns ein fast königlicher Empfang. Zwischen den herbstlich gefärbten Bäumen öffnet sich vor uns völlig überraschend die wunderbare Skyline von Toronto, und in der Mitte dominiert der 553 Meter hohe *Canadian National Tower* - der Fernsehturm - das Stadtbild.

Es ist schön der Straße zu folgen, während die faszinierenden Hochhäuser der Innenstadt immer näher rücken.

Wir konnten natürlich zu Anfang unserer Reise nicht ahnen, von welcher Seite aus wir heute in die Stadt fahren würden, daher erweist sich die Wahl des Novotel Hotels in der Esplanade erst jetzt als richtiger Glückstreffer. Kaum haben wir den Stadtkern von *Old Toronto* erreicht, sind wir auch schon da. Die Größe unseres Wohnmobils hat uns im Vorfeld ein bisschen Kopfzerbrechen gemacht, aber völlig unkompliziert finden wir auf dem öffentlichen Parkplatz neben dem Hotel gleich einen passenden Platz. Die Tatsache, dass heute Sonntag ist, ist dabei sicher hilfreich.

Und wir bekommen auch noch das Zimmer mit dem besten Blick. Nicht unbedingt für alle Touristen, da gibt es mit Sicherheit schönere, aber für uns beide ist es perfekt: Wir haben Blick auf den Parkplatz.

Unten steht ganz brav unser treues Autochen, das uns so vertraut geworden ist wie ein zweites Zuhause.

Wir ziehen uns in Ruhe um und dann geht es los: Downtown Toronto wir kommen!

Vor dem Hotel schlagen wir die Richtung zum historischen »Distillery District« ein.

Auf der Market Street ist großer Flohmarkt. Bücher, Haushaltswaren, Bilder, Nummernschilder, Klamotten, eigentlich ganz ähnliche Sachen wie in Bethlehem. Nur, dass sie hier in der Großstadt ein bisschen weniger Seele, weniger Emotionen ausstrahlen. Und natürlich um einiges teurer sind. Trotzdem ist da immer noch eine gewisse magnetische Anziehungskraft und ich muss leider fast an jedem Stand stehen bleiben. Georg muss mich immer wieder ziemlich energisch antreiben. Und so kommen wir dann endlich, vorbei an gruselig mit dichten weißen Spinnweben und ausgebleichten Totenköpfen dekorierten Gärten, zur Distillery Lane.

Hier spürt man die Liebe zur Kunst und die Verbundenheit zu diesem Teil der Altstadt bei jedem Schritt. Wir folgen einem lang gezogenen Kalksteingebäude, vorbei an der grün gestrichenen Tür eines alten Gärungskellers. »Gooderham & Worts limited, Distillers of Fine Whiskies Since 1832«, steht in riesigen Lettern auf der Fassade des Haupthauses. Alles ist stilgerecht und aufwendig restauriert.

Wie schon so oft auf unserer Reise bedauern wir, dass aus den ehemaligen Arbeitsplätzen der Menschen eine Art begehbares Museum wird.

Hier stand gegen Mitte des neunzehnten Jahrhunderts die größte Destillerie der Welt. Nicht nur der Hafen, natürlich auch die Anbindung an die *Canadian National Railway* waren an diesem Erfolg maßgeblich beteiligt. Doch die Produktion nahm nach der Mitte des Zwanzigsten Jahrhunderts ab und mit der allgemeinen Deindustrialisierung wurde der Betrieb, wie viele andere in diesem Viertel, geschlossen.

So verfiel das großflächige Industrieviertel langsam und muss in einem sehr schlechten Zustand gewesen sein, als es Anfang des neuen Jahrtausends aufgekauft und restauriert wurde. Und wenn ich mich hier umsehe, möchte ich noch betonen: sehr liebevoll restauriert. Was man hier gemacht hat, ist den denkmalgeschützten, nostalgischen, von Arbeit und vergangenem Wohlstand durchdrungenen Gebäuden neues Leben einzuhauchen.

Ja, hier ist wirklich neues Leben entstanden.

Neugierig betreten wir die *Thompson Landry Gallery*, um die Räume von innen betrachten zu können.

Die laufende Kunstausstellung ist berauschend. Eine Explosion von Farben und Kreativität. Hier stellen einige der besten zeitgenössischen Künstler aus Québec aus, um gemeinsam das zehnjährige Bestehen der Galerie zu feiern. Und die feinen Bilder und Skulpturen heben sich traumhaft von den rohen Wänden und den verrosteten Rohren und Kesseln ab. Ein warmes, harmonisches Zusammenspiel von Vergangenheit und Gegenwart, von Licht und Schatten, von Handwerk und Genialität. Zutiefst ergriffen gehen wir ganz langsam von einem Kunstwerk zum anderen und lassen die magische Atmosphäre auf uns wirken.

Allein für diesen Besuch hat sich die Fahrt nach Toronto schon gelohnt.

Bevor wir unseren Weg fortsetzen, bedanken wir uns noch bei der Kuratorin der Ausstellung für diesen wunderbaren Einblick in die kanadische Kunstszene und sie freut sich über unsere große Begeisterung.

Draußen groovt der Bär.

Frohe Gesichter, junge und alte Menschen, Touristen, kleine Bistros und *Coffee Shops*. Und Kunst. Kunst wohin man auch blickt. Und mittendrin mein Mann mit der rot-schwarz karierten Holzfällerjacke – heute ein letztes Mal.

Ja, das muss sein. Wir grinsen uns zwischen den vielen Besuchern aus aller Welt verschmitzt an: zwei kanadische Landeier zu Besuch in der Großstadt. Nur hinken will Georg partout nicht. Da streikt er.

Die meisten Gebäude sind aus rotem Backstein, die Sprossenfenster grün gestrichen. Zwischen Cafés und Bars laden kleine Geschäfte mit nostalgischem Nippes zum Stöbern ein.

Als wir in die Tank House Lane einbiegen stehen viele Pärchen vor einem großen LOVE-Schriftzug und manche verewigen sich hier gerade mit einem kleinen Schloss.

Ja, alle Buchstaben des Wortes LOVE bestehen aus unzähligen bunten Vorhängeschlössern, die über viele Jahre hinweg hier angebracht wurden. Altmodische Schlösser wie ein grün patiniertes mit einem Reiter auf einem Eselchen hängen neben Sicherheitsschlössern und Zahlenschlössern. Was aber alle verbindet, ist der Schwur ewiger, unzertrennlicher Liebe. Georg findet das kitschig. Ich finde es romantisch. Und Raman und Guri, Kathy und Reiner, Hugo und Mary, Chantal und Mario und Hunderte andere Paare finden das wohl auch.

Man kann an einem nahegelegenen Stand auch ein Vorhängeschloss kaufen, aber wenn, dann würde ich wohl lieber wie viele andere hier mein ganz persönliches mitbringen.

Tja, und dann sticht uns ein rotes, irgendwie vertrautes Schild über einer grünen Tür ins Auge.

»Mill St. Brew Pub« steht darauf. Das kommt mir so bekannt vor. Ich hab's: Ottawa! Da haben wir doch so lecker gegessen. Es ist bereits Mittag, also nichts wie rein.

Drinnen ist richtig was los. Diese Brauerei gefällt wohl jedem. Und natürlich ist Sonntag.

Wir setzen uns an einen kleinen Tisch direkt neben die glänzenden, bauchigen Kupferkessel.

Der erstaunten Kellnerin können wir lachend mitteilen, dass wir keine Karte benötigen. »We are very good customers.« Stammgäste sozusagen.

Wir bestellen dasselbe wie in Ottawa und erfahren dabei, dass es sich tatsächlich um den Schwesterbetrieb handelt. Nur, dass jede der zwei Brauereien ihr eigenes Bier braut, das übrigens auch hier wieder ganz köstlich schmeckt. Die Stimmung ist wunderbar, ringsum fröhliche, zufriedene Gesichter. Auf einem Fernseher über den Köpfen der Gäste läuft die obligatorische Sportsendung. Auf jeden Fall viel spannender als eine Kochsendung. Und weniger schädlich.

Wir sind bester Laune. Toronto gefällt uns wirklich gut.

Beim Rausgehen kommen wir an einem kleinen Brauerei-Souvenirshop vorbei. Ich beschreibe dem Verkäufer das kleine Schnapsglas das man uns in der Mill St. Brewery in Ottawa geschenkt hat. Ich bräuchte seinen Zwilling damit wir zu Hause anstoßen können. Und als Erinnerung an die unvergesslichen Mittagessen in Ottawa und Toronto.

Wir bekommen das Glas. Diesmal kostet es fünf Dollar, aber das geht in Ordnung. Im Distillery District sind wir eben noch nicht so gut bekannt wie in Ottawa.

An herbstlich mit zartrosa Zierkohl und gelben Astern gefüllten Blumenkörben vorbei schlendern wir durch die schönen alten Backsteingebäude zurück nach Downtown Toronto.

Schlichte Hochhäuser wechseln sich mit hochmodernen Konstruktionen ab.

Ab und zu halte ich Ausschau nach einem ganz bestimmten Kunstwerk: In Toronto soll nämlich eine berühmte Skulptur von Henry Moore, der *Archer*, stehen.

Als wir am Rogers Centre, gleich neben dem Fernsehturm, ankommen, winden sich zwar einige überdimensionale goldene Figuren hoch oben auf einem dekorativen Zementbalkon. Aber ein Bogenschütze ist nicht dabei.

Der CN Tower ist beeindruckend.

Als wir direkt darunter stehen und steil hinaufsehen, wird uns richtig schwindelig, als würde der Turm über uns ins Wanken geraten.

Bis 2007 war der Canadian National Tower das höchste freistehende Bauwerk der Erde und wurde aufgrund der gewaltigen architektonischen Leistung sogar in die Liste der Sieben Wunder der modernen Welt aufgenommen.

Damals wuchs der Burj Khalifa in Dubai gerade Meter für Meter in den Himmel und überholte ungefähr Mitte September die stolzen 553 Meter des kanadischen Fernsehturmes.

Natürlich fahren wir hinauf zur Aussichtsplattform. Der Blick aus dreihundertfünfzig Metern Höhe ist gigantisch. Ringsum ist der Gang mit einem abgeschrägten Gitter abgesichert, was eine Gruppe Jugendlicher nicht daran hindert sich kichernd und ich möchte schon sagen waghalsig, in das Sicherheitsnetz zu legen. Ich kann das gar nicht mit ansehen und ihre Freunde ziehen sie auch geistesgegenwärtig schnell wieder da heraus.

Im Café setzen wir uns ans Fenster. Von hier aus haben wir einen wunderbaren Blick auf den Ontariosee.

Privatflugzeuge landen wie weiße Libellen auf den vorgelagerten grünen Inseln. Zwischen den Bäumen erkennt man kleine Yachthäfen. Tief unter uns ragen die Spitzen der Hochhäuser auf.

Auf der Getränkekarte steht ein Spezialdrink in einem Souvenirglas, auf dem der CN Tower abgebildet ist. Das lieblos bedruckte Glas wirkt eher langweilig und wir werden es bestimmt nicht mitnehmen.

Als der Kellner mit ernster Miene die Bestellung aufnimmt, frage ich also, ob ich den Spezialdrink auch ohne das Glas haben kann. Der Mann blickt mich verunsichert an.

»Ich meine natürlich schon in einem Glas, aber nicht in DEM Glas«, erkläre ich. »Und auch nicht in der Hand«, füge ich sicherheitshalber noch hinzu und unterstreiche das bildlich mit meinen zusammengefügten, hohlen Handflächen.

Da muss selbst der seriöse Kellner lachen. »Sie dürfen das Glas hierlassen«, verneigt er sich gnädig.

Als die Getränke kommen, frage ich den Kellner noch nach dem »Archer«. Ein Kunstwerk? Mit einem Bogenschützen? Nie davon gehört.

Zurück im Hotel ruhen wir uns endlich ein wenig aus. Eine Stadttour ist viel anstrengender als jede Wanderung durch die Wälder.

Und da wir endlich wieder eine Internetverbindung haben, versuche ich herauszufinden, warum wir nicht über Cape Vincent und Wolfe Island nach Kanada einreisen konnten.

Ja, so wie es aussieht, ist die *Horne's Ferry* eine privat betriebene Fähre die nur von Ende April bis Mitte Oktober verkehrt. Also bereits *closed for season*.

Genau gegenüber dem Novotel steht der »Scotland Yard Pub«.

Nicht nur, dass wir - müde wie wir sind - bloß über die Straße gehen müssen, hier ist es auch richtig nett und gemütlich.

Wir essen Chicken Wings mit »sweet potatoe Chips«, da kann man nicht viel falsch machen. Die orangefarbenen Süßkartoffeln sehen immer so schön bunt aus und schmecken viel würziger als unsere *Pommes*.

Dazu gibt es frisch gezapftes Bier.

Wir lassen uns von der netten Kellnerin beraten. Ein leichtes, helles Bier würden wir gerne trinken. Sie empfiehlt das »Moosehead«, das ja schon dem Namen nach verführerisch klingt, und wir sind dann auch mit dieser Wahl sehr zufrieden.

Einige Gäste machen einen Dart-Wettbewerb. Wir schauen zu wie sie die kleinen Pfeile gekonnt auf eine Scheibe an der Wand werfen und lassen unseren vorletzten Abend gemütlich ausklingen.

Nachdem wir unsere Sachen frühmorgens im Wohnmobil verstaut haben, gehen wir erst einmal frühstücken.

Am besten geeignet scheint uns dafür die Gegend um den Markt und so schlendern wir die Market Street entlang.

Hier werden wir zwar nicht fündig, aber am Haupteingang zum St. Lawrence Market steht *Paddington's Pump*.

Der Eingang zum Markt ist noch geschlossen, also schauen wir hoffnungsvoll in das Café.

Hier wird gerade ein letztes Mal über die Theke gewischt. Die Chefin höchstpersönlich kümmert sich um alles, lässt prüfend den Blick durch den Raum gleiten und rückt hier und da noch einen Salzstreuer auf einem der Tische zurecht.

Wir sind die ersten Gäste. Die schlichte, ungekünstelte Einrichtung gefällt uns auf Anhieb und wir suchen uns einen Platz aus.

»Eggs Benedict« steht auf einer kleinen Tafel. Dann brauchen wir die Speisekarte gar nicht mehr zu studieren, denn das passt wunderbar und erinnert uns sofort an einen herrlichen Urlaub in Cornwall.

Ein etwas düster dreinblickender Mann tritt ein, durchquert mit routinierten Bewegungen den Raum und setzt sich an einen der hintersten Tische. Man erkennt gleich, dass der Gast nicht zum ersten Mal hier ist.

»Guten Morgen, wie fühlen sie sich heute früh?«, fragt die Inhaberin ihn freundlich nickend. »Not very excellent«, lautet die klägliche Antwort. Interessiert schaue ich mir den Mann näher an, denn in dieses »not very excellent« hat er eine Menge Gefühle gepackt: Ärger mit der Familie, Stress in der Arbeit, beim Dartspiel verloren oder nur eine durchzechte Nacht mit Freunden? Hinter den drei Worten kann sich so ziemlich alles verbergen.

»Ich würde auch gerne gefragt, wie es mir heute geht!«, rufe ich der Besitzerin über die Tische hinweg vorwurfsvoll zu.

Lachend kommt sie an unseren Tisch.

»Ihr Lokal wirkt so familiär«, lächle ich mit einer ausladenden Geste, die den ganzen Raum umfasst. »Da würden wir auch gerne dazugehören!«

»Ja«, freut sich die Frau und trocknet sich die Hände an der Schürze ab. »Hier ist wirklich immer viel los. Wenn sie noch eine Stunde bleiben, können sie das selbst sehen. Den ganzen Tag geht es dann ohne Unterbrechung so weiter. Vielleicht sind unsere Preise zu gut und wir sollten sie erhöhen!«

»Oder ihre Gäste fühlen sich hier einfach wohl«, werfe ich mit einem Blick auf den Mann am hinteren Tisch ein.

»Wissen Sie«, erzählt die Besitzerin, »wir haben das Lokal vor sechsundzwanzig Jahren gekauft und seitdem läuft es. Ununterbrochen und mit viel Erfolg.«

Ich deute auf ein ovales Bild mit einer Coca-Cola-Werbung, das neben dem Eingang hängt. Eine Dame mit einem breitkrempigen, federgeschmückten Hut sieht uns daraus an.

»Das identische Bild hängt bei uns im Wohnzimmer«, stelle ich erstaunt fest. »Dieses Werbebild ist sehr selten.« Und ich sehe zum ersten Mal, dass das Bild einmal zu einer ganzen Serie gehörte. Hier werben gleich drei verschiedene, elegant nach der Mode der Jahrhundertwende gekleidete Damen für »delicious and refreshing Coca-Cola.«

Die Inhaberin nickt zustimmend.

»Das Lokal wurde erstmals vor ungefähr fünfzig Jahren aufgemacht, und als wir es übernommen haben, haben wir diese Bilder einfach hängen lassen. Eigentlich haben wir nicht viel verändert. Wir wollten nicht, dass das Restaurant zu putzig, zu verspielt wird. Ich bin mehr für das Schlichte.«

Und damit hat sie genau die richtige Stimmung erzeugt. Gemütlich aber nicht überladen. Kein Museum, sondern ein lebendiger Ort, an dem man einen Kaffee oder ein Bier trinkt und mit anderen ins Gespräch kommt.

Als wir uns nach dem Frühstück sehr herzlich verabschieden, kommen wir uns vor, als seien wir schon langjährige Stammgäste.

»Wo geht es als Nächstes hin?«, fragt die Besitzerin uns an der Tür.

»Nach Cookstown«, antworten wir lapidar.

Sie stutzt einen Augenblick.

»Why Cookstown?«, fragt sie dann etwas perplex.

»Because it's the Hot Spot?«, meine ich frech.

Lachend schüttelt uns die Frau die Hand. Sie wird in meiner Erinnerung das freundliche Gesicht von Toronto bleiben.

Der Markt ist noch geschlossen. Und zwar wie sich nach Lektüre der Öffnungszeiten herausstellt sonntags und montags immer. Pech gehabt.

Also machen wir noch einen kleinen Stadtbummel, bevor wir uns mit dem Auto auf den Weg nach Cookstown machen. Dort sind wir bereits auf einem Campingplatz nahe der Wohnwagenvermietung für den heutigen Abend angemeldet.

Vor hohen Bürogebäuden stehen oftmals kleine Häuser mit bunten Geschäften. Die große Vielfalt der Menschen und Kulturen, die hier miteinander leben, zeigt sich auch in den vielen winzigen Restaurants.

Vom Indian Biriyani House über das japanische Ken Oh, das chinesische Hong Shin oder das arabische Ali Baba's sind hier alle Nationalitäten vertreten.

Am Nathan Philips Square bewundern wir den imposanten Bau der modernen »Toronto City Hall« und daneben die schöne »Old City Hall«.

An einem Wasserbecken inmitten des Platzes steht in gigantischen bunten Lettern der Name der Stadt: TORONTO.

Da machen wir natürlich ein Erinnerungsfoto. Georg umrundet mit langsamen Schritten das Becken mit seinen interessanten Bogenkonstruktionen.

»Schau Mal, ein fliegendes Schwein!«, rufe ich meinem Mann fröhlich zu und gehe auf ein seltsames Kunstobjekt, das stark an ein Schwein mit gestutzten Flügeln erinnert, zu.

Um gleich darauf, als ich das im Sockel eingelassene Schild lese, in ehrfürchtiger Demut zu erstarren.

Ich habe soeben den »Archer« gefunden. Henry Moores Bogenschützen. Geistig entschuldige ich mich Tausend Mal bei dem Meister.

Als wir in unser Wohnmobil steigen stehen sogleich etliche Autos Schlange, um unseren Parkplatz zu ergattern. Wir hatten Glück, an einem Sonntag angekommen zu sein. Sonst wäre das Abstellen unseres 22-feet-Gefährtes wohl nicht so einfach gewesen.

Auf dem kleinen Stadtplan den wir an der Hotelrezeption überreicht bekommen haben, steht die »Casa Loma - Sir Henry's dream home«, unter *Major Attractions*. Das Schloss liegt auf unserem Weg stadtauswärts und da es noch relativ früh ist, beschließen wir noch einen allerletzten Abstecher zu machen.

Am Parkplatzeingang der Casa Loma bekommt die Wächterin einen kleinen Schreianfall, als sie uns einbiegen sieht. Ganz ähnlich der Dame in Niagara verlässt sie wild mit den Armen fuchtelnd ihr Wärterhäuschen und kreuzt die Handgelenke als unmissverständliches Zeichen für Nein. Die Dinge wiederholen sich.

Wir stoppen also und ich frage in Anbetracht des halb leeren Parkplatzes artig, wo wir denn sonst parken sollen.

Die Frau sieht sich etwas ratlos um. Genau betrachtet können wir schon reinfahren, aber nur mit äußerster Vorsicht. Ihre ganze Sorge gilt nämlich dem leicht hervor- stehenden Dach ihres Häuschens. Das ohne Schaden zu umrunden sei nun unsere Aufgabe. Natürlich nur unter ihren Argusaugen. Ich verkneife mir die Frage, ob sie eine Schwes- ter in Niagara hat ...

Das Passieren des Eingangshäuschens ist für Georg ein Kinderspiel. Er leistet Millimeterarbeit und stellt dann den

Wagen auf einem der letzten Plätze ab, damit wir niemandem mehr ins Gehege kommen.

So, jetzt können wir uns endlich an dem mittelalterlich anmutenden Schloss erfreuen.

Die seitlichen Türme mit den Zinnen lassen das Bauwerk wie eine alte Burg erscheinen, obwohl erst 1911 mit den Bauarbeiten begonnen wurde. Bereits nach drei Jahren wurde das riesige Herrenhaus, damals die größte Privatresidenz in Kanada, fertiggestellt und von seinem Erbauer, Sir Henry Pellatt, auch bewohnt. Leider kommt Geld nicht nur, es geht auch recht gerne wieder, und als das Vermögen des Bauherrn nach dem Ersten Weltkrieg rasch schrumpfte, musste er mit seiner Familie notgedrungen ausziehen.

Innen kann man unzählige Räume besichtigen. Wir gehen natürlich durch die Zimmer und bestaunen die Möbel und die wunderschönen Jugendstilfenster. Hochinteressant finden wir auch eine Dusche der *Canada Pipe & Steel Company Limited*, die bereits an eine moderne Wellness-Duschkabine erinnert.

Nach einer Weile wird das alles jedoch eintönig, wir sind wohl mehr die Wanderer als die Schlossbesucher, und so zieht es uns hinaus.

Das Haus steht auf einem Hügel und von einer Terrasse hat man einen wunderbaren Blick über die Stadt und in den Garten. Als wir die Treppe hinuntergehen steht inmitten von Blumenbeeten ein sehr interessanter, rostiger Zentaur. Der Pferdemensch aus zusammengeschweißten Metallplatten passt wunderbar in die mittelalterliche Atmosphäre.

In einem Gewächshaus stehen gruselige, in Fetzen gekleidete Gestalten. Hier bereitet man gerade eine große Halloween-Party vor.

Wie um die gespenstische Atmosphäre zu unterstreichen, verdunkelt sich der Himmel plötzlich, Wolken ziehen auf und ein kalter Wind bläst durch die Anlage. Es ist erstaunlich, wie schnell die Zeit vergeht, wenn es so viel zu sehen gibt.

Höchste Zeit zu unserem letzten Ziel auf dieser Reise aufzubrechen: dem »Nicolston Dam Campground« am Nottawasaga River.

Über York und Eglinton, typische Vorstadtviertel mit niedrigen, zweckmäßig gebauten Häusern voller kleiner Geschäfte, Imbissstuben und Restaurants, folgen wir guter Dinge dem Stadtverkehr und geraten prompt wieder in einen Höllenschlund.

Das Verkehrschaos erinnert mich stark an Pickering.

»Hier ist es ja wie auf dem Ontario 401 Express«, stöhne ich deswegen entgeistert mit einem Blick auf das Gedränge. Es kommt aber noch besser. Das IST der Ontario 401 Express, der offensichtlich einen großen Bogen um die Altstadt schlägt und hier wieder versucht uns zu verschlucken.

Nun wird Cookstown nicht gerade auf jedem Straßenschild auf dem Highway angezeigt. Wir wissen nur, dass wir Richtung Vaughan fahren müssen.

Auf dem riesigen Straßenknoten des Ontario 401 Express ziehen wir also, aus alter Gewohnheit natürlich und um nicht aus der Übung zu kommen, wieder einmal einige Kreise. Unsere Navi-Begleiterin rät uns mehrmals: »Wenn möglich bitte wenden.« Das mag schon ein guter Rat sein, lässt sich aber nicht immer in die Tat umsetzen. Leider. Der Highway-to-Hell reißt uns erst einmal gnadenlos bis zum nächsten Straßenkreuz an sich. Hier schaffen wir den Absprung auf die 400, immerhin eine Eins weniger.

Wir befinden uns immer noch in der »Greater Toronto Area«, wobei die Betonung auf *Greater* liegt.

Der dichte Verkehr bezeugt es: etwa sechseinhalb Millionen Einwohner, Tendenz steigend. Genauer gesagt bewegen wir uns gerade in einem der am schnellsten wachsenden Stadtgebiete Nordamerikas.

Mit einem Blick auf die Straße kann ich das nur bestätigen. Man kann dabei regelrecht zusehen.

Bei Pottageville wird es endlich ruhiger und wir können uns soweit orientieren, dass wir den Highway verlassen und über Land fahren.

In Beeton halten wir am Foodland Supermarkt, um noch einmal für das letzte Abendessen einzukaufen. Das »Nicolston Camp« wird sicher auch schon recht verlassen daliegen, also kaufen wir Brot, Käse und Salat und zwei köstlich duftende Croissants fürs Frühstück. Dazu gibt es zwei Dosen kanadisches Bier für den Abschiedstrunk. Leider kein »Moosehead«, aber dafür ein »Creemore Springs« mit hübschen Bäumen und einem kleinen Wasserfall auf dem Bild. Das passt sehr gut zu unserem letzten Abend in der freien Natur.

Längs der 10th Sideroad entstehen lauter neue Wohngebiete.

Eine Baustelle folgt der anderen, ganze Viertel wachsen wie riesige Pilze aus dem Boden. Hier draußen scheint wirklich ein großer Bedarf an Wohnungen zu herrschen. Oder diese Gegend gehört sogar noch zum Einzugsgebiet von Toronto, denn wir sind ja nur knappe Hundert Kilometer vom Zentrum entfernt ...

In New Tecumseth – die klangvollen indianischen Namen werde ich sehr vermissen – tanken wir den Wagen noch einmal auf, dann geht es in Richtung Nottawasaga River.

Die Sonne steht schon tief, als wir am Campingplatz ankommen.

Das Office ist erwartungsgemäß geschlossen. Unsere Ankunft wurde aber von der Wohnwagenvermietung bereits angekündigt, daher hängt ein Kuvert mit unserem Namen an der Eingangstür.

Das Geld für die Übernachtung können wir in den Umschlag legen und in einen Briefkasten werfen und natürlich haben wir freie Platzwahl, denn wir sind die einzigen Gäste heute Abend.

Langsam folgen wir also einem schmalen Kiesweg und stellen fest, dass dieses Grundstück wieder einmal ganz besonders schön ist.

Ein breiter Wasserfall plätschert sanft über einige Steinstufen. Eng schmiegt sich der Nottawasaga River hier an den Campingplatz.

Wir stellen das Wohnmobil auf eine Lichtung direkt am Ufer.

Herbstlich duftendes, trockenes Laub bedeckt den grünen Rasen. Zwei kanadische Liegestühle laden zum Entspannen ein und eine schwarze Stahlfelge wartet schon darauf, mit Holzscheiten gefüllt zu werden.

Georg macht sich sofort daran, das bereits aufgestapelte Holz klein zu hacken, während ich im warmen Licht der Abendsonne den Tisch decke.

Wie kleine Lampions schimmern die herbstlichen Blätter, als das Feuer anfängt leise zu knistern und eine behagliche Wärme zu verbreiten.

Ein letztes Mal fährt der Indian Summer für uns die ganze Schönheit auf, die er zu bieten hat.

Es ist, als wären alle auf der Erde verfügbaren Schattierungen von Rot und Orange über dem Nottawasaga River ausgeschüttet worden, als hätten die verbliebenen Blätter die Farbe aller Sonnenuntergänge dieses Sommers in sich gespeichert.

Die letzten Sonnenstrahlen verfangen sich in den zarten Kronen der Birken und Ahornbäume als wir, einzige Zuschauer vor dieser wunderbaren Bühne, mit unseren Biergläsern anstoßen:

Auf Kanada, auf diese erstaunliche Reise und – natürlich – auf den unvergleichlichen, märchenhaften *Indian Summer*.

In Cookstown verabschieden wir uns von unserem treuen Wohnmobil.

Es hat uns ein Gefühl von Geborgenheit gegeben, das Gefühl nirgends wirklich fremd zu sein.

Am Flughafen von Toronto verschwimmen das *Paddingtons* und die *Casa Loma* schon jetzt in der Vergangenheit.

Es wird dunkel. Das Flugzeug rollt über die Bahn, wird schneller und steigt langsam auf.

Tausende Lichter übersäen den nachtschwarzen Boden wie Leuchtblüten auf einer dunklen Wiese.

So viele Straßen dort unten kennen wir nun schon, haben sie befahren: in der City, in Mississauga, die Küste entlang in Oakville und Burlington, in St. Chatarines mit seinen unzähligen Weingütern und im wundervollen »Naiägra«.

Wir steigen immer höher. Der Himmel hüllt sich jetzt in ein tiefes Samtblau.

Schützend lege ich beide Hände an die Augen und blicke aus dem schmalen Fenster ins weite Universum.

Und da steht er plötzlich direkt vor mir. Wie aus dem Nichts ist er aufgetaucht, vertraut und doch so fern, beeindruckend und mächtig, und funkelt magisch am abendlichen Himmel.

Nun sehe ich in Kanada, ganz am Ende unserer Reise, doch noch einen großen Bären!

Zu Hause empfängt uns der Alltag.

Es fühlt sich ganz seltsam an wieder eine Küche, ein Wohnzimmer zu betreten, nicht mehr auf engstem Raum alles überschauen zu können.

Ich vermisse schon jetzt die Bewegung, das jeden Tag an einem anderen Ort aufwachen. Und die kleinen Rituale: das allabendliche Lagerfeuer, die gemütlichen Kartenspiele, die Suche nach einem Ziel für den nächsten Tag.

Und natürlich die Dosensuppen. Denn zu Hause wird wieder selbst gekocht …

Mein Mann scheint das alles auch zu vermissen, denn er sitzt schon wieder vor einer ausgebreiteten Landkarte.

Nordamerika. Natürlich.

»Wie wäre es damit?«, fragt er und fährt mit dem Finger eine Küstenlinie entlang.

»An Halifax, Anfang September – ab Halifax, Anfang Oktober.«

Erwartungsvoll sieht er mich an.

»Und dazwischen ein unbeschriebenes Blatt?«, entgegne ich lächelnd.

»Dazwischen ein unbeschriebenes Blatt.«

Für alle denen es Freude macht unserer Reiseroute mit dem Finger auf der Landkarte – oder auch mit dem Wohnmobil – zu folgen, habe ich hier einige Adressen chronologisch aufgelistet:

KOA Niagara Falls	8625 Lundy's Ln, Niagara Falls, ON
Tim Hortons	6345 Niagara Pkwy, Niagara Falls
Fernbrook Resort	57 Concession 12 East, Freelton,
Restaurant Kettles	Highway 6, Owen Sound, Ontario N4K 5N6
Cape Croker Park	112, Park Road, Neyaashiinigmiing
Batman's Cottages	11408 Highway 6, Sheguiandah, ON
Church Mouse Café	1232 Main Street, Whitefish Falls
Glenrock Trailer Park	100 Glenrock Road, Sturgeon Falls
Nipissing Propane	1366 Main Street W, North Bay ON
Walmart Supercentre	111 Howland Dr., Huntsville, ON
Farmer's Daughter	118 Hwy 60, Huntsville, ON
Algonquin Park:	Canisbay Lake Campground, Km 25
	Mew Lake Campground, Km 30
	Rock Lake Campground, Rock Lake Rd., südl. v. km 40
The Granary	57 Bonnechere St., Eganville, ON
Tim Hortons	383, Stewart St., Renfrew, ON

Camp Hither Hills   5227 Bank Street, Gloucester, ON

Walmart Supercentre 2210 Bank Street, Ottawa, ON

Mill St. Brew Pub   555 Wellington St., Ottawa, ON

Recreationland   1566 Canaan Rd., Cumberland, ON

Parc Régional de la Fôret Quareau, Secteur Grande Jetée,

                       Avenue du Castor, Chertsey, QC

O Cascades d.Rawdon 6680 Boulevard Pontbriand, Rawdon

Taverne Le Trèfle   363 Rue des Forges, Trois-Rivières,

La Perle du St-Laurent 102 Rue du Quai, Portneuf, QC

Camping Panoramique 464 Route Francois Gignac,
                      Portneuf, QC

Camping Juneau   155 Chemin du Lac, Saint-Augustin-
                      de-Desmaures, QC

La Fresque des Québécois

                      Rue Notre Dame, Parc de la
                      Cetière, Québec, QC

Cafè de Paris   62 Rue Saint Louis, Québec, QC

Canyon Saint-Anne   206 Route 138 East, Beaupré, QC

A Chacun Son Pain   1006 Blvd. Monseigneur-de-Laval,
                      Baie-Saint-Paul, QC

Camping Le Genévrier 1175 Blvd. Monseigneur-de-Laval,
                      Baie-Saint-Paul, QC

Walmart Supercentre 100, Rue des Cerisiers,
                      Rivière-du-Loup, QC

McDonald's	7 Boulevard Industriel, Témiscouata-sur-le-Lac, QC
Navette Royal	80 Rue de la Plage, Cabano, Témiscouata, QC
Malobiannah Tourist-Info	25 Chemin Madawaska, Grand-Sault
Hill Top Restaurant	131 Chemin Madawaska, Grand-Sault, NB
Katahdin Campground	Route 157, Medway, Maine
North Woods Trading Post	Baxter Park Rd., Millinocket, ME
Stutzman's Farm Stand & Brick Oven Cafe	891 Pine Street, Sangerville, ME
Stony Brook Recreation	2036 U.S. Hwy 2, Main Street Hanover, ME
Covered Bridge House	404 US-302, Glen, NH
Willey House	US-302, Hart's Location, NH
Antiques	2164 Main Street, Bethlehem, NH
McKee's Island Pub	513 US-2, South Hero, VT
Ivy Lea Campground	1000 Islands Pkwy, Lansdowne, ON
Rockport Boat Line	20 Front St., Rockport, ON
Tir Nan Og Irish Pub	Market Street, Kingston, ON
Walmart Supercentre	1899 Brock Rd., Pickering, ON

Hotel Novotel Toronto

          45 The Esplanade, Toronto, ON

Thompson Landry Gallery

          32 Distillery Lane, The Distillery
          District, Toronto, ON

LOVE sign   24 Tank House Lane, Toronto, ON

Mill St, Brew Pub   21 Tank House Lane, Toronto, ON

Georg und Elena Knoll, Cookstown/Ontario, 2016

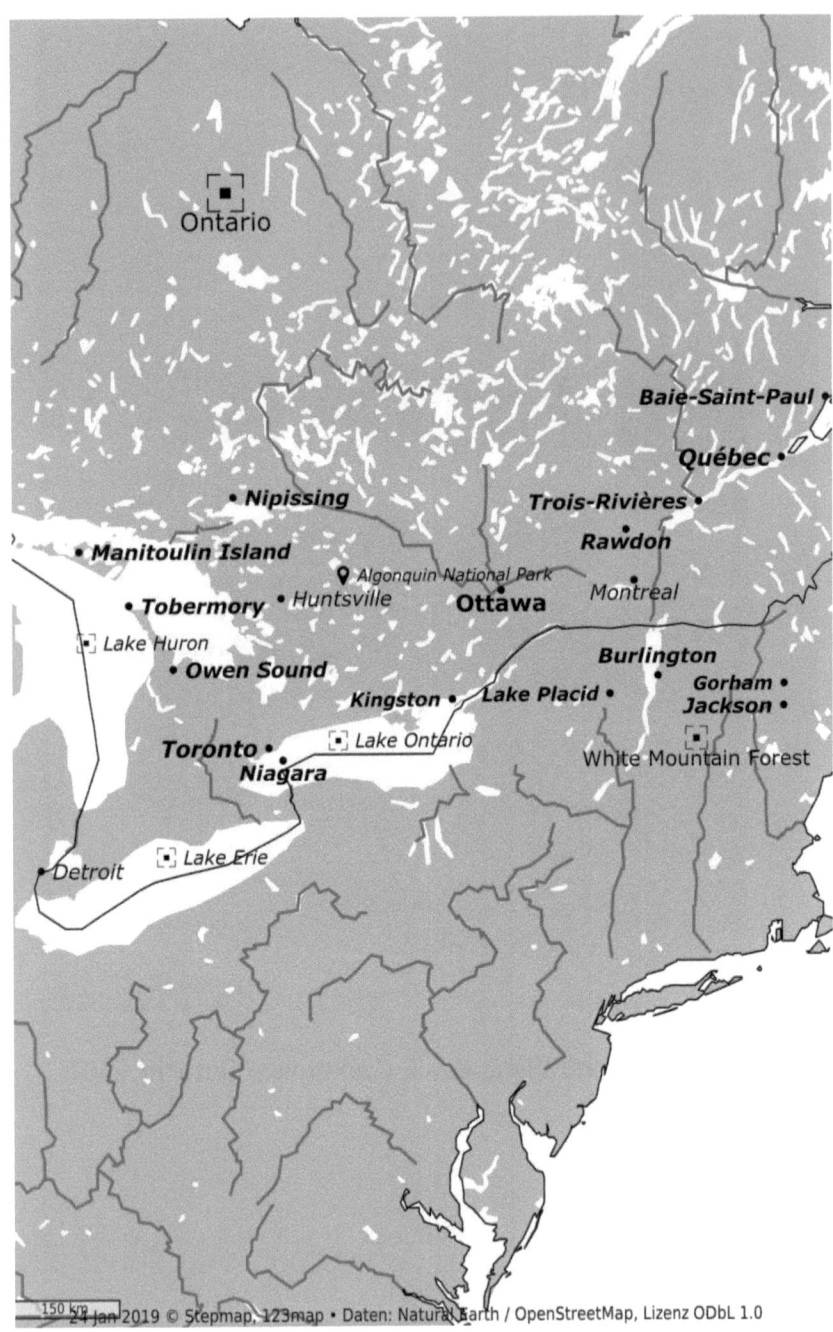

Ontario

Baie-Saint-Paul

Québec

Nipissing

Trois-Rivières

Rawdon

Manitoulin Island

Algonquin National Park

Montreal

Tobermory · Huntsville

Ottawa

Lake Huron

Burlington

Owen Sound

Gorham

Kingston · Lake Placid · Jackson

Toronto · Lake Ontario

White Mountain Forest

Niagara

Detroit · Lake Erie

Atlantischer Ozean

Niagara: die "Amerikan Falls" und die "Horseshoe Falls"

Niagara: der Whirlpool

Aussichtspunkt im Algonquin Park

Campingplatz im Algonquin Park

Im Algonqin Park: der Biberteich"

283

Im Parc de la Fôret Quareau

In Rawdon

In Québec: Blick auf den Sankt-Lorenz-Strom

Québec: die Altstadt

Canyon Sainte-Anne

Grand Falls

Campingplatz in Hanover

In Skowhegan

288

Im White Mountain National Forest

Am Mount Washington

Glen Ellis Falls

Antiques

In den "Thousand Islands"

Blick vom Ivy Lea Camping auf die Thousand Islands Bridge

Toronto: Blick vom CN Tower

Elena P. Knoll, Indian Summer, 2016

Inspiriert von den Wanderungen durch die kanadischen Wälder
ist diese Zeichnung entstanden.

Elena P. Knoll, geboren 1955 in Kassel, ist in Italien aufgewachsen.

Nach ihrem Diplom als Zeichenlehrerin in Rom hat sie mehrere Jahre an der Italienischen Schule in Tunis gelehrt.

Dort war sie zudem einige Jahre für Herstellung und Layout des Wirtschaftsmagazins der Deutsch-Tunesischen Industrie- und Handelskammer verantwortlich.

Zurück in Deutschland übernahm sie 1994 die Leitung eines kleinen Unternehmens im Münchner Süden.

Seit 2012 widmet sich die Autorin wieder ausschließlich dem Zeichnen und Schreiben.

Mit der Tuschfeder erzählt sie Geschichten von Vergangenheit und Zukunft, von Antagonismus und Symbiose, von Zerstörung und Hoffnung.

Mit ihren Zeichnungen hat sie bereits an Ausstellungen in Deutschland und im Ausland teilgenommen:

Ulm: Stadtregal; Berlin: LDXArtodrome Gallery;
China: Shanghai Art Fair; V.A.E.: Dubai, World Art Dubai;
Libanon: Beirut, Palais Unesco; U.S.A.: Los Angeles, LA Art Show; Italien: Mailand, M.A.D. Gallery;
Florenz, FlorenceBiennale 2017.

Weitere Publikationen:

- What to do? Vier Wochen Ayurveda in Kerala

Kinderbücher mit Illustrationen der Autorin:

- Hände zum Träumen (Alter: ab 6 Jahre)
- Hände zum Träumen 2 (Alter: ab 8 Jahre)

www.elena-pandora-knoll.de